"十四五"国家重点图书出版规划项目

未来能源技术系列
总主编 黄震

"碳达峰、碳中和"

目标下的城市能源发展路径

THE URBAN POWER
DEVELOPMENT PATH UNDER
THE GOAL OF CARBON PEAKING
CARBON NEUTRALITY

梁旭 汤军 主编

国网上海市电力公司
上海市经济信息中心 组编
上海交通大学

U0360999

上海交通大学出版社
SHANGHAI JIAO TONG UNIVERSITY PRESS

内容提要

　　"碳达峰、碳中和"是一场广泛而深刻的经济社会系统变革,在当前国内外复杂形势下,既要保障能源供应安全,实现经济发展和保障民生,又要持续稳定推进能源低碳转型,实现"碳达峰、碳中和",这是一个十分重大的现实问题,需要全社会各方积极努力探索。

　　本书从我国城市能源发展现状和挑战入手,系统梳理了国外典型城市能源低碳化发展案例,分析了"碳达峰、碳中和"目标下城市能源中长期发展趋势,并进一步探讨了超大型城市在"碳达峰、碳中和"目标指引下,如何通过能源互联网加快推动城市能源低碳转型发展。本书可供能源及相关领域的专家和学者借鉴和参考,也适合相关专业的本科生、研究生学习和参考。

图书在版编目(CIP)数据

　　"碳达峰、碳中和"目标下的城市能源发展路径／
国网上海市电力公司,上海市经济信息中心,上海交通大
学组编;梁旭,汤军主编. —上海:上海交通大学出
版社,2023.4
　　(未来能源技术系列)
　　ISBN 978-7-313-28342-9

　　Ⅰ.①碳… Ⅱ.①国… ②上… ③上… ④梁… ⑤汤
… Ⅲ.①城市-能源发展-研究-中国 Ⅳ.①F426.2

　　中国国家版本馆 CIP 数据核字(2023)第 035483 号

"碳达峰、碳中和"目标下的城市能源发展路径
"TANDAFENG、TANZHONGHE" MUBIAO XIA DE CHENGSHI NENGYUAN FAZHAN LUJING

主　　编:梁 旭 汤 军　　　　　　　　　　组　　编:国网上海市电力公司
　　　　　　　　　　　　　　　　　　　　　　　　　　　　上海市经济信息中心
　　　　　　　　　　　　　　　　　　　　　　　　　　　　上海交通大学

出版发行:上海交通大学出版社　　　　　　　地　　址:上海市番禺路 951 号
邮政编码:200030　　　　　　　　　　　　　电　　话:021-64071208
印　　制:上海盛通时代印刷有限公司　　　　经　　销:全国新华书店
开　　本:710 mm×1000 mm　1/16　　　　　印　　张:13
字　　数:244 千字
版　　次:2023 年 4 月第 1 版　　　　　　　印　　次:2023 年 4 月第 1 次印刷
书　　号:ISBN 978-7-313-28342-9
定　　价:158.00 元

编 委 会

序

气候变化是当今全球面临的重大挑战之一。第一次工业革命以来,煤、石油、天然气等化石能源的发现和利用极大提高了劳动生产率,大大推动了人类社会的繁荣和进步,同时也产生了严重的环境问题和气候变化问题。两百多年来,化石能源燃烧所产生的二氧化碳累计已达 2.2 万亿吨,全球大气中二氧化碳浓度持续上升,特别是近半个多世纪,二氧化碳浓度呈快速增长趋势。以二氧化碳为主的温室气体排放所导致的全球气候变暖,已成为全球性的非传统安全问题,严重威胁着人类的生存和可持续发展。2018 年联合国政府间气候变化专门委员会发布的《全球升温 1.5 ℃特别报告》指出,到 21 世纪末,2 ℃的温度升高给世界造成的影响将难以承受,人类必须把温升控制在 1.5 ℃。

为对全球生态文明和构建人类命运共同体做出中国贡献,2020 年 9 月,中国宣布二氧化碳排放力争于 2030 年前达到峰值,努力争取在 2060 年前实现碳中和。我国"碳达峰、碳中和"目标的提出,不仅彰显了我国的责任和担当,也是推动我国可持续发展能源结构、产业结构、经济结构转型升级的需要,对我国实现高质量发展、建设人与自然和谐共生的社会主义现代化强国具有重要战略意义。

能源变革是人类文明发展和进步的重要驱动力。本轮"碳达峰、碳中和"驱动下的能源变革将具有"五大逻辑",呈现"五化特征",需要"三个要素"。"五大逻辑"就是新能源将从补充能源走向主体能源,化石能源将从主体能源转变为保障性能源,再电气化将成为"碳中和"的重要路径,可再生燃料将与零碳电力形成二次能源脱碳的重要组合,从基于地下自然禀赋的能源开发利用走向基于技术创新的新能源开发利用;"五化特征"就是能源供给侧的电力零碳化、燃料零碳化,能源需求侧的利用高效化、再电气化、智慧化;"三个要素"就是科技驱动、政策主导和市场支撑。最终使我国建成以新能源为主体、化石能源加碳捕集利用与封存和核能为保障的清洁零碳、安全高效的能源体系。

本书以城市为研究对象,分析了"碳达峰、碳中和"目标下城市能源中长期发展趋势,探讨了城市能源低碳化发展和市场机制构建策略,并且以上海为例,提出了城市能源低碳化实现路径,其中还介绍了国网上海市电力公司、上海市经济信息中心、上海交通大学服务"碳达峰、碳中和"目标所做的一些有益的可贵的研究和探索。

本书对从事"碳达峰、碳中和"领域的政策研究、科技创新、工程实践和企业运营等方面的各类人员都具有重要的研阅价值和指导意义。

中国工程院院士
上海交通大学碳中和研究院院长

前　　言

2020 年 9 月 22 日,习近平总书记在第七十五届联合国大会一般性辩论上发表重要讲话时提出,"中国将提高国家自主贡献力度,采取更加有力的政策和措施,二氧化碳排放力争于 2030 年前达到峰值,努力争取 2060 年前实现碳中和"。党的二十大报告指出"积极稳妥推进碳达峰、碳中和,立足我国能源资源禀赋,坚持先立后破,有计划分步骤实施碳达峰行动,深入推进能源革命,加强煤炭清洁高效利用,加快规划建设新型能源体系,积极参与应对气候变化全球治理"。这是我国做出的重大战略决策,事关中华民族永续发展和构建人类命运共同体。实现"碳达峰、碳中和"目标是一场广泛而深刻的经济社会系统性变革,将对未来几十年我国经济、能源、产业、科技、投资、金融等方面的发展产生重大影响。与发达国家相比,我国实现"碳达峰、碳中和"目标时间紧、任务重、难度大,任务异常艰巨。

全球温室气体排放总量中占主导地位的是二氧化碳的排放,主要来源于化石能源使用、碳酸盐使用以及土地利用变化,其中化石能源使用是二氧化碳最主要的排放来源。数据显示,2020 年全球二氧化碳排放量达到了 322.8 亿吨,化石能源燃烧产生的碳排放占近七成。长期以来,我国能源资源禀赋被概括为"一煤独大",呈"富煤贫油少气"的特征,这对控制和减少二氧化碳排放构成了严峻挑战。从能源消费来看,我国能源与煤炭消费量都居世界首位。根据国家统计局数据,2020 年我国能源消费总量为 49.8 亿吨标准煤,其中煤炭占 56.8%;从碳排放来看,2020 年我国碳排放总量为 113 亿吨,其中能源领域排放占 87.6%,电力行业排放占能源领域碳排放的 42.4%;从排放地域来看,城市扮演了重要角色,全球城市地区排放的二氧化碳占总量的 75% 左右,我国城市碳排放占比为 80% 左右。因此,在"碳达峰、碳中和"目标的实现中,能源是主战场,电力是主力军,城市是主阵地。

2022年1月，习近平总书记在中共中央政治局第三十六次集体学习时明确指出，要加大力度规划建设以大型风、光、电基地为基础，以其周边清洁高效先进节能的煤电为支撑，以稳定、安全、可靠的特高压输变电线路为载体的新能源供给消纳体系，习总书记的最新指示为我国如何统筹协调发展非化石能源发电和传统煤电指明了方向，使推进"碳达峰、碳中和"工作的核心环节得以明确。

非化石能源在"碳达峰、碳中和"目标实现过程中将发挥越来越大的作用，而电力是非化石能源的主要利用媒介。一方面新能源占比提升倒逼发电侧清洁替代加速，国家能源局指出，2022年我国非化石能源发电装机容量已突破11亿千瓦，历史性地超过煤电装机容量，煤电装机占比下降到50%以下；另一方面，电动汽车、5G、人工智能、云计算等领域快速发展，需求侧也面临"再电气化"机遇。"电力行业深度脱碳，其余行业深度电气化"将成为实现"碳达峰、碳中和"目标的可行路径之一，以电为中心的能源互联网的重要性将逐渐凸显。但在"碳达峰、碳中和"目标下，如何立足于城市构建能源互联网，实现城市能源清洁低碳转型，仍未有定论。

本书从我国城市能源发展的现状和挑战入手，系统梳理了国外典型城市能源低碳化发展案例，分析了"碳达峰、碳中和"目标下城市能源中长期发展趋势，并基于发展趋势提出了城市能源低碳化发展策略和能源市场创新机制，为超大城市提供可借鉴的能源清洁、低碳发展路径。

全书共分为七章，各章的主要内容如下。

第1章从城市能源发展的内涵出发，提出影响我国城市能源发展的因素，考虑发展阶段、产业结构、功能定位等选择若干典型城市的能源消费情况和碳排放情况进行对比分析，指出我国城市能源发展面临的环境污染和安全供应挑战。

第2章考虑与我国城市发展的相似性和绿色发展的典型性，分析若干全球典型城市能源低碳化发展实践，总结成功经验和有效做法，为我国建设低碳城市、发展低碳能源提供思路借鉴。

第3章梳理了"碳达峰、碳中和"目标提出的政策背景和实现该目标所面临的挑战，以及"碳达峰、碳中和"目标对能源发展的要求及城市能源自身的特点，研判了未来城市能源发展的趋势。以上海为例，分情景预测了上海城市能源消费量和碳排放量,并对上海实现"碳中和"时的城市能源结构进行了预测。

第4章系统研究城市能源低碳化发展策略,分别从城市能源供给侧、需求侧和技术创新等方面来探索城市能源低碳转型的高质量发展路径。在能源供给侧,重视加速电力供应低碳转型和拓展零碳燃料利用场景。从能源需求侧,重点以工业、交通、建筑三大领域的能效提升为主要突破点,通过节能增效持续化、终端能源电气化和能源供需智慧化,实现能源消费节能降耗。在能源科技创新方面,大力发展零碳电力能源,零碳非电能源,燃料/原料与过程替代,碳捕获、利用与封存(carbon capture, utilization and storage, CCUS)/碳汇与负排放,集成耦合与优化等零碳技术,强化应用基础研究,加快先进适用技术攻关和推广。最后以上海为例,对超大规模能源输入型城市的低碳发展策略进行了详细的分析。

第5章重点研究能源清洁低碳转型中体制机制如何突破的问题,梳理能源市场和环境权益市场概况,总结能源市场与权益市场的联动机制,提出电力市场与碳市场协同发展的联动机制,最后提出市场机制创新的方向。

第6章研究提出城市能源转型的关键环节是构建新型电力系统。基于能源互联网与新型电力系统的辩证关系,构建了"一个目标、两个支柱、三大体系、四大功能、五个特征"的框架体系,总结了面向"碳达峰、碳中和"目标的主要任务。最后,提出了新型电力系统支撑城市能源低碳化的实现路径以及未来的研究方向。

第7章总结了现有的新型电力系统试点经验及待建项目,从综合性、供给侧、需求侧等示范类型着手,展现不同场景下以电为中心的低碳能源互联网的功能形态,提出了未来城市能源基础设施及电网功能形态的主要演变方向。

本书初步探讨了城市在"碳达峰、碳中和"目标的指引下,如何通过新型电力系统加快推动城市低碳转型发展和新型能源体系建设,希望能够起到抛砖引玉的作用。由于我们水平有限,书中的不当之处,也欢迎各界学者、专家不吝赐教。

目　　录

第 1 章　我国城市能源发展的现状与挑战 ·················· 001

1.1　应对气候变化 ··· 001

1.2　城市能源发展 ··· 003

　　1.2.1　城市能源内涵 ······································· 004

　　1.2.2　城市能源的构成 ····································· 004

　　1.2.3　影响城市能源发展的因素 ····························· 004

1.3　我国城市能源发展现状 ·· 006

　　1.3.1　典型城市能源生产消费情况 ··························· 007

　　1.3.2　典型城市能源消费碳排放现状 ························· 009

1.4　我国城市能源发展面临的挑战 ···························· 010

　　1.4.1　环境污染挑战 ······································· 010

　　1.4.2　能源安全供应挑战 ··································· 011

　　1.4.3　应对气候变化挑战 ··································· 011

1.5　本章小结 ··· 012

第 2 章　国外典型城市能源低碳化发展的经验与启示 ·········· 013

2.1　能源低碳转型趋势 ·· 013

　　2.1.1　能源发展历程演变 ··································· 013

　　2.1.2　可再生能源与全球绿色复苏 ··························· 015

　　2.1.3　低碳经济与低碳城市 ································· 015

2.2　哥本哈根：区域供能与热电联产的发展史 ···················· 016

　　2.2.1　能源发展概况 ······································· 016

　　2.2.2　能源低碳化转型经验 ································· 018

2.3 伦敦：能源系统升级，全维度应对气候变化 …………………… 020

2.3.1 能源发展概况 ………………………………………… 020

2.3.2 能源低碳化转型经验 ………………………………… 021

2.4 纽约：减少能源消耗，建立更清洁、更可靠的能源系统 ……… 023

2.4.1 能源发展概况 ………………………………………… 023

2.4.2 能源低碳化转型经验 ………………………………… 025

2.5 东京：可再生能源"最优先"的绿色成长战略 ………………… 028

2.5.1 能源发展概况 ………………………………………… 028

2.5.2 能源低碳化转型经验 ………………………………… 030

2.6 国外典型城市（群）能源低碳化发展对我国的启示 ………… 032

2.6.1 将能源战略纳入城市顶层设计 ……………………… 032

2.6.2 清洁能源优先发展的绿色计划 ……………………… 033

2.6.3 能源消费侧的节能减碳策略 ………………………… 033

2.6.4 绿色政策与绿色金融托底保障 ……………………… 034

2.7 本章小结 …………………………………………………… 035

第3章 "碳达峰、碳中和"目标下城市能源中长期发展趋势 ……… 037

3.1 我国实现"碳达峰、碳中和"目标面临的挑战 ………………… 037

3.1.1 "碳达峰、碳中和"目标提出的背景及意义 ………… 037

3.1.2 我国实现"碳达峰、碳中和"目标面临多重约束条件 ……… 040

3.2 "碳达峰、碳中和"目标下城市能源发展的新趋势 …………… 042

3.2.1 "碳达峰、碳中和"目标对能源发展的新要求 ……… 043

3.2.2 "碳达峰、碳中和"目标下城市能源发展的新趋势 … 044

3.2.3 "碳达峰、碳中和"目标下能源演变形态 …………… 045

3.3 城市能源发展中长期预测：上海案例分析 …………………… 048

3.3.1 上海城市能源消费和碳排放现状 …………………… 048

3.3.2 上海城市能源消费和碳排放主要影响因素 ………… 052

3.3.3 上海市"碳达峰"阶段城市能源碳排放预测 ………… 053

3.3.4 上海市"碳中和"分阶段能源消费和碳排放预测 …… 054

3.4 本章小结 …………………………………………………… 061

第 4 章　城市能源低碳化发展策略分析 ⋯⋯⋯⋯⋯⋯ 063

4.1　我国城市能源低碳化发展的趋势和策略框架 ⋯⋯⋯ 063

4.1.1　能源与气候升温 ⋯⋯⋯⋯⋯⋯ 063

4.1.2　能源低碳化转型 ⋯⋯⋯⋯⋯⋯ 064

4.1.3　我国城市能源低碳化的策略框架 ⋯⋯⋯⋯ 064

4.2　城市能源供给侧转型 ⋯⋯⋯⋯⋯⋯⋯ 066

4.2.1　电能领域：加速电力供应低碳转型 ⋯⋯⋯⋯ 066

4.2.2　非电能领域：拓展零碳燃料利用场景 ⋯⋯⋯ 069

4.3　城市能源需求侧转型 ⋯⋯⋯⋯⋯⋯⋯ 073

4.3.1　节能增效持续化 ⋯⋯⋯⋯⋯⋯ 074

4.3.2　终端能源电气化 ⋯⋯⋯⋯⋯⋯ 078

4.3.3　能源供需智慧化 ⋯⋯⋯⋯⋯⋯ 082

4.4　城市能源科技创新支撑 ⋯⋯⋯⋯⋯⋯ 083

4.4.1　强化应用基础研究 ⋯⋯⋯⋯⋯⋯ 084

4.4.2　加快先进适用技术攻关和推广 ⋯⋯⋯⋯ 084

4.5　超大规模能源输入型城市低碳发展策略——以上海为例 ⋯ 091

4.5.1　供给侧：常规电源保供应、新能源调结构 ⋯⋯ 091

4.5.2　需求侧：以电能替代和需求响应推动全社会减排提效 ⋯ 092

4.5.3　科技创新：打造"碳中和"关键技术策源地 ⋯⋯ 093

4.6　本章小结 ⋯⋯⋯⋯⋯⋯⋯⋯⋯ 094

第 5 章　城市能源市场机制创新探索 ⋯⋯⋯⋯⋯⋯ 097

5.1　城市能源市场 ⋯⋯⋯⋯⋯⋯⋯⋯ 097

5.1.1　城市一次能源市场发展 ⋯⋯⋯⋯⋯ 097

5.1.2　中国城市电力市场机制发展现状 ⋯⋯⋯⋯ 100

5.1.3　中国电力现货市场发展现状 ⋯⋯⋯⋯⋯ 102

5.2　城市环境权益市场 ⋯⋯⋯⋯⋯⋯⋯ 103

5.2.1　能源-环境权益市场范畴 ⋯⋯⋯⋯⋯ 103

5.2.2　碳排放权交易市场的实践 ⋯⋯⋯⋯⋯ 106

5.2.3　用能权交易市场的实践 ⋯⋯⋯⋯⋯ 113

5.3 能源市场与权益市场的联动机制 ·············· 117

    5.3.1 碳市场和能源市场的发展状况 ·············· 117

    5.3.2 发挥碳市场与电力市场的联动机制 ·············· 119

5.4 对市场机制提出新的要求 ·············· 122

    5.4.1 创新市场机制 ·············· 122

    5.4.2 完善电力市场 ·············· 125

    5.4.3 创新电力市场机制 ·············· 126

5.5 本章小结 ·············· 130

第6章 城市能源低碳化实现路径——构建新型电力系统 ·············· 132

6.1 新型电力系统概念内涵与框架体系 ·············· 132

    6.1.1 特征内涵 ·············· 132

    6.1.2 框架体系 ·············· 134

6.2 新型电力系统在城市的落地路径 ·············· 138

    6.2.1 "碳达峰、碳中和"目标下的新型电力系统建设路径 ·············· 138

    6.2.2 城市能源变革路径 ·············· 139

    6.2.3 新型电力系统下城市能源治理体系设计 ·············· 140

6.3 新型电力系统未来研究方向 ·············· 141

    6.3.1 源、网、荷协同转型发展 ·············· 141

    6.3.2 政策及商业模式转型发展 ·············· 148

    6.3.3 服务新型能源体系建设 ·············· 149

6.4 本章小结 ·············· 150

第7章 上海新型电力系统服务"碳达峰、碳中和"目标的典型案例 ·············· 154

7.1 综合性新型电力系统示范 ·············· 154

    7.1.1 上海智慧能源"双碳"云平台 ·············· 154

    7.1.2 长三角水乡客厅协同运营中心微电网示范 ·············· 156

7.2 供给侧新型电力系统示范 ·············· 165

    7.2.1 上海市供给侧电源结构规划 ·············· 166

    7.2.2 上海市延安高架屏障光伏应用试点 ·············· 167

7.2.3　崇明智能电网综合集成示范 ……………………………… 169

7.3　需求侧新型电力系统示范 ……………………………… 177

7.3.1　上海市充换电设施需求响应试点示范 ………………… 177

7.3.2　上海交通大学智能电网楼 ……………………………… 179

7.3.3　国网上海电科院低碳智慧园区示范 …………………… 181

7.4　本章小结 ……………………………………………… 186

索引 ……………………………………………………………… 188

第 1 章　我国城市能源发展的现状与挑战

能源是人类生存和发展的重要基石,是社会经济运行的动力和基础。随着化石能源的逐渐枯竭与能源消费引起的环境和气候问题的不断加重,人类社会可持续发展与传统能源结构不可持续的矛盾日益凸显。大自然是人类赖以生存发展的基本条件,中国共产党第二十次全国代表大会(简称"党的二十大")报告提出,必须牢固树立和践行"绿水青山就是金山银山"的理念,站在人与自然和谐共生的高度谋划发展。加快能源结构转型,实现能源清洁低碳、安全高效供应,保护生态环境,积极应对气候变化,已在国际国内社会达成广泛共识。

城市是能源供应和消费的主阵地,城市也是全球温室气体的重要来源。国际能源署(International Energy Agency, IEA)数据显示,全球约有一半以上人口居住在城市区域,消耗了全球 67%~76% 的能源并且释放了约 75% 的二氧化碳[1]。从我国数据来看,城镇人口约占 63.89%,城市碳排放占比为 80% 左右,估计 2006—2030 年城市的能源碳排放将以每年 1.8% 的速度增加[2]。与此同时,沿海地区与沿河城市极易受气候变化的影响,给城市基础设施、城市居民生活和城市生态系统带来巨大挑战,因此城市的能源转型发展是解决温室气体问题的关键。

1.1　应对气候变化

化石燃料的燃烧是大气污染和温室气体排放的主要因素。在过去,煤的燃烧是颗粒物质、硫的氧化物(SO_x)和氮的氧化物(NO_x)的主要来源,但如今这些物质的固定排放大部分被除尘器、脱硫和脱硝等过程去除。即便如此,煤燃烧排放的物质仍会对健康产生重大影响。

到 20 世纪 60 年代,酸雨是环境退化的重要表现之一。它主要是由大型燃煤电厂的硫氧化物和氮氧化物排放与汽车尾气排放造成。直到 20 世纪 80 年代中期,酸雨一直被发达国家普遍视为所面临的最紧迫的环境问题。随着低硫煤和无硫天然气发电等一系列环保产品及技术的开发利用,截至 20 世纪 90 年代,欧洲和北美降水的酸性有所下降。但 1980 年后中国煤炭燃烧量大幅增加,自 1990 年,东亚也出现了类似的问题。

南极洲和周围海域上空的臭氧层被破坏,曾短暂成为影响环境的首要问题。早在 1974 年,科学家就预测,保护地球免受过度紫外线辐射的平流臭氧层的浓度可能降低。直到 1985 年,人们才首次在南极洲上空测量到该情况。臭氧损失主要是氯氟烃(CFCs,主要用作制冷剂)的排放造成。世界各国在 1987 年签署了一项有效的国际条约,即《蒙特利尔议定书》(*Montreal Protocol on Substances that Deplete the Ozone Layer*),并提出使用危害较小的化合物来替代氯氟烃,此举措很快缓解了这一担忧。

对臭氧的威胁只是气候变化引发全球性后果的几个新问题中的一个。化石能源的使用带来了一系列负面影响,其中最明显的是高碳性化石燃料的使用增加了大气中二氧化碳的浓度,加速全球气候升温。全球生物多样性的丧失、海洋中塑料积累等问题日益引起人们的关注。自 20 世纪 80 年代后期,全球性气候问题尤为紧要,人为排放的温室气体导致气候相对迅速变化,并且造成流层变暖、海洋酸化与海平面升高。早在 19 世纪末,人类就对温室气体的性质以及可能造成的变暖效应进行了研究。其中,最主要的因素是二氧化碳,它是所有化石燃料和生物质燃料有效燃烧的最终产物。

工业革命以来,大量化石能源燃烧,人为增加了二氧化碳等温室气体的流通量,使自然界碳循环失去平衡,促使全球暖化。美国国家海洋和大气管理局(NOAA)和英国气象局(Met Office)的研究数据表明,与 1870 年相比,2016 年 10 月大气中二氧化碳浓度已经达到 408 ppm[①],增长了 40%,这仅仅用了 146 年,远远超过过去 65 万年来自然因素引起的变化。大气中二氧化碳浓度每增加 1 ppm,相当于增加 78 亿吨的二氧化碳排放量。

根据 IEA 发布的《全球能源回顾:2021 年二氧化碳排放》(*Global Energy Review: CO₂ Emissions in 2021*)报告,2021 年全球能源产生的温室气体总排放量同比增长 6%,上升至历史最高水平,达到 363 亿吨,如图 1-1 所示。

2019 年,联合国宣布化石燃料的碳排放量创下历史新高。2020 年,美国国家航空航天局(NASA)和 NOAA 报告表示,2010 年至 2019 年是 1800 年代后期有记录以来最热的十年。2021 年,南极创下了 18.3 ℃的新高温纪录。根据世界气象组织(WMO)发布的《2021 年全球气候状况》报告,2021 年全球平均气温比 1850—1990 年的平均气温高(1.11±0.13)℃,最近的 7 年(2015—2021 年)是有记录以来最热的 7 年,如图 1-2 所示。

---

① ppm(parts per million)表示百万分之一,1 ppm=1×10⁻⁶,行业惯用浓度单位。

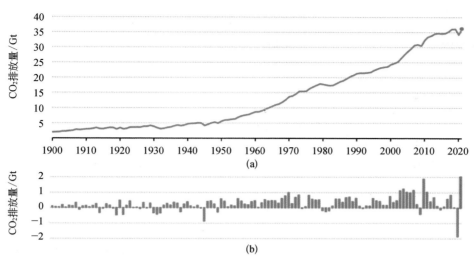

图 1-1 能源燃烧及工业过程产生的 CO_2 排放（1900—2020 年）[①]

（a）CO_2 排放量；（b）CO_2 年排放增量

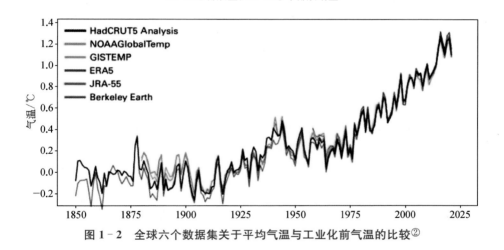

图 1-2 全球六个数据集关于平均气温与工业化前气温的比较[②]

综上，能源既是解决应对气候变化问题的核心要素，又是在生态文明建设要求下实现降碳、减污、扩绿、增长协同推进的关键所在。

1.2 城市能源发展

城市是生产生活的主要聚集地，是能源供给和消费的主体，也是碳排放的主要

---

① 数据来源于 IEA 报告《全球能源回顾：2021 年二氧化碳排放》。
② 数据来源于 WMO 报告《2021 年全球气候状况》。

空间载体。一方面,能源是一座城市正常运转所不可或缺的要素;另一方面,城市能源占据了全社会能源过半的比重。随着经济发展和城镇化的加速,城市能源需求不断增长,这不仅造成严重的环境污染,也导致大量温室气体排放,加剧了全球气候变化进程。

1.2.1　城市能源内涵

城市能源是城市生产和生活活动的动力来源,是城市重要的基础设施之一。城市能源一般处于能源产业链的末端,因此城市能源主要的范畴是能源终端消费,如煤炭、天然气、成品油、电力的终端消费等。另外,城市能源也包含部分一次能源加工转换产业,如电力生产、石油炼化等。

1.2.2　城市能源的构成

城市能源主要包括煤炭、石油类制品、燃气、热力和电力等。其中,煤炭主要用于发电以及煤化工、钢铁等行业,是城市能源供给的最主要支柱。石油类制品主要包括汽油、柴油、航空煤油、燃料油、石脑油等。其中,汽油和柴油主要用于城市交通,航空煤油和燃料油用于航空航运,石脑油主要用于石油化工产品生产。燃气包括天然气、煤制气、油制气和液化石油气等,城市燃气由气源、输配、应用三部分组成,具有方便生活、促进生产、减轻运输压力、改善城市环境质量、节约能源等作用。热力包括生产用热和生活用热,分别用于工业生产、商业建筑以及居民生活。电力是城市终端用能最重要的形式,为城市生产与生活提供最方便、灵活、经济、洁净的能源,由电源生产、输配网络和终端用能等组成。

1.2.3　影响城市能源发展的因素

纵观我国城市能源发展的历程,影响城市能源发展的因素主要包括经济社会发展、能源生产与消费、国家及地区相关政策等。

1) 城镇化进程加速城市能源发展

改革开放以来,我国的城镇化水平有巨大的提高,据全国第七次人口普查数据,2020 年我国常住人口城镇化率超过 60%[2],城镇化已经进入了快速发展的中后期阶段。过去的城镇化是以经济发展(注重发挥城市工业支撑城市经济增长的作用)为中心主线,追求城镇率的较快增长。但盲目追求城市经济水平增长、城镇化水平提升的模式,给城市生态环境保护、能源资源消耗等方面带来一定程度的影响。

近年,城市能源消耗占全国能源消耗的比例超过 80%[2],城市已成为能源消费的中心。随着我国城镇化率持续升高,城市能源消费需求增加的问题就变得尤为突出,对城市能源合理利用和低碳化转型的探讨就显得尤为重要。

2) 能源生产与消费革命快速发展

我国经济社会发展已经由高速发展转向了高质量发展阶段,结构优化调整是当前发展方式转变的重要内涵。在能源领域,能源供给侧和需求侧的结构调整也是能源生产与消费的关键所在。

(1) 在能源生产方面,供给结构由化石能源占主导转向由风、光、生物质等非化石能源为主导,是能源生产革命的大方向。纵观能源史,人类对一次能源的开发经历了薪柴时代、煤炭时代、油气时代,当前正在向可再生能源时代迈进。可再生能源在一次能源中占主导,是人类实现可持续发展的必经路径,是人与自然和谐共生的更优选择[3]。当前,我国风、光等清洁能源集中式和分布式开发并举,在替代煤、油、气等化石能源方面成效显著。2020 年清洁能源占一次能源消费总量的比重已经达到 24.3%[4],未来仍将保持快速增长。当一次能源清洁化率达到 50% 时,非化石能源将成为一次能源供应主体,是我国能源生产革命实现突破的重要标志,我国可再生能源时代将正式到来。

(2) 在能源消费方面,需求结构由能源"直接运用"转向以电为中心的能源"转化运用",是能源消费革命的重要体现。第一次工业革命期间,蒸汽机的发明使得一次能源能够以"蒸汽"为媒介,"转化"为机械能加以运用。但是,蒸汽的生产、传输和转化效率有限,使得能源"转化运用"的场景局限在铁路、纺织、机械制造等工业部门。直至电的发现和电力技术的发展,人类可以将一次能源大规模、高效率地转化为电能进行运用,第二次工业革命也因此到来。电能生产的高效性、传输的便捷性、终端的多样性、使用的清洁性等诸多优势,使得电能走进千家万户,电器成为必需品。随着智能电网、物联网等技术快速发展,电力正与信息技术深度融合,能源消费进一步以电为中心[5]。根据国家能源局发布的数据,2020 年我国电能占终端能源消费的比例(终端电气化率)已达到 27%[4]。终端电气化率超过 50% 将是我国能源消费革命取得突破的重要标志,用能方式将实现以"转化运用"为主导的历史性转折。

3) 气候变化促使城市能源转型

持续推进能源革命,需要在气候变化背景下找好政策的着力点。在推动电气化加速过程中,电处于能源供给和消费革命的关键位置。一方面,风、光、生物质等清洁能源主要转化成电能加以利用,供给侧清洁能源发电量不断增加,成本逐年下降,客观上会在消费侧激发电力替代潜力。另一方面,由于电能作为二次能源拥有诸多优势,特别是当前电力与信息的深度融合,很多领域开始加速电气化转型。整体来看,电气化加速不仅能够有效促进我国能源向"能效高、结构优、安全有保障"的高质量目标发展,还可以支撑我国新经济的快速发展,是推进能源革命的重要抓手[6]。然而,电力需求的持续攀升与环保低碳的刚性约束之间的矛盾,必然需要以电力生产的清洁化加以解决,具体在以下举措中体现。

一是提升能效水平。提升能效水平是能源发展的永恒主题,是实现我国能源高质量发展的必然要求。电能可以便捷、高效地转化为内能、光能、机械能等基本能量,因此在终端利用水平较高。电力系统智能化水平高于煤、油、气等化石能源,更高比例的电能利用将促进更先进的技术和管理手段应用,促进节能从当前的技术节能向管理节能和系统节能转型升级。据测算,我国终端电气化率每增加 1%,单位 GDP 能耗下降约 3%[5],随着电气化进程加快,电气化率对节能和降碳的拉动效果将会越来越明显。

二是促进低碳转型。低碳化是新一轮能源变革发展的必然趋势,是实现我国能源高质量发展的重要内涵。预计在 2035 年后,电气化率每提升 1%,能源燃烧二氧化碳排放量将减少约 3 亿吨[7]。因此,80% 以上的非化石能源需要转换为电能得以利用,或以电力为配置载体进一步转换为热能、氢能等能源形式。

三是保障能源安全。能源安全是事关国家经济社会发展和人民根本利益的全局性、战略性问题,是实现我国能源高质量发展的应有之义。在我国能源对外依存度持续攀升的背景下,加强终端能源消费的电气化率,并发挥我国能源资源禀赋优势,利用可再生能源和清洁煤炭满足终端电力需求,将有效提升能源安全水平。研究显示,若电气化率提升 1%,有望降低能源对外依存度 0.5%~1%[7]。

四是支持新经济发展。以数字经济、智能经济、共享经济和体验经济为代表的"新经济"是助力我国经济高质量发展的"新生代"力量,也是社会发展现代化与智能化的驱动引擎。在"新经济"发展过程中,电能是信息采集、传输、处理、存储的能量来源。在信息采集和传输环节,5G 等前沿技术需要电能作为重要支撑;在信息处理和存储环节,数据中心将消耗大量电量,过去十年间,我国数据中心整体用电量年均增速超过 10%。2020 年,我国数据中心的用电量约为 1 500 亿千瓦时,占全社会用电量的 2% 左右[8]。可以预期,电能将占据未来"新经济"领域主体能源的地位。

1.3 我国城市能源发展现状

本节充分考虑我国城市发展阶段、产业结构、城市所处区域,选择上海、北京、天津和重庆四个城市进行现状分析。

其中,北京是我国的政治中心,承担着全国各类事务最高决策和管理职能;上海是我国重要的经济中心,也是国际经济、金融、贸易、航运、科创中心之一,作为华东地区沿海发达城市的代表,具有较为成熟的工业化后期城市特点;天津是北方经济中心,主要产业包含电子信息、石油和海洋化工、汽车装备、新能源与新型材料等,具有较明显的重型化特征;重庆是西南地区和长江上游重要的中心城市,处于工业化发展中期且在不断成长发展,重点发展都市型工业等劳动和技术密集型产业。作为我国大型城市的典型代表,这四个城市的能源状况各有千秋,为各类不同阶段的城市能源发展提供了样板。

1.3.1　典型城市能源生产消费情况

1) 生产状况分析

能源自给率是能源自产总量与能源消费总量的百分率,表示一个国家或地区能源生产满足消费的程度。能源自给率越高,对外依赖性就越小,反之则越大。对于一个城市来说,能源自给率指的是该城市能源生产总量与能源消费总量的百分比,能源自给率越高,说明该城市对外的能源需求越小。然而,随着社会的快速发展和城市经济的提升,城市能源消费量迅速增长,使得能源生产总量不能满足能源消费总量,这导致能源的供需不平衡。中国能源资源的地区分布极不均衡,煤炭探明储量主要集中在华北和西北地区,各占 59.3% 和 19.2%,西南占 9.6%,华东占 5.8%,中南占 3.4%,东北占 2.7%。石油探明储量和天然气储量主要分布在黑龙江、辽宁、河北、河南、山东、四川、甘肃和新疆等省区。可开发水力资源主要集中在西南(占 68%)、中南(占 15.2%)、西北(占 10%)、华东(占 3.6%),此外,东北占 2%,华北占 1.2%[9]。而经济发达、工业和人口比较集中的南方"八省一市"①能源却比较缺乏,能源资源分布和消费利用的空间不均衡,使得运输成为制约能源发展的关键瓶颈。

从四个典型城市的历年能源生产与消费数据可以看出,能源生产总量基本上远远小于能源消费总量。这也说明,大多数城市的能源自给率不高,能源需要从其他地区引进。

2) 消费状况分析

改革开放以来,这四所城市随着社会经济快速发展,能源消费总量持续增长(见图 1-3)。2010 年以后,能源发展由高速增长进入高质量发展阶段,能源消费增速明显放缓,但国内生产总值(gross domestic product,GDP)仍保持中高增速水平。

3) 可再生能源电力消纳水平

"十三五"以来,我国电源结构继续优化,截至 2021 年底,我国可再生能源发电装机容量达到 10.63 亿千瓦,占总发电装机容量的 44.8%,可再生能源消纳总体有所改善。但是,为了落实减少煤炭消费、增加清洁能源占比、推动"碳达峰、碳中和"的任务,我国必须持续提高可再生能源装机容量和电量所占的比例。

---

①　南方"八省一市"一般指湖北、湖南、河南、江西、安徽、浙江、福建、广东和上海。

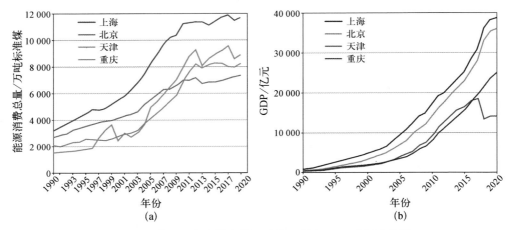

图1-3 我国四个直辖市能源消费总量和GDP发展走势①

(a) 能源消费总量；(b) GDP

城市是消纳可再生能源电力的重要主体，从这四个城市"十三五"以来的情况看，可再生能源电力消纳水平基本呈现稳步增长态势（见图1-4）。

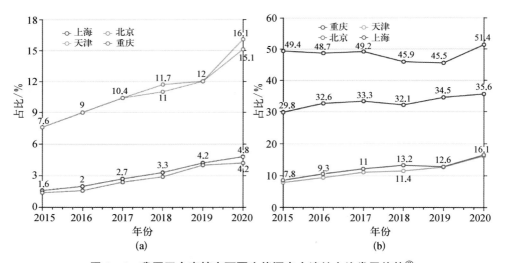

图1-4 我国四个直辖市可再生能源电力消纳占比发展趋势②

(a) 可再生能源电力消纳占比（非水量）；(b) 可再生能源电力消纳占比（包括水电）

可再生能源消纳特点与城市所在地理位置和电网通道情况密切相关。从可再生能源（含水电）占比情况看，南方城市明显高于北方城市，2020年重庆可再生能

---

① 数据来源于国家统计局和 Wind 数据库。

② 数据来源于国家统计局和 Wind 数据库。

源消纳比例高达 51.4%,上海也达到 35.6%,远超全国平均水平。而地处北方的北京、天津的消纳比例则相对较低,为 15%~16%。

从非水电可再生能源占比看,情况正好相反。地处南方的重庆和上海分别降至 4.2% 和 4.8%,而北京、天津的比例基本保持不变。可以看出,南方城市的主要优势在于水电资源丰富,而北方城市则是风电、光伏等资源更为丰富。

1.3.2 典型城市能源消费碳排放现状

1) 能源消费二氧化碳排放情况

2000—2010 年的 10 年间,这四所城市能源消费与碳排放量基本上呈现同比例增长态势,但是到了 2010 年以后,各城市能源消费量继续波动缓慢上行,碳排放量则进入高位波动整理区间(见图 1-5)。我国城市能源消费量和碳排放量在 2010 年以后初步呈现脱钩态势,其中,北京的碳排放量出现了明显的波动下行态势,脱钩趋势十分明显。四个城市的碳排放阶段性历史峰值出现在 2011 年前后。

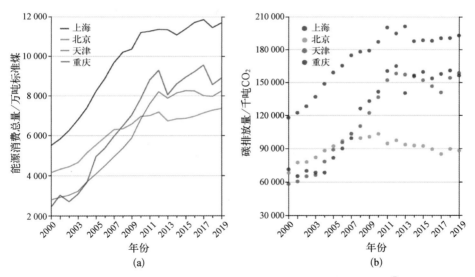

图 1-5 我国四个直辖市能源消费总量和碳排放量发展走势①

(a) 能源消费总量;(b) 碳排放量

2) 电力、热力部门二氧化碳排放

能源转型过程中,碳排放将越来越向电力、热力部门集中,电力、热力部门碳排放占比越高,表明该城市的能源转型程度越深,电气化发展水平越高。

---

① 数据来源于国家统计局、中国碳核算数据库(CEADs)、Wind 数据库。

如图1-6所示,北京、天津两市的电力、热力部门二氧化碳排放占比相对较高,而上海和重庆相对较低。这主要与城市产业结构和气候有关,上海和重庆工业占比较高,两个城市供暖碳排放压力也较小。此外,上海还有能源消费占比较高的航空航运业。

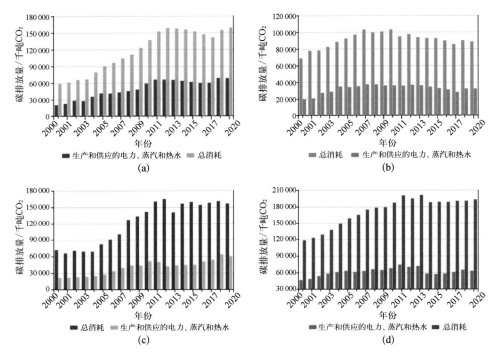

图1-6 我国四个直辖市电力热力部门碳排放量占比发展走势[①]

(a)天津;(b)北京;(c)重庆;(d)上海

1.4 我国城市能源发展面临的挑战

近年来,我国城市化进程不断推进。城市的快速发展需要大量的能源支撑,而大量的能源消费又会使城市面临着环境污染、能源安全供应与应对气候变化等困境,为城市发展带来新的挑战。

1.4.1 环境污染挑战

以化石能源燃烧为代表的能源活动在当前及今后较长时期依然是影响温室气

[①] 数据来源于中国碳核算数据库(CEADs)、Wind 数据库。

体排放的决定性因素,而温室气体排放带来的温室效应,对人类的生存和发展构成重大威胁。除此之外,化石能源燃烧排放大量的烟尘等污染物,导致灰霾频发,严重危害人类的身体健康。工业革命以来,以氮氧化物、碳氢化合物及二次污染物形成的颗粒物污染为特征的复合型污染已经在大多数发达国家和部分发展中国家出现,导致大气能见度日趋下降、灰霾天数增加,人类健康受到威胁。大量化石能源在开采、运输、使用的各环节对水质、土壤、大气等自然生态环境造成严重的污染和破坏。

1.4.2　能源安全供应挑战

2022 年 11 月,习近平总书记在 G20 峰会上指出,粮食、能源安全是全球发展领域最紧迫的挑战。中国工程院测算,我国煤炭资源量约为 5.97×10^{12} 吨,探明煤炭储量为 1.3×10^{12} 吨。而我国绿色煤炭资源量仅为 5.05×10^{11} 吨,约占全国煤炭资源量的 10%;煤炭资源平均回收率仅为 50% 左右,按照国家能源战略需求,绿色煤炭资源量可开采年限为 40~50 年[9]。自 1993 年我国成为石油净进口国以来,石油对外依存度已从 20 世纪初的 32% 增至 2019 年的 70.8%;2019 年,我国天然气对外依存度超过日本,达到了 43%,成为世界上最大的天然气进口国[10]。随着全球地缘政治局势变化、国际能源需求增加、资源市场争夺加剧,我国能源安全形势依然严峻。

1.4.3　应对气候变化挑战

在第七十五届联合国大会上做出的"二氧化碳排放力争于 2030 年前达到峰值,努力争取 2060 年前实现碳中和"承诺,彰显出我国应对气候变化的决心和雄心。尽管我国二氧化碳排放量目前居于世界首位,但从"碳达峰"到"碳中和"的目标期限仅有 30 年,远少于欧美发达国家 50~70 年的期限。

能源领域是温室气体最大的排放源,同时也是减碳的主力军。根据《中华人民共和国气候变化第三次国家信息通报》和《中华人民共和国气候变化第二次两年更新报告》的数据,我国能源领域温室气体排放量占排放总量的 78% 左右。2020 年 12 月,习近平总书记在气候雄心峰会上进一步宣布,到 2030 年,中国非化石能源占一次能源消费的比例将达到 25% 左右,风电、太阳能发电总装机容量将达到 12 亿千瓦以上,对能源绿色低碳发展目标提出了明确要求[11-12]。

我国能源转型正处于新的历史起点,在短时间内实现"碳达峰、碳中和"目标的要求下,还要确保能源转型过程顺滑平稳,保证能源供应的绝对安全[13]。这不仅需要国家不断推进能源变革,还需要让城市在这一轮能源变革中发挥更大的作用。

1.5　本章小结

　　化石能源燃烧是全球温室气体排放的主要来源,城市能源消费是能源消耗的主要组成部分,城市能源活动在当前及今后较长时期依然是影响温室气体排放的决定性因素。作为能源转型和应对气候变化的"主战场",我国部分城市存在能源自给率低、可再生能源消纳比重低以及碳排放量高等问题。我国城市在快速发展中在环境污染、能源安全与气候变化等方面仍然面临诸多挑战,亟需建设合适的能源发展路径。

参 考 文 献

[1]张运洲,鲁刚,王芃,等.能源安全新战略下能源清洁化率和终端电气化率提升路径分析[J].中国电力,2020,53(2):1-8.

[2]国网(苏州)城市能源研究院,国网能源研究院有限公司.中国城市能源报告(2018)-总体特征与样本发现[R].苏州:国网(苏州)城市能源研究院,2019.

[3]李全生,张凯.我国能源绿色开发利用路径研究[J].中国工程科学,2021,23(1):101-111.

[4]国家统计局能源统计司.中国能源统计年鉴(2021)[M].北京:中国统计出版社,2022.

[5]舒印彪.加快再电气化进程　促进能源生产和消费革命[R].北京:国家电网,2018(4):38-39.

[6]唐伟,李俊峰.农村能源消费现状与"碳中和"能力分析[J].中国能源,2021,43(5):60-65.

[7]国网能源研究院有限公司.能源数字化转型白皮书[R].北京:国家电网,2022.

[8]中商情报网.2022年中国数据中心市场规模预测分析[R].深圳:中商产业研究院,2021.

[9]周庆凡.世界能源及其分布状况[J].中国能源,2001(10):27-30.

[10]中国投资协会.2020中国绿色城市指数TOP50报告[R].北京:中国投资协会,2021.

[11]中华人民共和国生态环境部.中华人民共和国气候变化第三次国家信息通报[R].北京:中华人民共和国生态环境部,2018.

[12]中华人民共和国生态环境部.中华人民共和国气候变化第二次两年更新报告[R].北京:中华人民共和国生态环境部,2018.

[13]英大传媒投资集团有限公司.碳达峰碳中和能源电力智库观察[M].北京:中国电力出版社,2022.

第 2 章　国外典型城市能源低碳化发展的经验与启示

在全球应对气候变化的大背景下,城市发展的碳约束逐渐显现。全球已经有越来越多的城市积极加入能源转型的行列,从目标设定、规划编制以及措施落实等方面逐步践行低碳转型。本章考虑区域位置、城市规模、经济发展程度、绿色发展先进性这四个要素,在全球范围内选择哥本哈根、伦敦、纽约、东京这四个城市,通过典型城市能源低碳化的发展实践,总结成功经验和有效做法,为我国建设低碳城市、发展低碳能源找准对标案例,并提供经验和借鉴。

2.1　能源低碳转型趋势

能源是指可以直接或经过转换之后提供人类所需光、热、动力等能量的载体资源。能源问题是人类社会的根本问题,人类文明发展史也是一部人类能源利用史。人类利用能源过程经历了从木柴到煤炭、从煤炭到油气、从油气到新能源、从有碳到无碳的发展趋势,是能源形态、能源技术、能源结构、能源管理等能源体系主体要素发生根本性转变的过程。

2.1.1　能源发展历程演变

世界能源转型的主要目的是建设绿色地球,推动人类社会能源生产与供给体系的绿色、清洁、高效、安全发展。

从能源发展历程分析,人类利用能源经历了从木柴到煤炭的第一次转型和从煤炭到油气的第二次转型,两次能源转型均呈现出能量密度不断上升、能源形态从固态到液态和气态、能源品质从高碳到低碳的发展趋势和规律。太阳能、水电、核能、生物质能、地热和氢能等新能源具有清洁、无碳的天然属性[1]。因此,以新能源替代化石能源的第三次世界能源转型具有清洁化、低碳化的特点和发展趋势。

从世界能源消费结构的发展趋势分析,世界能源体系逐渐形成了煤炭、石油、天然气和新能源"四分天下"的格局(见图 2-1)。世界能源消费结构中,新能源的消费量和占比稳步上升,能源低碳化、去碳化的趋势持续加强。当前,煤炭工业革命从高碳向清洁低碳转型,油气工业革命从常规油气向低成本非常规油气转型,能源工业革命从化石能源向无碳新能源转型,能源管理革命从单能利用向多能融合智慧化转型。

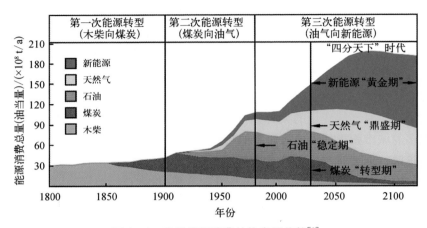

图2-1 世界能源消费结构发展趋势[2]

从人类文明和社会发展的角度分析,能源转型是人类文明发展和进步的驱动力。历次能源转型均推动和促进了人类生产力的进步和社会发展的进程。第一次能源转型开启了煤炭的利用,催生了人类文明进入"蒸汽时代";第二次能源转型开启了石油和天然气的大规模利用,保障了人类文明相继进入"电气时代"和"信息时代";第三次能源转型以新能源替代化石能源,将推动人类文明"智能时代"的来临。

在能源转型的过程中,我们经常会使用到"新能源""可再生能源""清洁能源"这样的词汇,本书先行厘清这几个词汇的概念,方便后续讨论。

新能源又称非常规能源,与传统能源相对应,主要指煤炭、石油、水能、核能等常规能源之外的能源,如太阳能、地热能、风能、海洋能、生物质能等;也可以称为在新技术的基础上刚开始开发利用或正在积极研究、有待推广的能源,如潮汐能、氢能等。新能源的概念以应用时序为区分标准,不是一个技术性概念。

可再生能源是相对不可再生能源而言的,指从自然界获取的、可以再生的非矿物能源,在使用过程中很少对环境造成二次污染。可再生能源主要指水能、风能、太阳能、生物质能、地热能和海洋能等,除水能之外基本都是新能源。

清洁能源可分为狭义和广义两种概念。狭义的清洁能源是指可再生能源。广义的清洁能源则包括在能源的生产及其消费过程中对生态环境低污染或无污染的能源,如天然气、清洁煤等。

2.1.2　可再生能源与全球绿色复苏

2020 年初以来,新冠肺炎疫情席卷全球,重创全球经济。全球不少区域组织和国家提出后疫情时代的经济刺激计划,推出绿色增长战略,创造经济与环境的良性循环,并相继公布能源领域相关发展战略和政策措施,主要总结为以下四个方面:① 聚焦碳中和,定调绿色发展战略;② 推出疫情后的绿色复苏计划,将清洁能源作为恢复经济的引擎,多国推动风电、光伏等可再生能源高速发展,部分国家将核电作为能源结构转型的重要力量;③ 战略扶持新兴产业发展,多国密集发布促进氢能、储能、地热等新兴产业发展的配套政策;④ 推进脱碳进程,加速化石燃料退出,多国加速弃煤,削减化石燃料补贴及政策支持,同时积极推进交通领域减排。

其中,多国出台了加速可再生能源发展的计划,指出可再生能源未来的发展方向和总体目标。例如,2020 年 4 月,法国政府发布新的多年期能源计划,该计划的目标是到 2023 年实现 20.1 吉瓦的可再生能源发电装机,到 2028 年实现 44 吉瓦的可再生能源发电装机。美国设立专注于气候的跨机构高级研究机构 ARPA - C,助力其实现 100% 清洁能源经济的目标。2021 年,美国政府推行"绿色能源革命",大力推动太阳能、陆上和海上风力发电,部署核能和水力发电[3]。

随着电力需求的迅速增长,以风、光为代表的可再生能源成为各国政府解决电力缺口的重要方式。各国采取公开招标的模式吸引投资,不断扩大可再生能源装机规模。近一年来,东南亚多国宣布的地面光伏电站公开招标规模累计超 5 吉瓦,其中,菲律宾公布的招标总规模为 2.5 吉瓦。意大利、西班牙、日本、韩国、越南等国宣布加入浮式海上风电项目建设大军。

氢能是可再生能源相关的另一个经济增长点。多个国家和地区加快布局氢能产业,相继出台具有实操性的氢能战略和氢能发展路线图。其中,欧盟发布《欧盟氢能源战略》[4],计划到 2030 年拥有 40 吉瓦的生产能力,到 2050 年将氢能在能源结构中的占比提高到 12%~14%。德国和法国分别发布和启动国家氢能战略和《法国脱碳氢能发展国家战略(2021—2030)》,正式确定绿氢的优先投资地位[5]。俄罗斯加速布局氢能产业,抢占氢能出口主导权。根据新版《2035 年能源战略草案》(ES - 2035)制定的目标,俄罗斯 2024 年氢能出口量计划达到 20 万吨,2035 年达到 200 万吨,力求到 2035 年通过扩大氢气产能成为全球重要氢能经济国家[6]。另外,葡萄牙、西班牙等国纷纷发布国家级氢能路线图。

2.1.3　低碳经济与低碳城市

工业革命以来,气候变化问题已经上升为全球性的政治、经济和社会问题。减少温室气体排放,向低能耗、低物耗、低排放、低污染"四位一体"的低碳经济发展模式转变,已经成为世界经济发展的大趋势。

城市是人类社会经济活动的中心,快速城市化带来的人口激增、能源的巨大消耗及碳覆盖领域的扩张已经严重影响城市的长远发展及其在环境、经济中的作用。发展城市低碳经济、实现城市的低碳转型正逐步成为世界各国应对气候变暖的重要选择。目前,一些发达国家和地区已经以城市为单元践行低碳经济理念,形成了各具特色的低碳城市发展模式。但是,发展低碳城市是一个全新的课题,从理论到实践,还缺乏成熟的理论成果和成功的发展模式。

虽然世界各国已经对发展低碳城市达成共识,但关于"低碳城市"的内涵仍处在初期讨论中。目前认为,低碳城市是通过在城市发展低碳经济、创新低碳技术、改变生活方式,最大限度减少城市的温室气体排放,形成结构优化、循环利用、节能高效的经济体系,形成健康、节约、低碳的生活方式和消费模式,最终实现城市的清洁发展、高效发展、低碳发展和可持续发展。

当前低碳城市建设的主要任务是推进城市的低碳发展,其核心是要减少能源消耗和碳排放,即通过提高能源效率、发展低碳产业、创新低碳技术、改善城市交通系统和建筑体系、科学规划城市空间格局、引导市民低碳消费等手段,形成以低能耗、低污染、低排放和高效能、高效率、高效益为主要特征的低碳化生产生活方式,在实现城市经济快速发展和保证市民舒适生活的前提下,减少城市碳排放,最终实现城市的可持续发展。时下,发展新兴产业已成为世界各国在能源领域抢占新一轮经济和科技发展制高点的重大战略。各国纷纷通过制定战略规划,引领新兴产业发展方向,涵盖氢能、储能、地热能、生物质能等诸多领域。

2.2 哥本哈根:区域供能与热电联产的发展史

作为联合国人居署评选出的"全球最宜居城市",哥本哈根以首都的身份承担了丹麦能源转型和低碳发展试点的重要作用,在城市新能源开发利用以及城市节能管理方面积累了丰富的经验。2012 年出台的《哥本哈根 2025 气候规划》[7],提出了其希望成为世界第一个"碳中和"城市的宏伟目标。然而,俄罗斯、乌克兰地缘政治局势的变化导致欧洲能源价格飞涨,为城市"碳中和"进程增添了不确定因素。2022 年 8 月,哥本哈根市长宣布该市放弃原定的 2025 年实现"碳中和"的目标。

2.2.1 能源发展概况

20 世纪 70 年代,丹麦能源供应主要来自石油,而 99% 的石油都依靠进口,20

世纪石油危机导致其国内工业用能短缺、物资短缺、物价飙升,失业率也节节攀升。为摆脱对化石能源的依赖,丹麦政府采取了新的能源政策:提高能源利用效率,大力发展可再生能源。从此,丹麦能源自给率快速攀升,从 1980 年的 5% 到 1990 年的 52%,再到 2000 年的 139%。

从丹麦 1990 年以来能源消费结构的变化(见图 2-2)可知,传统能源如煤炭在 2020 年较 1990 年下降 74.0%,油品下降 31.7%,可再生能源的占比在 2020 年较 1990 年上升 195.0%,热电联产与电力发电成为丹麦能源消耗的重要方向。从分类型的能源结构来看,交通领域在 2020 年较 1990 年提高 4.5%(其中,公路交通上升 17.0%,航空运输领域下降 46.8%),在农业和工业领域下降 19.9%,在居民生活和公共领域稳步上升。

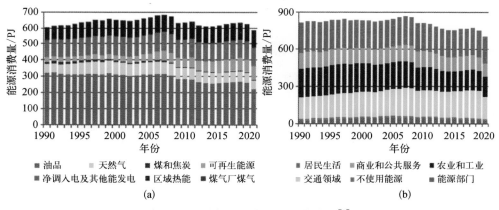

图 2-2　丹麦近 30 年能源结构变化[8]

(a) 能源产品的能源消费结构;(b) 终端使用的能源消费结构

根据规划,哥本哈根划定能源消耗、能源生产、绿色出行、城市管理作为"碳中和"的四个支柱,通过建筑能源优化减排、新能源交通工具代替燃油汽车以及优化城市管理等方面实现约 20% 的减排目标,其余约 80% 的减排目标则通过使用可再生能源代替煤炭、石油和天然气来实现。在能源消费领域,碳排放减量约占减排总目标的 7%;在能源供应领域,碳排放减量约占减排总目标的 74%。

该计划还制定了详尽的目标,包括新建 100 台风力涡轮机,哥本哈根的供暖需求百分之百由可再生能源满足等,这项成果主要来源于区域供暖、制冷系统和可再生能源的利用。根据哥本哈根市政府的评估,碳排放与 2005 年相比已实际降低了 38%,减排速度随着环境技术的发展和多方的努力正在加快。

值得提出的是,在 2025 年的目标框架下,哥本哈根交通部门不可能实现零排放,因此计划通过生物质热电联产网络的电力以及哥本哈根以外的风力发电,创造一个可以出口到电网的过剩的低碳电力,从而抵消交通部门的碳排放。

2.2.2 能源低碳化转型经验

能源结构转型是哥本哈根能源低碳化的核心内容,哥本哈根城市能源系统充分利用可再生能源发展废物燃烧发电和生产生物质能源,以此减少煤炭、石油、天然气等在能源供应中的占比。

1) 能源结构转型

哥本哈根大力发展的可持续能源包括风能、太阳能、生物质能以及潮汐能等(见图2-3)。其中,其风能非常丰富,是城市电能供应的主力,但由于风电项目的投入较高,哥本哈根市政府通过开放向居民融资的方式,通过绿色低碳宣传行动以及低碳能源和资金支持政策予以保障,有效利用市场手段提高绿色经济活力。

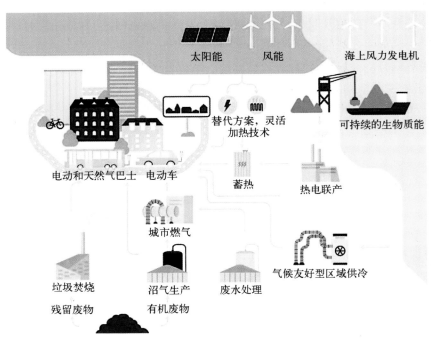

图2-3 哥本哈根能源供应系统规划示意图[7]

根据碳中和城市联盟(CNCA)公布的哥本哈根"碳中和"目标显示,预计到2025年,其主要电力能源包括风能、生物质能、煤炭、燃气、核能以及燃油,所占比例分别为55%、18%、17%、6%、3%和1%。随着能源结构的改变和碳排放量快速下降,控制碳排放持续下降难度逐渐加大,哥本哈根正在积极探寻分布式光伏发电和潮汐能等新能源发展的可能性,以进一步提高低碳能源的利用率,接力碳排放控制。

2）分布式区域供能

哥本哈根能源系统由四个能源载体组成：电力系统、燃气网络、区域供热网络和区域冷却网络。在传统能源系统中，这四个能量载体是分开运行的，通过耦合四大能源载体，优化了城市能源结构和分布。

哥本哈根搭建了城市碳排放、能耗、空气质量、骑行基础设施、资源利用以及人口活动等方面的数字监测管理系统，在能源供应、能源结构等方面进行快速而深远的转型。其中，基于数据分析优化的能源分布，可提供更清洁、更廉价的能源服务。哥本哈根的区域供热能源有生物燃气、固体生物质、天然气和部分石油、煤炭等，其中包括中心大型供热站、地区局部供热站和分布式供热站等。以固体生物质为能源的供热功率最大达到 916 兆瓦。

此外，哥本哈根正在尝试扩大区域供冷范围，将海水循环至高耗能制冷区域，用于工业生产及城市降温。哥本哈根于 2015 年筹备并创建了丹麦最大的城市发展项目——诺德港湾能源实验室。该项目汇集了学术界、工业界、公用事业部门和地方政府的力量，以哥本哈根的电网和区域供热网络为基础，深入建筑环境和私人住宅，基于能源数据进行建模和模拟，以寻求城市分布式能源利用的最佳解决方案。新的解决方案将减少区域供热网络中对高峰负荷锅炉的需求，利用集中与分散结合的方法使电网运营商能够优化能源供应分布体系。

3）生物质能热电联产

哥本哈根区域拥有目前丹麦最大的区域供暖系统，利用发电厂的余热，通过区域供热为建筑物保温。由于秸秆固化成型后，具有易燃、二氧化碳排放量少等特点，因此，在哥本哈根，秸秆、稻草等农作物收割完毕后多作为供暖的原材料，既提高了资源的使用率，又极大地降低了二氧化碳的排放量。区域供暖极大地激励了用户节约用热，提高了可再生能源的使用率，降低了对环境的影响。CopenHill 垃圾焚烧厂是哥本哈根高度集成、热电联产的"废物能源转化站"的代表。

4）交通电气化与公共交通设施

哥本哈根将绿色交通作为《哥本哈根 2025 气候规划》的重要支柱之一：一方面，通过交通电气化提高清洁能源交通占比；另一方面，通过改善公共交通设施促进公共交通出行发展。绿色交通的主要举措包括以下几方面：打造全球最佳骑行城市，推广电力、氢气和生物质能等新能源汽车，制定优惠的停车收费政策，鼓励电动车和氢动力车发展，并计划在 2025 年实现公交运输 100％零碳，20％～30％的轻型车辆和 30％～40％的重型车辆使用新能源；倡导公共交通出行，宣传绿色交通理念，提高公共交通吸引力并降低其能耗，加强智能交通控制和管理以及开展绿色出行宣传，鼓励市民环保出行等。哥本哈根计划在 2025 年前实现步行、骑行和公交出行占比超过 75%,通勤和上学骑行比例超过 50%,公交出行人数增加 20%。

2.3 伦敦:能源系统升级,全维度应对气候变化

伦敦是欧洲的金融中心,占地面积为 1 577 平方千米,常住人口约为 900 万。作为低碳城市规划和实践的先行者,伦敦出台了世界上第一个覆盖城市范围的碳预算,为城市能源减排奠定了基础。

2.3.1 能源发展概况

2009 年 7 月,英国政府公布了《英国清洁能源战略白皮书——低碳经济转型计划》(以下简称《英国清洁能源战略白皮书》)[9],提出了英国 2050 年实现碳减排 60%(相对于 1990 年标准)的目标以及相应的实施政策。2010 年 2 月,大伦敦市政府根据《英国清洁能源战略白皮书》提出的节能减排与能源结构建设目标,在 2004 年出台的《市长能源战略》[10] 的基础上进行了补充与扩展,提出了《伦敦未来能源战略的实现——市长能源战略修正案》(以下简称《市长能源战略修正案》),包括三大目标:一是在 2025 年实现二氧化碳减排 60%;二是建成高效、独立、安全的能源供应体系;三是在 2025 年成为全球碳金融中心,成为引领低碳经济市场的世界城市之一。

1)城市低碳能源目标

在颁布《市长能源战略修正案》的同时,伦敦制定了能源供应、民用、商用、交通领域的能源政策和实施动议,确立了其 2010—2025 年的能源供应体系建设框架与具体措施。其中,在交通领域,伦敦市制定的目标是在 2041 年实现 80% 以上的低碳交通方式,2050 年实现近零排放。在能源供给领域,低碳能源目标是在 2025 年实现 25% 的分布式能源供给,提供高效、低碳、清洁的能源。

2021 年 3 月,英国政府发布了最新的《大伦敦空间发展策略》[11],根据可持续发展的要求,提出了四点要求:① 到 2041 年,计划伦敦居民 80% 的行程将通过步行、骑自行车和公共交通工具的方式进行,到 2050 年,伦敦成为"零碳"城市;② 保护伦敦的绿化带和自然保护区;③ 确保建筑物和基础设施的设计能适应不断变化的气候环境,减少洪水和热浪等自然灾害的影响,同时也计划减轻甚至避免造成城市热岛效应;④ 未来所有的新建筑物须按"零碳"标准建造,尽量减少拆卸或者再利用建筑废物。

2)低碳能源现状

伦敦在制定能源战略时,充分考虑了城市自身的实际情况,并通过数据分析,

对政策的实施效果进行了科学预测与安排,保证了能源战略的可行性。通过提高能源效率与分布式能源供给相结合,减少集中式发电系统带来的能源浪费,目标是到 2025 年实现 25% 的分布式能源供给。在商业领域,利用商业活动的低碳激励降低碳排放;在住宅和交通领域,利用能源政策和项目的实施促进碳减排。预计到 2025 年,伦敦能源需求的 25% 会达到 290 亿千瓦时,其中 107 亿千瓦时(即 36.9%)来自可再生能源。

3) 能源发展挑战

伦敦低碳发展的首要挑战是能源生产和分配。据统计,大量能源损失于能源发输配的过程中,因此,伦敦提出分布式能源供给战略,尽可能降低对电网的依赖,向本地化、低碳化、分散化能源供应转变。

2.3.2　能源低碳化转型经验

通过大数据分析,伦敦确定了实现碳减排目标的重心,即利用服务行业比重上升带来的商业活动自有的低碳激励降低商业领域的碳排放,同时利用能源政策和项目的实施促进民用住宅和交通领域的碳减排。伦敦现有的集中式发电系统存在很大的能源浪费,伦敦能源规划认为,只有将提高能源效率与分布式能源供给相结合,在用户端附近建立能源供应中心,才能实现伦敦的低碳目标。

1) 绿色能源

伦敦政府持续颁布政策支持可再生能源的开发。首先对大伦敦区潜在新能源储量进行了研究,据估算,大伦敦地区的可再生能源在理论上可分别满足伦敦电力和供暖消耗的 34% 和 49%。光伏和热泵(空气源和地源)可分别满足伦敦电力和供暖消耗的 19% 和 44%。地源热泵和空气源热泵可分别贡献 4 889 兆瓦和 18 981 兆瓦的单峰供热能力。"伦敦矩阵(London Array)"[12] 风力发电场可贡献 630 兆瓦的发电能力。2018 年的统计数据显示,伦敦工业和商业消费可再生能源和废物再利用能源达到了 47 358 吉瓦时,约占总能源消费的 36%。

2021 年,伦敦进一步颁布政策支持可持续能源的开发,包括使用可再生热源的区域能源网络,以及热泵和智能电动汽车充电等能源技术,以推动伦敦在建筑和交通中使用清洁的当地能源。

此外,伦敦进一步提高能源效率,采取集中式发电与分布式能源供给相结合的模式,通过推广热电联合装置,提高对天然气(占总能源的 50%)的利用率。分布式能源有不同的技术形式,包括冷、热、电三联供系统,风、光、氢和燃料电池等可再生能源,以及从城市垃圾、厨房垃圾和污水中获取能源的新型清洁技术。政府出台政策刺激分布式能源发展,要求能源供应商必须供给一定比例的可再生能源,并制定了包括针对天然气供应和热电联产的可再生能源刺激政策。

2）低碳生活

2006 年，伦敦居民生活的碳排放为 1 710 万吨，占伦敦总排放量的 36％，2018 年这一数据已经下降到 1 058 万吨。而伦敦的低碳发展目标是到 2025 年居民生活碳排放量降低至 766 万吨。伦敦投入 3.5 亿英镑启动了社区节能活动，帮助家庭进行节能改造和降低碳排放。例如，将低效的 G 级炉灶改造为高效的 A 级炉灶的炉灶改造计划，实现所有家庭安装计量用电和用气的智能电表计划等。家庭能效改善项目为家庭提供节能咨询和建议，提供家庭可再生能源发电上网政策和电价补贴，预计可在 2025 年减排二氧化碳 30 万吨。

伦敦面向低收入人群采取节能技术及信贷的支持，帮助民用住宅实现碳减排目标的同时，消除了"能源贫困"（家庭取暖开支占家庭可支配收入的 10％）现象，体现了能源战略目标的公平与效率。

3）绿色建筑

为贯彻落实低碳发展理念，提高建筑能效，伦敦制定建筑物能效评估标准，从建筑材料和房屋设计的隔热保温性能、室内供热的燃料种类、通风设备的类型等方面衡量能效，并要求 2016 年伦敦所有居民住宅的 SAP 率都必须高于 40。

此外，为了使市民适应炎热的天气和减少资源的消耗，伦敦大力实施"建筑能源有效利用工程"，加大建筑技术的研发和革新技术的应用，设计出减少水资源消耗的建筑。通过应用商业模型，创立成本中立的方法来提高建筑物能源利用效率。同时，严格执行绿色政府采购政策，鼓励采用低碳技术和服务，改善市政府建筑物的能源效益，引导公务员形成节能习惯。至 2020 年，继续推广绿色建筑至商业建筑，每年完成 200 个建筑的节能改造，实现每年减少碳排放 27 万吨，预计于 2025 年达到每年减排 44 万吨，绝大部分机构可以实施能效改善。

4）绿色交通

伦敦鼓励通勤使用清洁混合动力汽车、低碳能源汽车以及自行车，实施中心区自行车租赁计划，增加自行车停车点 6.6 万个，实现多条自行车高速公路。

从 2003 年开始，伦敦对进入中心区最堵塞路段的车辆实行收费，交通延误随之大幅度减少了 30％，行驶速度提高了 19％，有效减少了交通能源损耗。《大伦敦空间发展策略》中提出引入零排放区、采用激励措施支持超低碳排放车辆使用等多项具体实施计划，助力绿色交通的持续发展。

在交通工具方面，伦敦规定 2012 年所有新购入的公交车实现混合动力，并实施电动汽车网络服务和会员计划，推动机动车和燃料低碳化。未来将进一步通过实施电动车购买刺激政策、投资支持电动车的基础设施建设等措施，提高道路车辆中电动车的比例，继续推广电动汽车充电设施的建设。在运行效率方面，引入道路允许计划，引入铁路自动化控制，推广生态驾驶，计划于 2025 年实现 50％的重型货运车辆加入货车运行认证计划。

2.4　纽约：减少能源消耗，建立更清洁、更可靠的能源系统

纽约州位于美国东北部，是美国经济最发达的州之一，容纳了纽约市及大纽约地区，占地面积为 128 401 平方千米，常住人口约为 2 000 万。作为世界的经济心脏和美国的神经中枢，纽约具有丰富的能源低碳转型方面的创新经验。

2.4.1　能源发展概况

从 20 世纪末到目前，纽约的能源供应与消耗环节发生了诸多重要的变化，譬如消除了煤炭发电，进一步压缩了燃油发电的比重，增强了天然气在发电与取暖环节的主体地位，在能效方面位居全美前列等。

1）能源供应的变化

纽约市的能源供应主要依赖其所在的纽约州，纽约州能源供应种类多样，包括电力、天然气、石油产品在内的生产供应早已形成了完备的体系，可再生能源的供应也在近年来得到了较大发展。

在电能来源方面，天然气、核能和水电占纽约州 90% 以上的电力，这一数值对于美国全国来说是 79%。其中，天然气发电占 38%，煤炭发电占 22%，核能发电占 19%，风能发电占 9%，水力发电占 8%，其他可再生能源发电占 4%，如图 2-4 所示。在电源的变化趋势上，由于纽约州环境保护政策的作用，州内发电厂煤炭发电呈显著下降趋势，从 21 世纪初的近 11% 降至 2016 年的 3%，并在 2018 年 11 月完全消除了煤炭发电，这也是与美国全国数据差异最大的一项。此外，纯燃油发电的电厂比例也有所下降，目前州内半数以上的电能来源为燃气发电与燃气、燃油双燃

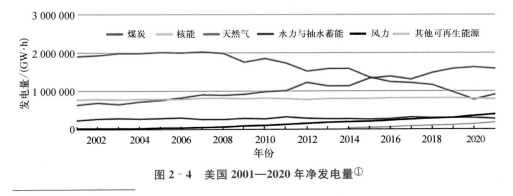

图 2-4　美国 2001—2020 年净发电量①

————————
① 数据来源：美国能源部 2020 年发布的数据。

料发电。由于太阳能、风力发电的大量投入应用，以及天气和成本等问题，新核反应堆的建设步伐减缓了很多。

纽约的天然气主要依赖外来气。根据纽约州能源规划委员会的统计，该州97％的天然气需求依赖其他州以及其他国家。在页岩气开采技术的革命性进展带动下，靠近纽约的宾夕法尼亚州以及西弗吉尼亚州如今是美国国内最为重要的油气能源产区，该地区的马塞勒斯页岩作为页岩气的主产区之一，新增的天然气产量极大地满足了纽约州的天然气需求。

石油与天然气的供应情况类似。近年来，纽约州自身的原油产量远远无法满足本州巨大的需求，石油供应绝大部分依赖于其他国家与国内其他州。纽约州内的油品运输与供应体系非常发达，作为美国最重要的油品管道科洛尼尔管道（总长为 5 519 英里①）的终点站，纽约/新泽西港区内还拥有大规模的汽油调和能力，不仅为全州直接提供汽油，还为美国南部与东部地区提供石油产品。

美国可再生能源发电占比逐渐升高，新能源产业发展迅猛，纽约州可再生能源发电量在全美排名第五，其中水力发电是纽约州可再生能源发电的主要来源。2019年，纽约州的水力发电量接近 3 100 万兆瓦时，占本州可再生能源发电的 78％，占本州总发电量的 23％。风能是纽约第二大可再生能源净发电来源，约占纽约净发电总量的 4％。太阳能提供了纽约州净发电总量的 2.5％，其中 2/3 来自容量不到 1 兆瓦的小型系统。生物质燃料占纽约州总净发电量的比例不到 1.5％。

2）能源消费的变化

依托于其发达的能源供应体系、相对集中的人口密度、规模经济效应以及节能技术的应用，纽约州（特别是大纽约地区）的人均能源消耗在全美排名居于末位，能源使用效率较高。根据美国能源信息署（EIA）的最新数据，2019 年纽约州人均能源消耗量为 185 百万英热单位②，仅次于加利福尼亚州和罗得岛州。

在纽约都市圈③的能源消耗结构中，电能消耗占最大比例。根据纽约州电力管理部门的数据，纽约都市圈所包含的地区中，纽约市、长岛等地 2015 年的用电量达到了 53 485 吉瓦时和 21 906 吉瓦时。在天然气消费方面，1997—2017 年，纽约州年天然气总消耗量基本在 12 000 亿～14 000 亿立方英尺④的范围内小幅波动。其中，发电用天然气保持在 30％左右，其余部分主要用于供暖等方面。在石油产品消费方面，汽油作为最普遍的车用燃料，在石油产品消费中占比最大，2008—2016

---

① 英里（mile）为英制长度单位，简称 mi，1 mi≈1.609 km。
② 英热单位（British thermal unit, Btu）为英制热量单位，1 Btu≈1 055 J。
③ 纽约都市圈（又名美国大西洋沿岸城市群）是世界十大都市圈之一，跨越了美国东北部的 10 个州，约占美国本土面积的五分之一，拥有纽约、波士顿、费城、巴尔的摩和华盛顿 5 座大城市，以及 40 个 10 万人以上的中小城市，人口达到 6 500 万，占美国总人口的 20％，城市化水平达到 75％以上。
④ 英尺（ft）为英制长度单位，1 ft＝0.304 8 m。

年,纽约州的汽油消费量总体呈下降趋势,约 3/4 的燃油消耗用于交通方面,其余多用于供热。出于环境保护的需要,纽约州对于汽油品质要求较为严格,州内销售的汽油必须添加乙醇成分以减少污染物和二氧化碳的排放。

3) 面临的减碳与能源保障新挑战

近年来,纽约州及纽约都市圈为减碳付出了大量努力,取得了显著效果,但减碳任务以及全球变暖给当地带来的挑战依然巨大。

(1) 能源系统老化。EIA 的数据表明,纽约都市圈的居民出行有 25% 依赖公共交通,工作日平均每天客流量约为 560 万人次,运客量还在持续上涨。然而,动力系统等并没有得到实质性的相应更新,现有的直流三轨供电方式以及相对老化的电路,导致古老而拥挤的纽约地铁滞客停运现象屡见不鲜。建筑老化也是导致其能源浪费的主要原因之一,《纽约市 2015 年温室气体排放清单》[13] 指出,纽约市的温室气体排放有 67% 来自楼宇,远远超过全美的平均水平,老化的城市建筑已成为都市圈最大的安全隐患。

(2) 人口增长导致碳排放与日俱增,环境压力日益凸显。就建筑而言,近年来纽约都市圈持续增长的人口推动了对住房源源不断的需求,原有的居民住宅的耗能水平也居高不下,这对当地的节能减排带来巨大挑战。在交通运输方面,随着人口的增加,现有公共交通系统已无法满足新增人口的交通需求,还存在设施陈旧、耗能过高的问题。另外,纽约都市圈的小型汽车正在不断增加,这也对其减碳目标构成新的挑战。

(3) 新能源与节能减排产业成本优势不足。在当前美国页岩油气产业大繁荣的背景下,对于传统化石能源开采企业而言,页岩油气能源前期投入成本巨大,正处于企业收回成本并盈利的最佳时期,市场的力量使得投资新能源与节能减排产业的意愿较低。由于施工与运营成本问题,家庭太阳能电池板的铺设入网问题甚至引发了当地家庭、新能源企业与电力公司之间的直接冲突。由此可见,在低油气价格的背景之下,新能源与节能减排的发展会面临较大的阻力。

2.4.2　能源低碳化转型经验

在能源紧缺的背景下,城市发展的碳约束逐渐显现。纽约积极加入应对能源转型的行列,从目标设定、规划编制以及措施落实等方面逐步践行低碳转型。

1) 成立纽约市能源规划局,更新能源规划方案

纽约市能源规划中强调了城市能源系统管理和协调机制的重要性,因此纽约建立了能源规划局全面负责能源规划的协调和管理工作,以降低需求与扩大供给为工作目标,以制定纽约市的总体能源规划为工作任务,审查和批准了包括能源供给和需求战略的规划,满足城市发展需要(见图 2-5)。

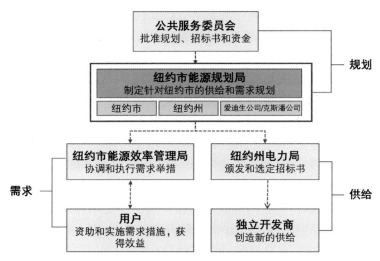

图 2-5 纽约市能源规划[14]

2）减少城市能源消耗

（1）减少市政府的能源消耗。纽约市政府每年减少 10% 的能源开支,转而将这笔费用投资在城市的节能措施上,10 年内市政府可减少约 30% 的碳排量。通过对市宪章的修正,设立管理市政建筑能源利用的中央系统和工具,进行例行的能源审计和城市建筑物微调,通过改进和维修,节省了市政府的电能和热能消耗。

（2）加强城市的能源和建筑规范。纽约市在修订建筑规范时,加入了更多的节能环保元素。重点落实全市能源效率战略,将简化可持续技术纳入新建筑的程序,加强对节能施工规范和消防规范等的修订,针对照明要求有更详细的修改。

（3）建立城市能源效率机构。直接管理本市提升能源效率和降低需求的一切措施,它们的首要任务是开展三项行动:优化针对性激励机制的五个能源效率的关键领域,扩大高峰负荷管理项目,开展节能意识和培训活动。

（4）优化针对性激励机制的五个关键领域。纽约市政府在五个重点领域实施了一系列的规定和激励机制,大幅降低了城市能源需求。这些领域包括公共机构和政府建筑物、商业和工业建筑、住宅建筑、新建筑、电器及电子系统。对于私营企业,政府以激励政策鼓励其尽早实施能源升级,并已在 2015 年制定了相关规定。

（5）扩大高峰用电负荷管理。高峰负荷管理项目包括安装智能电表和开展实时定价。与各机构合作,在全市范围内积极推广安装智能电表,签约客户在高峰期减少用电可以得到相应的报酬。实施定价项目可以让消费者看到不同时期的电力费用,以便合理规划一天之内的用电,这项措施使纽约州的高峰用电负荷减少了

25%，纽约的总能源消耗在高峰期下降了 5%。

（6）开展节能意识和培训宣传。与学校、市场营销专业人士以及非营利组织合作，开发针对具体行业的宣传。为建设运营商、制造商、设计师等提供培训项目，确保高能效战略的正确有效实施。为能源审计师、调试代理商和改造承包商进行认证，确保业主收到预期的节能效果。

3）增加城市的清洁能源供给

（1）改建电力设施并建造发电厂和专用传输电缆。一是改建现有的电厂，这一措施提高了 40% 的工作效率并且显著减少了温室气体排放，增加了额外电力供给。二是建造新电厂，虽然与改建旧电厂费用差不多，但由于纽约市土地有限，因此施工成本较高。三是在市外建立完全致力于为纽约市提供清洁电力的发电厂。通过控制新发电厂的修建地址和种类，确保新发电厂不从传统的燃煤电厂购买电力。

（2）扩建清洁分布式发电。通过清洁分布式发电相关开发商与电力公司合作，分布式发电并入电网的数量大幅度增加，预计到 2030 年实现最低 800 MW 的目标。市政府还推动了爱迪生联合电气公司开发在线联网跟踪应用，增加电力公司与清洁分布式发电相关开发商的交流，并要求其研究和开发清洁能源并网技术。

（3）支持天然气基础设施的扩建。联合相关企业支持并且承担了天然气基础设施的扩建工作，积极开展管道项目和液化天然气接收站项目。一方面，纽约的天然气需求逐年增加，修建天然气管道迫在眉睫。另一方面，近两年纽约主张开发和投资新型绿色能源，竭力减少传统天然气管道项目。2019 年，纽约开启了 2.5 亿美元的清洁能源投资计划，采取各类激励措施，大力推广地热能、太阳能等清洁能源，努力提高目前的能源利用效率。

（4）扶持可再生能源市场。为可再生能源和新兴技术的探索提供激励并减少障碍，包括太阳能发电和甲烷、有机废物项目。一方面，为光伏电池板装置安装创立财产税减免，通过融资方式为市政建筑扩大使用太阳能。另一方面，试行多项针对固体废物的能源生产技术（厌氧消化和热加工技术等），减少污水处理厂的甲烷排放，扩大使用沼气池天然气，研究现有垃圾填埋场的气体补货和能源生产扩建。纽约市大约 60% 的沼气池天然气被收集，并通过燃料电池来生产能源。

4）使电力传输基础设施现代化

（1）加速改善城市电网的可靠性。纽约市的电网系统一直存在着冗余、老旧的问题，当停电发生时，很难发现问题和恢复电力供给，提高电网的可靠性迫在眉睫。纽约市倡导爱迪生联合电气公司实施市政府报告中提出的 53 个建议，如扩大安装先进的电表以增强公司即时判断停电影响客户数量的能力，加快对容易出事的电网配件的维修和加强对承包商的监督等。

（2）通过改善合作和联合竞标的方式完善电网检修。当开展拆除街道的市政建设项目时,联合竞标可以使单个合同囊括所有与项目有关的工作。因此,推动联合竞标的立法工作将有利于公平竞争和达到无缝隙的项目规划,在经常有安装、更换或拆除设备需要的地区迅速、安全地交付设备,既保证了纽约市急需能源基础设施的运输,又为低碳化能源消耗做出了贡献。

（3）支持新兴公司为电网现代化做出的努力。为了摈弃老旧的电网系统,纽约市为爱迪生联合电气公司发起的"未来通信系统"项目提供财政支持,目标是整合通信、计算机和电子产品的进步,更有效、快速地定位电网问题和需求波动。

2.5 东京：可再生能源"最优先"的绿色成长战略

东京湾地处日本中东部沿太平洋出海口,在都市群概念上的东京湾区包括了东京都、北部的埼玉县、南部的千叶县以及隔湾相望的神奈川县,统称为"一都三县",占地面积为 13 373 平方千米,常住人口约有 3 800 万。东京湾区作为亚洲的经济中心之一,其 GDP 总量约占日本国内生产总值的三分之一。

2.5.1 能源发展概况

1）日本能源发展概况

日本是一个能源对外依赖度很高的国家,石油高度依赖美国、英国和德国,煤炭主要依赖中国和印度。日本的能源自给率从 2000 年来逐年下降,2015 年起有所反弹,但即便如此,2019 年日本能源自给率仅为 12.1%（见图 2-6）。目前,日本能源供应主要以石油、煤炭、天然气为主,三者约占总能源供应的 84.8%;可再生能源约占 8.8%,水力占 3.5%,核能占 2.9%（见图 2-7）。

目前日本电力来源构成中,天然气和煤炭发电的占比约为 73%,可再生能源的占比约为 16%,核电仅占 3% 左右。这是由于福岛核事故后核电停运,煤电和天然气发电作为灵活性调节电源,比例大幅上升。东京电力提出了"可再生能源主力电源化"的目标,明确将可再生能源作为发展支柱,提出 2030 年之前开发可再生能源发电装机(不含水电)600 万～700 万千瓦的目标(目前仅为 5 万千瓦)。同时,核电仍将适度发展,东京电力计划适时推进柏崎核电站 6、7 号机组的重启,并在零碳电源发展顺利的情况下,逐步推进 1 至 5 号机组的报废工作。

2020 年 10 月,日本政府宣布到 2050 年实现"碳中和"的目标。2021 年 4 月,日本政府表示,力争 2030 年度温室气体排放量比 2013 年度减少 46%。日本经济产业省发布的资料显示,目前在日本的二氧化碳排放量中,发电站等能源行业的排放占比为 37%,远远超过其他行业,因此能源行业的减排至关重要。

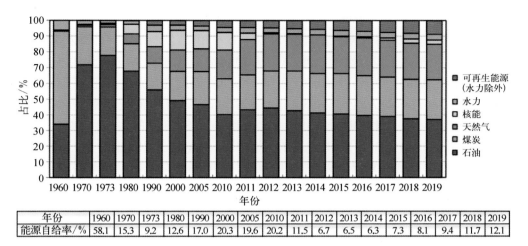

年份	1960	1970	1973	1980	1990	2000	2005	2010	2011	2012	2013	2014	2015	2016	2017	2018	2019
能源自给率/%	58.1	15.3	9.2	12.6	17.0	20.3	19.6	20.2	11.5	6.7	6.5	6.3	7.3	8.1	9.4	11.7	12.1

图 2‑6　日本一次能源供应结构和自给率变化图①

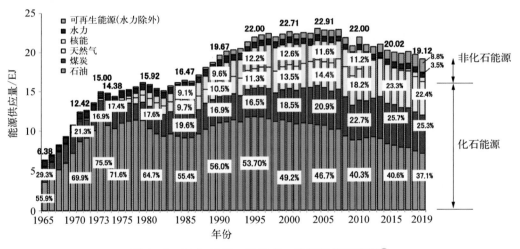

图 2‑7　日本 1965—2019 年一次能源供应情况②

2021 年,日本政府制订了第六次能源基本计划,该计划首次提出"最优先"发展可再生能源,并将 2030 年可再生能源发电所占比例从此前的 22%～24% 提高到 36%～38%,煤炭将从以前 26% 的目标减少到 19%,而液化天然气(LNG)将从 27% 降低到 20%,石油将从 3% 减少到 2%,氢气和氨气等较新的燃料约占电力结构的 1%。

---

① 数据来源于日本经济产业省网站。
② 数据来源于日本经济产业省网站。

2）东京湾区能源发展概况

东京制造业和工业相对发达，能源情况与日本相似，发展工业的能源及燃料大部分依靠国外输入。以天然气为例，东京从 20 世纪 70 年代开始进口天然气，此后为增加能源构成的多样性，开始扩大天然气的进口，因此进口天然气迎来飞跃式的增长。2015 年进口的天然气较 2005 年增加了 44.6%，目前液化天然气（LNG）进口量居世界第一位。化石能源发电的占比大幅提升，2015 年的占比为 84%，其中燃气发电的占比约为 39.2%，是主要的发电来源，这是出于保证能源安全、增加能源多样性的需求，亦是环保的需要。目前在东京湾区，除矶子电厂为燃煤机组外，其他均为天然气机组。以煤炭为例，随着产业结构不断调整优化，东京都内目前已没有大型钢铁厂和石化企业，1990 年以来，煤炭消费量始终低于 10 万吨。

目前，东京地区制造业用煤远离城市中心区域，钢铁业等代表性行业采取多种手段减少煤炭消费。20 世纪 90 年代，东京都制造业煤炭消费量已基本归零，相关钢铁企业持续淘汰老旧生产设备，提升在运设备生产效率，推进废钢铁循环利用，稳步推进先进减煤降碳技术（如铁焦技术和氢还原炼铁技术）的研发与应用，且东京都市圈范围内钢铁企业优先试点最先进减煤降碳技术。东京电力火电厂绝大部分布局在东京湾重化工产业带，接近电热负荷中心，实现了最短距离供电供热，有效提升了效率。煤电发挥基荷作用，火电整体保持较高负荷，重视电源整体灵活性。灵活性调节电源占比高，水电全部具备抽水蓄能功能，结合气电，灵活性调节电源占比超过 75%。

2.5.2　能源低碳化转型经验

日本在 2015 年制定了《长期能源供需展望》[15]，以保证能源安全为前提，跟进落实"稳定供给、高效经济、环境适宜"的具体目标。由于东京主要能源基本依靠进口，高度的危机感令其将能源安全保障及稳定性供给作为重大课题，最大限度地推进彻底性节能、可再生能源的利用，降低对碳氢能源和核能的依存度。

1）关注能源安全保障发展方向

对东京而言，其能源问题实质上就是能源安全与经济发展、能源消费和环境保护的相互关系问题。东京能源政策的设计思想是既考虑对能源市场的培育，又考虑对能源市场的驾驭，同时又兼顾对能源污染的控制。

东京提出到 2030 年自主开发能源比例达到 40% 的目标，鼓励企业自主开发能源及技术创新，促进上游开发投资，同时更希望其自主开发的事业能够推动世界风险资金的供应。日本在 2016 年颁布的《能源白皮书》[16] 中提出成为世界最大天然气消费国的目标，加速推进东京地区输油管等基础设施的建设，在国际建立透明且流动性强的液化天然气市场，搭建、扩建国际应急组织框架。此外，东京还针对节能制度成熟度和能源供需情况,实现了节能制度输出,以及能源多样化、政策制定以及各领域的先进技术经验交流。

2) 大力推广能源节约战略

东京湾区高度重视包括石油储备建设在内的多个能源供给渠道,建立了庞大的国家和民间两级石油储备系统,将实行几十年的国家直接参与模式改革为更加高效的"国家委托–民间代理"模式。政府在税收、财政、金融等方面,给予民间储备公司支持,降低能源储备成本。此外,日本政府与阿联酋阿布扎比国家石油公司、沙特阿拉伯国家石油公司等石油公司合作,在鹿儿岛、冲绳岛建立第三方储油基地。目前日本已经成为石油储备第一大国,本土拥有石油储备超过 150 天,远超世界公认的 90 天非常安全级别。

为了实现 2030 年能源组合计划,日本树立节约、集约、循环利用的资源观,在能源利用上把节约放在首位,政府制定政策,最大限度地利用可再生能源,通过实施万家企业节能低碳行动和节能改造、节能技术产业化示范等重点工程,提升节能标准的强制性,制定相关鼓励举措降低能源消耗强度,全面推动能源节约。

以氢能为例,日本通过三个阶段扩大氢能的利用:第一阶段,扩大燃料电池汽车(FCV)、氢气站和家庭热电联供系统的使用;第二阶段,引入氢发电,到 2030 年建立大规模的氢供应系统;第三阶段,到 2040 年建立一个零碳的氢供应系统。2017 年,可再生能源装机容量达到 106 637 MW,几乎是 2008 年装机容量的 2 倍,水电和太阳能在可再生能源中所占比例最大。

3) 保证制度和市场机制的和谐发展

东京都政府从 2010 年开始实施世界上第一个城市级的"总量管制与排放交易政策",该政策的重点是实现建筑能效提高,改善现有建筑能源利用和激励能效投资的政策工具。

设施被视为直接消耗能源的建筑物或场所,分为以下几类:商业设施,如写字楼和商业综合楼;公共机构建筑,如学校、医院、公共建筑和工业设施。温室气体减排的目标对商业设施尤为严格,要求在 2010—2014 年温室气体排放量减少 8%,2015—2019 年减少 17%,工业设施温室气体排放量减少 6%～15%。各个设施已经取得了显著节能效果,效果最好的节能建筑设施都保证其减排责任。

认证要求每个建筑都要经过评估和审批程序,使其必须符合以下三个类别中的 74 项条款[10]:一是能源系统的综合管理和保护;二是建筑外壳和设备的能源效率;三是能源使用的运营管理。在工商业领域,开展了东京绿色建筑项目、中小企业使用节能设备的税收优惠政策等。在居民领域,开展了公寓楼绿色标签项目、利用信用和补贴机制在东京居民区引入 100 万千瓦太阳能项目和电器的绿色标签项目。在交通领域,开展了车辆环境管理项目、促进下一代汽车项目和利用对标系统促进高效输送系统。此外,还在其他领域开展了促进生态金融项目和促进环保教育项目。

随着环境政策和项目的实施,东京正在驱动需求和投资以实现绿色商业,绿色技术创新通过这些工作也得到了促进。特别是投资方面,已经有大量投资进入绿色建筑和可再生能源项目,这直接或间接缘于包括总量控制与排放交易项目在内的低碳战略的刺激。2021年,为了进一步推进减排目标,日本政府为海上风电、电动汽车等14个具有绿色高增速潜力的领域设定了不同的发展时间表。另外,在资金方面,日本经济产业省通过监管、补贴和税收优惠等激励措施,动员超过240万亿日元的私营领域绿色投资。

2.6 国外典型城市(群)能源低碳化发展对我国的启示

上述几个国外典型城市(群)因其地理、历史、社会、经济等原因形成各具特色的低碳化发展道路。总体来看,这些城市的低碳城市建设和能源低碳化发展的成功经验可以概括为开展面向"碳中和"的科学城市规划、因地制宜大力发展可再生能源、通过发展低碳产业提高能源利用效率、推广绿色生活方式以及加强政策保障等几个方面。

2.6.1 将能源战略纳入城市顶层设计

能源战略是城市低碳发展的重要参考,同时也是城市整体发展规划的重要组成部分。将能源战略纳入城市的顶层设计能够明确减排责任主体,科学规划低碳能源发展进度,整体把控低碳城市各领域的协调发展。能源战略主要包括以下四个方面。

(1)在能源应用、交通、建筑等方面形成更加紧密协作的绿色发展规划框架,结合各领域发展阶段特点,协调减排目标,制订城市减排计划。为兼顾不同的观点以及专业经验,组织各领域专家组成能源顾问智囊,全面、协调、积极地规划方案,统筹政府与其他机构的合作。以降低传统能源需求与扩大清洁能源供给为工作目标,制定总体能源规划,审查包括能源供给和需求战略的规划,满足城市发展需要。

(2)促进规章制度与市场机制的融合,利用经济管理等手段提高低碳技术市场竞争力,将低碳技术用于城市运行的各个方面,降低建筑能耗,倡导低碳出行,完善多领域碳排放数字监测管理系统。通过驱动需求和投资以实现绿色商业、绿色技术创新,促进低碳能源发展。

(3)制定具体的实施方案,强调政府应该在能源监管战略中发挥的重要作用,分阶段减轻工业化进程和城市化带来的负面影响,探索支撑城市规划和管理的智慧解决方案。除了政府绿色采购政策外,还要在需求侧和供给侧设立大量的鼓励和扶助基金,保证政府能源战略的实施。

（4）强调社会大众(企业、居民等)的积极广泛参与,调动大众宣传和示范的积极性,提高人们的绿色环保和能源节约意识,从市政部门和非营利部门的绿色环保示范做起,加强与大学等研究机构的研究项目合作,利用大学等研究机构改进能源效率。

2.6.2　清洁能源优先发展的绿色计划

发展可再生能源和提高能源利用效率是绿色城市发展的首要任务。控制化石燃料的使用,加速能源技术革新,促进能源结构转型,是实现低碳城市的必经之路,具体途径如下。

（1）大力发展清洁能源,促进能源消费结构转型,促进清洁能源供给侧改革,提高可再生能源的需求比例。提高清洁能源消费比例是发展低碳城市的关键。可再生能源包括风电、光伏、地热、生物质能,结合城市特点,重点发展潜力大的优势产业,局部同步发展其他能源,实现能源供给高效分布式结构的建立。

（2）充分发挥废弃物资源化技术,实现可再生化有机质发酵,实现生物产气以及其他废弃物燃烧发电的多级利用体系,降低废弃物处理、处置成本,在没有额外增加碳排放负担的条件下实现能源供给。

（3）降低对火电、石油等非再生能源的依赖性需求,具体可结合提高新能源汽车、绿色建筑等普及率,提高对清洁能源的需求。

（4）提高能源利用效率,驱动低碳经济的增长,实现城市可持续低碳发展。结合典型低碳城市发展来看,提高能源利用效率是目前最高效的减排手段。提高能效的手段包括热电联产和分布式能源建设等,需要根据城市能源供应和需求的地域分布综合施策。热电联产在很多城市得到了应用,能够将工业热源用于区域供热,大幅提升传统电厂能源效率。分布式发电可以在社区内建立高效能源供给站,充分利用社区资源,减少能源运输成本。此外,在一些城市,利用湖水冷源为能源密集产业或高耗能城市中心提供制冷服务,也能进一步降低制冷能耗。

2.6.3　能源消费侧的节能减碳策略

提高能源消费效能是实现城市能源体系低碳化发展的重中之重,为推动城市能源体系低碳化发展创造更加良好的条件,有以下几个方面可以加强和完善。

（1）优化产业结构。减少高耗能、高污染、高排放、低附加值产业占城市产业体系的比例,对现有高碳行业加强低碳技术改造,提高能源利用效率。加强产业链发展研究,关注高碳产业下游产业对上游产业的拉动作用,合理控制下游产业发展规模,避免下游产业扩张驱动高碳产业扩大产能,进一步增加产业结构调整的难度。

（2）发展低碳交通。优化城市布局和交通网络,合理控制城市密度,降低城市"热岛效应"。推动车辆高效利用,大力发展公共交通工具,鼓励汽车共享、车辆合乘。推广清洁能源汽车,完善电动汽车充电网络,研究加氢设施建设。推广"岸电上船""陆电登机",减少船舶停泊和飞机停靠期间的燃油消耗。

（3）推动建筑节能。对既有建筑开展节能改造,将老旧小区建筑节能改造纳入城市老旧小区改造总体方案统筹实施。大力发展绿色建筑和低能耗建筑以及超低能耗建筑,积极推广被动式设计,充分利用天然热能、采光、自然通风等方式减少建筑能源消耗。减少大拆大建行为,降低建筑上、下游产业的碳排放量。

（4）打造低碳社区。开展城市居民不同群体家庭能源消费特征分析,以社区为单位有针对性地开展绿色能效服务,积极倡导社区居民追求低碳生活方式,推广节能低碳设备设施,减少家居、出行、休闲等方面的能源消耗。

（5）推进能源审计和能效对标。指导工业企业进行能源审计,帮助企业确定最佳的节能方案。制定行业能效标准,组织能效对标,树立能效管理标杆,奖励高能效企业,倒逼低能效企业技术改造和管理改进,提高能源利用效率。

2.6.4　绿色政策与绿色金融托底保障

绿色政策是促进城市能源体系低碳化发展的"主引擎",绿色金融是促进城市能源体系低碳化发展的"助推器"。党的二十大报告提出,要完善支持绿色发展的财税、金融、投资、价格政策和标准体系。城市能源体系低碳化发展不应闭门造车,需要拓宽视野、开拓创新,加强对外人才、技术、产业、金融等方面的合作,充分运用各类资源。为了推进城市能源低碳化发展,有以下几个方面可以聚焦发展。

（1）加强政策保障。针对各地城市能源产业实际情况,制定城市能源规划、能源供给、能源消费、能源"大脑"建设等方面的政策,助力城市能源体系向低碳化发展有序推进。特别要加强城市能源低碳化发展配套信用体系建设方面的政策制定,消除投资方后顾之忧,扩大城市能源体系低碳化发展项目投资规模。

（2）设立低碳发展基金。充分运用政府投资、国企资本、民营资本等各类资源,组建专项基金支撑城市能源体系低碳化发展,为低碳项目提供资金扶持。例如,南昌市与国开金融公司合作设立南昌开元城市发展基金,浙商创业投资股份有限公司组建浙商诺海低碳私募股权投资基金,助力城市低碳发展等。

（3）完善绿色信贷长效机制。加强能源主管部门、环保部门、金融部门之间的信息共享和业务联动,对低碳产业、森林碳汇、碳交易等项目加大授信支持力度,对高能耗、高污染、高排放、低附加值项目采取限贷、缓贷等措施。

（4）加强对保险证券业的引导。目前,保险证券业在城市能源体系低碳化发展领域险种较少,投保基数偏低,需要加强对保险证券业的引导,拓展业务范围,丰富相关险种,加大融资力度,促使其在推动城市能源体系低碳发展方面发挥更大作用。

2.7　本章小结

在城市低碳发展方面,西方发达国家起步早、成功案例多,积累了较为丰富的技术和管理经验,一些地方值得我国学习和借鉴。但也应看到,我国城市众多,不同类型的城市在人口规模、资源禀赋、工业发展阶段等方面存在较大的差异,因此在低碳发展的定位、思路、模式和路径的选择上有所区别。这些差异决定了我国城市的低碳发展不能简单地复制和盲目地模仿,而要根据各个城市的特点寻求低碳发展解决方案,探索体现自身优势的可行模式。

参 考 文 献

[1] 邹才能,赵群,张国生,等.能源革命:从化石能源到新能源[J].天然气工业,2016,36(1):1 - 10.

[2] BP. BP statistical review of world energy 2021[R]. London:BP, 2021.

[3] 蒋含颖,高翔,王灿.气候变化国际合作的进展与评价[J]. 气候变化研究进展,2022,18(5):591 - 604.

[4] European Commision. A hydrogen strategy for a climate-neutral Europe[R]. Brussels:Eurepean Commission.

[5] Cuevas F, Zhang J X, Latroche M. The vision of France, Germany, and the European Union on future hydrogen energy research and innovation engineering[J]. Engineering, 2021(7):715 - 718.

[6] 中华人民共和国商务部.俄罗斯加速氢能产业布局[R].北京:中华人民共和国商务部,2021.

[7] The City of Copenhagen. CPH 2025 climate plan:a green, smart and carbon neutral city [R]. Copenhagen:The City of Copenhagen, 2012.

[8] 丹麦能源署.2020 年能源统计年鉴[R].哥本哈根:丹麦能源署,2021.

[9] Department of Energy & Climate Change. The UK low carbon transition plan:national strategy for climate and energy[M]. London:Stationery Office, 2009.

[10] Mayor of London. Green light to clean power, The Mayor's Energy Strategy[R]. London:Mayor of London, 2004.

[11] 大伦敦地区议会.大伦敦空间发展策略(The London Plan).伦敦:大伦敦地区议会,2021.

[12] 卞纯.世界最大海上风电场投入运行[N].财联社,2022 - 09 - 01.

[13] City of New York. Inventory of New York City's greenhouse gas emissions, April 2017, by Cventure LLC, Cathy Pasion, Christianah Oyenuga, and Kate Gouin, Mayor's Office of

Sustainability，New York，2017.

［14］王伟,柯婉志.纽约市能源新政策及其对北京的启示[J].新视野,2009(5)：87－89.

［15］Ministry of Economy，Trade and Industry（METI）. Long-term energy supply and demand outlook［R］. Tokyo：METI，2015.

［16］Ministry of Economy，Trade and Industry（METI）. Japan's Strategic Energy Plan［R］. Tokyo：METI，2016.

第 3 章 "碳达峰、碳中和"目标下城市
能源中长期发展趋势

　　"碳达峰、碳中和"目标倒逼城市能源加快低碳转型,在加大能源挖潜力度和提升能源利用效率的同时,需要不断提高单位能源消费的经济绩效。本章在深入分析我国实现"碳达峰、碳中和"目标面临的多重挑战的基础上,进一步剖析城市能源发展的新趋势,以上海为典型城市样本,对经济发展目标、能源供需平衡结构、碳排放减排进程开展详细分析。

3.1　我国实现"碳达峰、碳中和"目标面临的挑战

　　党的二十大报告提出,要立足我国能源资源禀赋,坚持先立后破,有计划分步骤实施"碳达峰"行动。我国从"碳达峰"到"碳中和"的过渡时间仅有 30 年,且面临着人口众多、经济体量大、发展速度快、用能需求大、能源结构以煤为主、碳排放总量和强度"双高"的现状。实现"碳达峰、碳中和"涉及能源、经济、社会、环境方方面面,需统筹考虑能源安全、经济增长、社会民生、成本投入等诸多因素,时间紧迫,任务繁重,面临着一系列挑战。

3.1.1　"碳达峰、碳中和"目标提出的背景及意义

1)"碳达峰、碳中和"目标提出的背景

　　1992 年,我国成为最早签署《联合国气候变化框架公约》(以下简称公约)的缔约方之一。在应对气候变化问题上,我国坚持共同但有区别的责任原则、公平原则和各自能力原则,坚决捍卫包括中国在内的广大发展中国家的权利。2002 年,我国政府核准了《京都议定书》。2007 年,我国政府发布了《中国应对气候变化国家方案》,明确到 2010 年应对气候变化的具体目标、基本原则、重点领域及政策措施,要求 2010 年单位 GDP 能耗比 2005 年下降 20%。2013 年 11 月,我国发布第一部专门针对适应气候变化的战略规划——《国家适应气候变化战略》,使应对气候变化的各项制度、政策更加系统化。

2015 年 6 月,中国向公约秘书处提交了《强化应对气候变化行动——中国国家自主贡献》文件,确定了到 2030 年的自主行动目标:二氧化碳排放量 2030 年左右达到峰值并争取尽早达峰;单位国内生产总值二氧化碳排放比 2005 年下降 60%～65%;非化石能源占一次能源消费比例达到 20% 左右;森林蓄积量比 2005 年增加45 亿立方米左右;并继续主动适应气候变化,在抵御风险、预测预警、防灾减灾等领域向更高水平迈进。作为世界上最大的发展中国家,我国为实现公约目标所作出的最大努力得到国际社会的认可,世界自然基金会等 18 个非政府组织发布的报告指出,中国的气候变化行动目标已超过其"公平份额"。

在我国的积极推动下,世界各国在 2015 年达成了应对气候变化的《巴黎协定》,我国在自主贡献、资金筹措、技术支持、透明度等方面为发展中国家争取了最大利益[1]。2019 年底,中国提前超额完成 2020 年气候行动目标,树立了信守承诺的大国形象。通过积极发展绿色低碳能源,中国的风能、光伏和电动车产业迅速发展壮大,为全球提供了性价比最高的可再生能源产品,让人类看到可再生能源大规模应用的"未来已来",从根本上提振了全球实现能源绿色低碳发展和应对气候变化的信心。

在第七十五届联合国大会一般性辩论上,我国宣布了"碳达峰、碳中和"的承诺,在全球引起巨大反响,赢得国际社会的广泛积极评价。在此后的多个重大国际场合,习近平总书记反复强调了"碳达峰、碳中和"目标的落实,特别是在 2020 年 12月举行的气候雄心峰会上宣布,到 2030 年,中国单位国内生产总值二氧化碳排放将比 2005 年下降 65% 以上,非化石能源占一次能源消费比重将达到 25% 左右,森林蓄积量将比 2005 年增加 60 亿立方米,风电、太阳能发电总装机容量将达到 12亿千瓦以上。

2021 年 3 月,习近平总书记在中央财经委员会第九次会议上强调,实现"碳达峰、碳中和"是一场广泛而深刻的经济社会系统性变革,要把"碳达峰、碳中和"纳入生态文明建设整体布局,拿出抓铁有痕的劲头,如期实现 2030 年前碳达峰、2060年前碳中和的目标[2]。这是习近平生态文明思想指导我国生态文明建设的最新要求,体现了我国走绿色低碳发展道路的内在逻辑,要求我国坚定不移贯彻新发展理念,坚持系统观念,处理好发展与减排、整体与局部、短期与中长期的关系,以经济社会发展全面绿色转型为引领,以能源绿色低碳发展为关键,加快形成节约资源和保护环境的产业结构、生产方式、生活方式、空间格局,走生态优先、绿色低碳的高质量发展道路。

2)"碳达峰、碳中和"目标对我国社会主义现代化建设的意义

"碳达峰、碳中和"目标是我国基于推动构建人类命运共同体的责任担当和实现可持续发展的内在要求而作出的重大战略决策,展示了我国为应对全球气候变

化做出的新努力和新贡献,体现了对多边主义的坚定支持,为国际社会全面有效落实《巴黎协定》注入强大动力,重振全球气候行动的信心与希望,彰显了中国积极应对气候变化、走绿色低碳发展道路、推动全人类共同发展的坚定决心。这向全世界展示了应对气候变化的中国雄心和大国担当,使我国从应对气候变化的积极参与者、努力贡献者,逐步成为关键引领者。

基于工业革命以来现代化发展正反两方面的经验教训,基于对人与自然关系的科学认知,当今全球认识到,依靠以化石能源为主的高碳增长模式,已经改变了人类赖以生存的大气环境,日益频繁的极端气候事件已开始影响人类的生产生活,现有的发展方式日益显示出不可持续的态势。为了永续发展,人类必须走绿色低碳的发展道路。尽管发达国家应该对人类绿色低碳转型承担更大的责任,但作为最大的发展中国家,我国已经不能置身事外。目前,我国仍然处于工业化、现代化关键时期,工业结构偏重、能源结构偏煤、能源利用效率偏低,使传统污染物排放和二氧化碳排放都处于高位,严重影响绿色低碳发展和生态文明建设,进而影响提升我国人民福祉的现代化建设。

经过多年探索,我国逐步深化对现代化与资源环境关系的认识,最终形成了新时代统筹推进经济建设、政治建设、文化建设、社会建设和生态文明建设"五位一体"的现代化总体布局,使"建设人与自然和谐共生的现代化"成为中国特色社会主义现代化事业的显著特征。习近平总书记多次强调,应对气候变化,不是别人要我们做,而是我们自己要做,这是我国可持续发展的内在要求[3]。

"碳达峰、碳中和"目标对我国当前和今后一个时期乃至 20 世纪中叶应对气候变化工作、绿色低碳发展和生态文明建设提出了更高要求,有利于促进经济结构、能源结构、产业结构转型升级,有利于推进生态文明建设和生态环境保护,持续改善生态环境质量,对于加快形成以国内大循环为主体、国内国际双循环相互促进的新发展格局,推动高质量发展,建设美丽中国,具有重要促进作用。

"碳达峰、碳中和"目标对我国绿色低碳发展具有引领性、系统性,可以带来环境质量改善和产业发展的多重效应。着眼于降低碳排放,有利于推动经济结构绿色转型,加快形成绿色生产方式,助推高质量发展。突出降低碳排放,有利于传统污染物和温室气体排放的协同治理,使环境质量改善与温室气体控制产生显著的协同增效作用。强调降低碳排放人人有责,有利于推动形成绿色、简约的生活方式,降低物质产品消耗和浪费,实现节能、减污、降碳。加快降低碳排放步伐,有利于引导绿色技术创新,加快绿色低碳产业发展,在可再生能源、绿色制造、碳捕集与利用等领域形成新增长点,提高产业和经济的全球竞争力。从长远看,实现降低碳排放目标,有利于通过全球共同努力减缓气候变化带来的不利影响,减少对经济社会造成的损失,使人与自然回归和平与安宁。

3.1.2 我国实现"碳达峰、碳中和"目标面临多重约束条件

从提出"碳达峰、碳中和"目标开始,我国要用不到 10 年的时间实现"碳达峰",再用 30 年左右的时间实现"碳中和",实现这些目标面临多重约束。

1)"碳达峰"是在"碳中和"约束下的达峰

"碳达峰"与"碳中和"这两个概念既有联系又有区别。

从发达国家的经验来看,"碳达峰"是随着经济社会的发展自然实现的。随着产业结构的变化,比如服务业比重提高或新节能技术的应用,"碳达峰"自然会出现,即"碳达峰"是在没有或者很少有减碳压力的情况下实现的。但是这个历史经验已经不适用于我国,如果我们继续走发达国家走过的传统发展道路,在高碳排放下实现较高的增长,到 2030 年碳排放总量将非常高,给后 30 年实现"碳中和"带来巨大困难。发达国家一般是在人均 GDP 达到 2 万美元时实现"碳达峰",而我国目前人均 GDP 在 1 万美元左右(见图 3 - 1),在确保实现经济较高增长速度的前提下,实现"碳达峰、碳中和",这是发达国家未曾面临过的严峻挑战。因此,我国只能选择走较低碳排放增长速度、较高经济增长速度的发展道路,在实现"碳达峰"的过程中,主动作为,采取低碳和零碳的绿色技术和产业体系,同时实现高的增加值和比较高的增长速度,力争实现减碳和增长双赢。

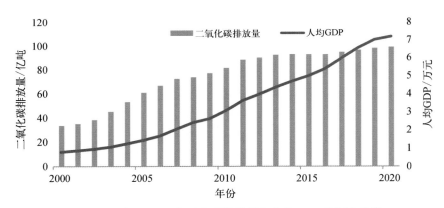

图 3 - 1 我国 2000 年以来碳排放量和人均 GDP 发展走势①

2)"碳中和"战略时限短而减碳任务艰巨

"碳达峰、碳中和"目标要求到 2030 年中国单位国内生产总值二氧化碳排放将比 2005 年下降 65% 以上,我国社会各界普遍感觉到任务很艰巨、时间很紧迫。

《中共中央关于制定国民经济和社会发展第十四个五年规划和二〇三五年远

---

① 数据来源:国家统计局、中国碳核算数据库(CEADs)。

景目标的建议》(简称《建议》)提出了 2035 年人均国内生产总值达到中等发达国家水平的目标;习近平总书记关于《建议》的说明稿中提出,"到'十四五'末达到现行的高收入国家标准,到 2035 年实现经济总量或人均收入翻一番,是完全有可能的"。结合这两个前置条件,取中间数据测算,2030 年前"碳达峰"状态下,我国净二氧化碳排放量约为 108 亿吨。

我国从"碳达峰"到"碳中和"的过渡期仅有 30 年,而欧盟大多数国家已于 1990 年前后完成"碳达峰",有大约 60 年的时间实现"碳中和",美国有 43 年的时间,日本有 37 年的时间(见图 3 - 2)。相比之下,我国"碳达峰"后的减排斜率更加陡峭,任务更加艰巨,需要在产业结构、能源结构、经济增长方式等方面进行全方位的变革。

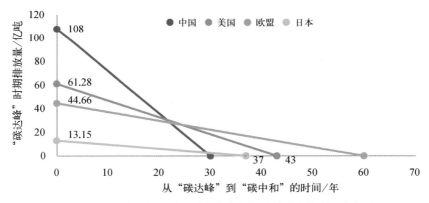

图 3 - 2　我国与其他国家"碳达峰"到"碳中和"时间对比

3) 工业化和城镇化仍在进展,能源需求还在增加

国际经验表明,一个国家的碳排放量与其经济发展模式和发展阶段密切相关。对于尚处于工业化阶段的国家来说,工业化在促进经济增长的同时,也会增加碳排放量。发达国家的"碳达峰"都是在后工业化社会完成的,例如欧洲国家都在 20 世纪 70—90 年代初实现"碳达峰",美国和日本则在 2007 年前后实现"碳达峰"。当前我国仍处于工业化进程中,工业增加值占 GDP 的比重约为 39%,超出大部分国家"碳达峰"时的占比(30% 以下)10% 左右,尚未实现经济增长与碳排放"脱钩",两者仍然是正相关的关系。作为世界制造业大国,我国无法重复走发达国家产业转移的老路,通过将钢铁、化工等重化工产业向外国转移大幅降低碳排放。

从经验数据看,城市化水平每增长一个百分点,交通和建筑等部门新增能源需求约 8 000 万吨标煤,二氧化碳排放将相应增加约 2 亿吨。第七次全国人口普查数据显示,2020 年我国常住人口城镇化率达到 63.89%。根据《国家人口发展规划(2016—2030 年)》预测,到 2030 年我国常住人口城镇化率将达 70%,离国际普遍的城镇化峰值75%还有一定距离,城镇化率带来的达峰压力较大。

人均生活用电量反映家庭电气化程度,可以间接反映各地区经济发展水平和人民生活水平,2019年我国人均生活用电量为732.1千瓦时。从世界范围看,美国、加拿大和北欧等国家和地区的人均生活用电量超过4 000千瓦时,法国、日本、韩国等发达国家则为1 000～4 000千瓦时,大部分国家均在此列。未来,随着我国社会经济持续发展,人民生活水平将会进一步提升,人均生活用电量还将持续增长,将给"碳达峰、碳中和"目标带来一定程度的挑战。

发展经济、改善民生仍是我国当前的重要任务,随着工业化和城镇化进程的不断推进,我国能源需求还将不断增加。在目前以化石能源为主体的能源结构下,我国二氧化碳排放将不可避免地有所增长。为实现"碳达峰、碳中和"目标,我们面临着艰巨的任务,需要做好经济增长和能源安全的统筹协调,形成经济发展、社会进步、环境保护以及应对全球气候变化多方共赢的局面。

4) 能源供给长期严重依赖煤炭,中短期内难以根本改善

"碳达峰、碳中和"的深层次问题是能源问题,可再生能源替代化石能源是实现"碳达峰、碳中和"目标的主导方向。

长久以来,我国能源资源禀赋呈现"富煤贫油少气"特征,严重制约减排进程。2019年煤炭在我国一次能源中的占比高达58%,而石油和天然气仅分别占20%和7%。从全球平均水平来看,石油、天然气、煤炭的占比更加均衡,分别为34%、24%、27%;美国、欧盟的化石能源都更加依赖于石油和天然气,而煤炭占比仅分别为14%、13%。

以煤为主的能源结构决定了我国长期以来的高碳排放特征。IEA数据显示,在过去的近30年时间里,中国碳排放总量不断攀升,到2019年碳排放总量达到102亿吨,其中电力与热力部门碳排放占比最高,达52%。

我国虽然不断努力降低煤炭在能源中的比例,并实施煤炭的清洁生产,但是长期以来的路径依赖,中短期内难以根本改善。主要有以下几方面的原因:一是我国能源系统的转型依然要发挥煤电的兜底作用,以保证电力供应的经济性、安全性、连续性;二是可再生能源发电具有技术局限性,风电、光伏、光热、地热、潮汐能受限于不可控的自然条件,生物质原料收集困难,核电则存在核燃料资源限制和核安全问题;三是我国尚未建立全国性的电力市场,电力长期以省域平衡为主,跨省跨区配置能力不足,严重制约了可再生能源大范围优化配置。

3.2 "碳达峰、碳中和"目标下城市能源发展的新趋势

"碳达峰、碳中和"目标下,能源发展将呈现两个特点:第一,在生产和消费形

式上,将从生产者、消费者各自独立,向需求侧的用户通过分布式能源扮演消费者和生产者双重角色于一体转变;第二,在未来能源利用上,将会从高碳到低碳再到零碳,实现电力零碳化和燃料零碳化,可再生能源将实现从补充能源到主流能源角色的转变。

3.2.1 "碳达峰、碳中和"目标对能源发展的新要求

党的二十大报告提出,要完善能源消耗总量和强度调控,重点控制化石能源消费,逐步转向碳排放总量和强度"双控"制度。我国能源结构以高碳的化石能源为主,2020 年化石能源占一次能源的比重约为 85%,推动"碳达峰、碳中和",就必须推动以化石能源为主的能源结构转型[4]。从能源系统来看,要从一次能源的来源、中间转化技术以及需求侧的利用方式和技术创新上发生深刻变化,根本特征是要实现将以煤炭和化石能源为主的系统转变为以非化石能源为主的系统。中央财经委第九次会议提出,要打造以新能源为主体的新型电力系统,是应对"碳达峰、碳中和"目标新要求的一个有利举措。新型电力系统是以新能源为供给主体,以确保能源电力安全为基本前提,以满足经济社会发展电力需求为首要目标,以坚强智能电网为枢纽平台,以"源网荷储"互动与多能互补为支撑,具有清洁低碳、安全可控、灵活高效、智能友好、开放互动基本特征的电力系统。

1)加强煤炭清洁高效利用

煤电需要得到清洁利用和高效发展。煤电当前是我国能源的主力,但是逐步降低是趋势。2022 年 1 月,中共中央政治局第三十六次集体学习上提出"要加大力度规划建设以大型风光电基地为基础、以其周边清洁高效先进节能的煤电为支撑、以稳定安全可靠的特高压输变电线路为载体的新能源供给消纳体系",明确了"新能源供给消纳体系"三大要素,即"大型风光电基地""煤电""特高压输变电线路",确保新能源能够"发得出""送得走""用得了"。清洁化后的煤电在未来一段时间仍将发挥着电力供应"压舱石"的作用,是新型电力系统建设不可或缺的重要组成部分。高效利用一定容量的煤电,不仅能够提供稳定、可靠且可调节的电力输出,还可以显著降低深度脱碳的成本。

2)提升可再生能源比重

继续加强水电、风电、光伏、生物质能、潮汐能等可再生能源的发展力度。截至 2020 年底,我国可再生能源发电装机总量达到 9.34 亿千瓦,居世界第一[5]。国际上通行用非水可再生能源(风力发电和光伏发电)占总发电量的比重来衡量能源转型的进展,我国尚属于能源转型的初级阶段,需要进一步加强风电和光伏发电的占比,但这并不是可再生能源与煤电等常规电源的零和博弈,以风、光等新能源为代表的可再生能源发电具有的随机性、波动性,仍需得到控制。

3) 安全有序发展先进核电

作为清洁能源的核电,在保证安全的前提下是切实可行的清洁能源。截至2021年,我国在运核电机组发电量占同期全国发电量的 5.02%[6],远远低于美国(8%)和欧盟(11%)的水平。世界核电占比最高的国家是法国,核电占比为 70%以上。可见,我国核电还有很大的发展空间。因此,为了实现"碳达峰、碳中和"目标,在安全的前提下,应该积极发展核电。

4) 加速发展"绿氢"等零碳能源

氢燃烧生成的唯一物质为水,因此从末端排放角度来看,氢能是最清洁的能源。目前国内氢能的来源主要以工业环节副产和煤炭气化为主,但是可以预见在"碳中和"目标之下,"绿色制氢",即电解水制氢将随着技术突破和成本降低成为主流。我国应尽快制定和发布氢能产业发展规划,构建政策支持体系,开展核心技术攻关。

5) 加快以电网为核心的新型电力系统建设

电网作为连接电力生产和消费的重要平台,是能源转型的中心环节,是电力系统碳减排的核心枢纽[7]。由于风电、光伏发电等具有随机性、间歇性、波动性特征,随着可再生能源的高比例接入,电网安全稳定运行和电力电量平衡将面临极大考验。特高压输电线具备输电距离远、输电功率大、线路占地面积小、电能损耗小的优点,被认为是解决弃风弃水弃光的一种可行的解决方案。以坚强智能电网为核心,加快向能源互联网转型升级,优化清洁能源优化配置平台,加大跨区输送清洁能源力度,推进新型电力系统建设,是打造"碳达峰、碳中和"目标下的新型能源体系的重要手段。

3.2.2 "碳达峰、碳中和"目标下城市能源发展的新趋势

能源与城市是我国碳排放的核心来源。能源的生产、消费等活动排放的温室气体占全国总量的比例接近 80%,城市是能源供给和消费的主体,也是碳排放的主要空间载体。

以化石能源为主的能源体系向风电、太阳能、氢能等零碳能源转型,是碳减排的主体方向。因此,推动能源供给、消费、技术、体制"四个革命"及加强国际合作的"一个合作",将国家能源安全新战略落实到城市层面,将控碳聚焦在城市和能源这两大源头交汇领域,抓住城市能源体系这一减碳主场,着力推动绿色低碳转型,是实现"碳达峰、碳中和"目标的重心。

1) 推动城市能源供给转型

实施存量替代和增量替代分步走计划,大力发展风电、太阳能、氢能等新能源,加快储能、新能源汽车发展,坚持集中式与分布式并举、电源建设与灵活性能力提

升同步,构建新的能源供给体系。深度挖掘煤电存量机组超低排放和节能改造潜力,与抽水蓄能、气电、电化学储能、需求响应等共同保障能源供给安全。

2) 推动城市能源消费转型

以推动城市高质量发展为主题,有效落实节能优先方针,坚决控制化石能源消费总量,加大风电、太阳能、氢能、水电等无碳能源在城市能源消费中的比例,提高能源经济效率,从总体上减少二氧化碳等温室气体排放。优化城市能源消费结构,加快电气化进程,推动供热、动力、机械等实现电能替代,形成以电为中心的能源消费结构。

3) 推动城市能源技术转型

发挥城市集聚高端生产要素的优势,积极抢占能源技术高地,加快新能源技术,新型电力系统,氢能技术,碳捕获、利用与封存(carbon capture, utilization and storage, CCUS)等重点领域技术突破,推动数字技术与能源的深度融合,促进城市能源领域产业数字化、数字产业化,为城市能源绿色低碳转型提供硬支撑。

4) 推动城市能源体制转型

深化能源电力市场化改革,提升城市在电力、油气等能源市场中的参与程度。加快完善城市能源、碳排放统计核查核算机制,建立能源领域行业、企业、产品等碳排放核查核算的地方标准。优化城市配电网、燃气网、热力网管理体制,鼓励城市能源供应商跨界融合、跨域经营,发展综合能源服务,推动城市能源绿色化进程。

5) 强化城市能源国际合作

抓住气候变化这一全球共同关注的话题,集中于碳排放最多或减排最有潜力的领域,与国际城市加强对话与交流,推进"碳中和"进程中的国际合作,学习和借鉴其能源绿色低碳转型的经验与教训,向全球介绍中国城市在能源转型、绿色低碳发展方面的成功经验,贡献城市范例。

3.2.3　"碳达峰、碳中和"目标下能源演变形态

能源数字化转型是指将新一代数字化技术融入能源系统全环节和全过程,引导能量、数据、服务有序流动,通过数字世界和物理世界的双向互动,构筑更高效、更绿色、更经济的现代能源系统,增强能源系统的灵活性、开放性、交互性和经济性,从而赋予能源系统更多的新特征和应用场景。随着能源行业朝着清洁化、智慧化和综合化的方向发展,能源数字化转型也呈现出再电气化、数字化、网络化和智能化的趋势特征。

1) 再电气化趋势

随着电能替代技术经济性的不断提高以及数字经济产业的加速发展,电力的

源、网、荷侧将同时实现电力数字化转型。在源侧,通过先进传感测量、可视化、智能控制、大容量储能等技术,加强电源侧调节能力建设,实现大规模新能源智能发电与友好并网。在网侧,利用智能电网、特高压输电、柔性输电等技术,实现新能源大规模远距离配置和消纳。在荷侧,通过电力数字化转型实现工业部门自动化、智能化水平的提升以及电供能设备技术经济性提高;建筑部门推广应用电采暖、电制冷、电炊具、电热水设备;交通部门大规模普及电动汽车并持续发展电气化轨道交通以及 5G 基站、数据中心等数字经济产业。此外,应用物联网、智能电表、智慧用电系统等技术,实现用户与电网智能互动及主动负荷需求响应。国网能源研究院预测,我国终端需求总量在 2025 年前保持缓慢增长,2025—2030 年达峰,2060 年下降至 24 亿~31 亿吨标准煤。终端电气化水平持续提升,在深度减排情景下,2035 年、2060 年有望达到 45% 和 70%,煤炭、石油、天然气消费(含原料)占比均降至个位数。

可见,能源数字化转型使终端用能的电气化更加便利,电力的利用规模和范围不断扩大,呈现出深度替代的趋势。因此,能源数字化转型呈现出再电气化趋势,提升电力系统发、输、配、用[1]等各环节的智能化水平,进而推动全社会电气化以及再电气化水平的提升。

能源数字化转型的再电气化趋势主要有以下几个特点:① 清洁低碳,即清洁能源对化石能源的替代和发电能源占一次能源消费的比例将进一步提升。在电力"新基建"规划情景下,"十四五"期间非化石能源装机容量年均增长 7.4%,到 2025 年中国煤电的装机总量将控制在 11.5 亿千瓦以内,非化石能源发电量占比也将较 2019 年提升 10%[8]。② 深度广泛,即促进全社会电气化水平的提升,目前我国能源供给侧电气化程度已达到发达国家平均水平,需求侧电气化程度已超过发达国家平均水平,预计 2035 年我国电能占终端能源消费的比重有望达到 45%[9]。③ 智能互动,即电力系统全环节将具备智能感知能力、实时监测能力、智能决策水平,源、网、储、荷之间实现高度智能化的协同互动。

2) 数字化趋势

能源数字化转型以数据信息为关键生产要素,以现代能源网络与新一代信息网络为基础,通过建设覆盖电网全过程与生产全环节的电力物联网及平台,应用通信、自动控制、计算机、网络、传感等信息技术,驱动能源行业向知识、技术高度密集型行业转变,助力形成覆盖各能源企业的数据网络和信息网络。

由此可知,在能源数字化转型发展背景下,能源行业的信息数据资源数量众多、来源广泛,呈现出数字化趋势。能源行业的数字化通常指数字信息技术在能源

---

① 发、输、配、用分别指发电、输电、配电、用电。

电力行业各个环节的应用,通过建设云平台、企业中台、物联平台、分布式数据中心等为核心的基础平台,提升电力系统全息、全链数字化连接感知和计算能力。能源数字化转型聚焦大数据、工业互联网、5G、人工智能等领域,深入推进数字技术与能源电力融合发展,从而实现电力系统全环节数字化转型。相较于原有的信息化,数字化是在信息化基础上的进一步跨越和升级,其不仅仅是简单信息技术的融入,而是包含了分布式数据感知、归集、处理等技术的数字信息化。

3)网络化趋势

能源数字化转型覆盖电力发、输、配、用各环节,实现能源电力系统各类设备的深度感知和互联,建设能源技术与信息技术融合的电力物联网,进一步通过能源流、信息流与价值流的深度融合,实现电力物联网到包含能源网、信息网、社会网的能源互联网,为电力"新基建"的实施提供数据基础、算力支撑与平台支持,并以"电力+算力"带动能源产业能级跃升,促进经济社会高质量发展。

能源数字化转型过程中,分布式电源、数据中心、电动汽车及储能等新兴负荷蓬勃发展,改变了原有以单向潮流为主的电网形态,使得传统能源系统向着源、网、储、荷多种要素之间互连互通、平等共享、供需平衡、优化互动的能源互联网演进。集成变电站、充换电站、储能站、5G基站、北斗基站、分布式电源等的多网融合新业态,打造了以电力系统为核心的智慧能源系统,以实现能源网、交通网、信息网和社会网的交互融合。

由此可知,能源数字化转型中的数字化技术推动能源系统利益相关方开放共享,驱动能源行业全要素、全产业链、全价值链协同优化,深度互联,实现设施共享、数据共享、成果共享,实现电力系统各个环节万物互联和全面感知,能源数字化转型呈现出网络化的趋势。

能源的网络化是一种互联网与能源生产、传输、储存、消费以及能源市场深度融合的能源产业发展新业态,即通过能量与信息的双向流动,实现电、热、冷、气、油等多种能源形式的综合利用和耦合互补,同时为能源行业与其他行业的相互融合提供交流媒介。因此,能源流、信息流与价值流深度融合是网络化趋势的关键特征之一,也是未来的主要发展趋势。

4)智能化趋势

能源数字化转型将着力推进5G、人工智能、"云大物移智链"等先进信息技术在能源系统中的规模化应用,通过建设智能风电场、智能光伏电站、智能工厂、智能家居、智能电网、热力管网、天然气管网、智能城市等,加速信息技术与能源电力产业的深度融合,改善能源生产、传输和应用模式。此外,能源系统内广泛布置的感知装置与边缘控制装置将实现电力系统的状态全面感知与智能化运行,有效提高能源系统驾驭复杂系统、应对复杂场景的能力,通过具有行业属性的智能设备、智能技术、智能采集、智能分析和智能操控来满足能源系统运行的安全、可靠、绿色、高效。

由此可知,能源数字化转型将加速推进能源生产和消费领域智能化发展,呈现出智能化趋势。能源电力行业的智能化趋势是指系统全环节具备智能感知能力、实时监测能力、智能决策水平,从而实现源、网、荷之间高度智能化的协同互动,全面提高电力系统安全、可靠、绿色、高效运行水平。因此,电力数字化转型的智能化趋势具有自动化、数字化和互动化的特点,通过智能调度提高电网接纳和优化配置多种能源的能力,通过智能管理实现能源生产和消费的综合调配,通过提供智能服务满足多元用户的供需互动,从而全面提升能源电力系统的智能化水平。

3.3 城市能源发展中长期预测:上海案例分析

上海是我国的经济中心,目前经济发展水平已经达到中等发达国家水平。上海经济产业门类齐全,以金融业为代表的服务经济占绝对主体地位。与此同时,上海的工业经济,如钢铁、化工、装备制造等,也在全国具有举足轻重的地位。此外,上海还有航空、航运等特色产业。上海地理面积狭小,几乎所有的能源都依赖于外部输入,近年来能源消费总量持续增长,通过自身条件完成能源低碳转型的难度较大。以上海为案例研究,可以充分展现经济发展、能源消费和碳排放控制的复杂关系[10]。

3.3.1 上海城市能源消费和碳排放现状

1)上海城市能源和碳排放统计分析边界

上海作为我国重要经济城市,承担了大量国家战略性产业布局,比如航空、航运产业,这类产业在给上海带来经济发展机遇的同时,其能源、资源消耗也给上海带来巨大负担,影响了上海城市绿色发展总体水平。

根据我国目前的能源统计制度,各地区根据组织法人边界统计,报告该地区能源消费量。上海地区聚集了我国最多的航空企业和航运企业,这类企业在全国、全世界的能源消费均计入上海地区能源消费总量,但其事实上却是为全国乃至全世界提供生产生活服务。目前,上海地区航空、航运企业能源消费总量约占上海全市能源消费总量的1/5,如此可观的能源消费量对上海地区能源消费和碳排放水平产生了显著影响,对客观、公正评价上海绿色发展水平产生负面影响。

根据联合国政府间气候变化专门委员会(IPCC)国家温室气体清单编制指南的规定,一国或地区国际航空、航运业燃料消耗产生的温室气体排放量不列入该国家或地区的排放总量,进行单列统计。根据国际城市能源和碳排放统计惯例,如伦

敦、东京等,其能源和碳排放统计中并没有包括跨城市的航空、航运所消耗的能源
及其产生的碳排放。

因此,为便于客观评价和国际对标,本节拟将上海的能源消费和碳排放量分为
"全口径"和"城市口径"两种,其中"全口径"为能源统计报表制度规定的边界,"城
市口径"为全口径扣除航空、航运行业的口径。

2) 上海城市能源消费总量持续增长

改革开放 40 多年来,上海能源发展实现了前所未有的重大变化,取得了巨大
的历史性成就,为上海经济社会持续快速发展、人民生活水平不断提高打下了坚实
的基础。

随着上海经济持续发展,人民生活水平日益提高,全社会对能源消费的需求规
模不断扩大。2019 年,上海全社会能源消费总量约为 1.17 亿吨标准煤,是 2000 年
的 2.1 倍,年均增长 7% 左右[11]。随着总量的不断提升,各能源品种消费量都经历
了不同程度的增长和调整。

总体来看,上海能源消费总量在 2000—2010 年经历了快速上涨阶段,进入"十
二五"以来,能源消费增速放缓,"十三五"期间出现波动上行态势(见图 3-3)。在
具体品种方面,除煤炭自 2011 年达到峰值后消费量出现持续下降外,石油和天然
气消费仍处于上升通道,特别是天然气,随着近年来上海绿色低碳发展转型,天然
气消费量经历了快速上涨(见图 3-4)。

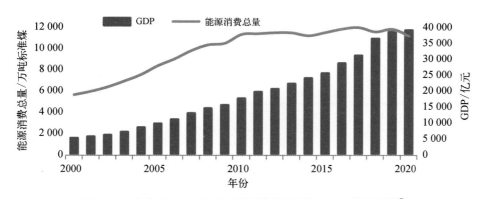

图 3-3　上海市 2000 年以来能源消费总量和 GDP 发展趋势①

3) 上海城市能源消费结构优化

从国民经济部门看,上海能源消费结构随着经济结构的深度调整而趋于合理。
第一和第二产业能源消费比重持续下降,第三产业和居民能源消费比重相应上升。

---

①　数据来源:上海市统计局、Wind 数据库。

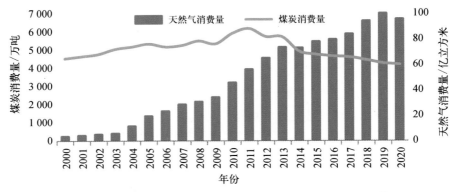

图 3-4　上海市 2000 年以来天然气和煤炭消费量发展趋势①

2000—2019 年,第一和第二产业能源消费比重分别由 1.8% 和 66.6% 降至 0.5% 和 49.9%,第三产业则由 23% 增至 39%。受上海常住人口增长和生活水平不断提高的影响,居民生活用能总量和人均用能指标持续增长,2019 年居民生活用能达到 1 283 万吨标准煤,占比为 10.8%,比 2010 年提高 2.2 个百分点[11],具体年份变动情况如图 3-5 所示。

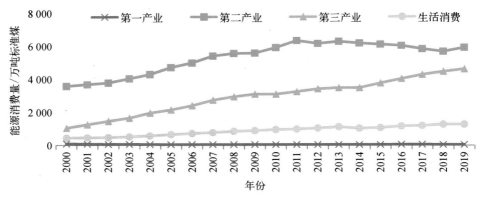

图 3-5　上海市 2000 年以来分行业能源消费量变动情况②

从能源品种看,上海能源消费结构也在快速优化,煤炭消费占比从 2010 年的 44.8% 下降到 2019 年的 26.9%。增幅最大的是净调入电力,占比从 10.4% 上升到 18.2%;其次是天然气,增幅超过 5%。受航空、水运产业增长影响,油品增幅也较大,达到 4.2%[11]。能源结构变动总体趋势如图 3-6 所示。

---

① 数据来源:上海市统计局、Wind 数据库。
② 数据来源:上海市统计局、Wind 数据库。

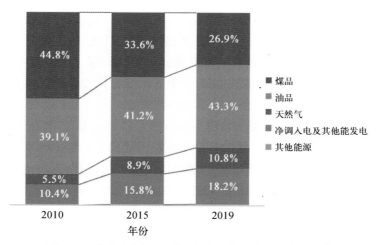

图 3-6 上海市"十二五"以来主要年份能源消费结构①

4）上海城市能源碳排放量达峰后的波动阶段

能源活动产生的二氧化碳排放是全世界最主要的温室气体排放源,据测算,上海市温室气体排放总量中,能源消费活动产生的二氧化碳占比约为95%,因此,通过能源消费数据可以基本测算出上海市碳排放发展走势。

本节选择了数据时间序列较长、测算过程较为透明的中国碳核算数据库(Carbon Emission Accounts & Datasets,CEADs)的碳排放数据。根据 CEADs 测算数据,上海市全口径碳排放量在 2013 年达到 2.01 亿吨二氧化碳峰值后,开始波动下行,并在"十三五"中后期开始有所反弹(见图 3-7)。

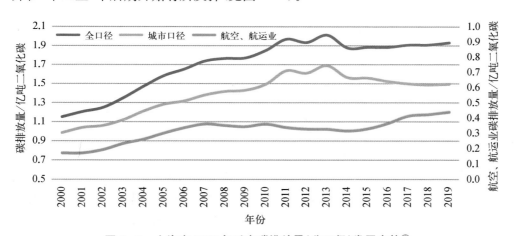

图 3-7 上海市 2000 年以来碳排放量(分口径)发展走势②

---

① 数据来源:上海市统计局、Wind 数据库。
② 数据来源:中国碳核算数据库(CEADs)、Wind 数据库。

对全口径碳排放量做下一步分解,城市口径的碳排放量在"十三五"中后期未出现明显反弹,进入了平台期。同时,航空、航运业碳排放量在"十三五"中后期开始快速增长,是上海市全口径碳排放量反弹的最主要因素。考虑到上海全球航运中心的发展目标和定位,未来航空、航运业碳排放量在近中期内还将快速增长,对上海全口径碳排放总量达峰产生显著不利的影响。

如图3-8所示,对航空、航运做进一步分解可以发现,2019年航空碳排放量是2000年航空排放量的12.5倍,而航运碳排放量仅增长了不到40%。由此可知,航空碳排放量是上海市近20年来最大的增量排放源。从图3-8中也可以看出,航空运输业在2019年的碳排放量已经超过了航运业,并且碳排放增速较"十二五"期间更快。

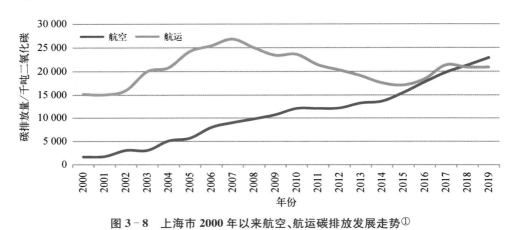

图 3-8　上海市 2000 年以来航空、航运碳排放发展走势①

3.3.2　上海城市能源消费和碳排放主要影响因素

1) 产业结构特点是能源和碳排放量的根本源头

上海市各产业能源消费结构中,钢铁、石化化工行业占据较高比例,这两个行业以化石能源消费为主,产生了大量直接碳排放量,是上海市单位生产总值能耗强度和碳排放强度高于北京、深圳等城市的最主要因素。

2) 能源品种结构优化是碳排放达峰进入波动期的主要贡献因素

根据 IPCC 温室气体清单编制指南提供的分能源品种碳排放因子数据,煤炭单位能源碳排放量最高,石油其次,天然气最低。因此,从一次能源角度看,为在确保社会经济发展能源需求的同时减少碳排放量,应当推动能源结构由高碳向低碳发展[12]。上海市单位能源碳排放量在 2000—2010 年持续稳定下降,2010 年以后

---

① 数据来源:中国碳核算数据库(CEADs)、Wind 数据。

开始波动下降,主要原因是石油快速增长抵消了部分煤炭下降的贡献。总体来看,能源结构优化是降低碳排放增速最直接的因素(见图 3－9)。

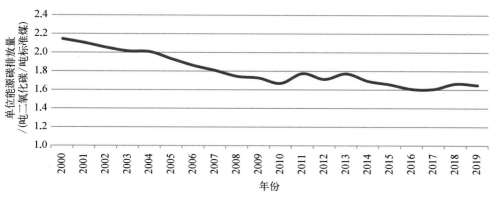

图 3－9　上海市 2000 年以来单位能源碳排放量发展走势[①]

3.3.3　上海市"碳达峰"阶段城市能源碳排放预测

为进一步探索城市碳排放量与其主要影响因素之间的量化关系,进而判断在上海市城市规划的各项策略目标下上海市碳排放量能否完成碳排放达峰,本节采用可拓展的随机性的环境影响评估(stochastic impacts by regression on population, affluence, and technology, STIRPAT)模型预测上海市碳排放达峰情况,并根据上海市颁布的相关政策文件设定相应参数,减少误差。

STIRPAT 模型的基本形式为

$$I_i = \alpha P_i^a A_i^b T_i^c e_i \qquad (3-1)$$

式中,P 为人口规模;A 为人均富裕程度;T 为技术水平;a 为人口规模系数;b 为人均富裕程度系数;c 为技术水平系数;e 为随机环境误差;因变量 I 为环境影响程度,如 CO_2 排放量。该模型是 STIRPAT 方程的随机形式,可对各因素对环境造成的非比例影响进行研究。

除上述自变量外,其他可以对环境造成影响的因素也可引入该模型进行扩展,从而分析其对环境的影响。本文选取人口总量(P)、人均 GDP(A)、城市化率(U)、能源强度(T)、能源结构(F)和产业结构(C)6 项因素作为自变量对 STIRPAT 模型进行扩展,得到扩展后的模型为

$$E = \alpha P_i^a A_i^b U_i^c T_i^d F_i^f C_i^g e \qquad (3-2)$$

① 数据来源:上海市统计局、中国碳核算数据库(CEADs)、Wind 数据库。

为了消除模型中可能存在的异方差影响，将所有变量进行对数化处理，取对数化后的 STIRPAT 模型如下：

$$\ln E = \ln \alpha + a\ln P + b\ln A + c\ln U + d\ln T + f\ln F + g\ln C + \ln e \quad (3-3)$$

STIRPAT 模型变量情况说明列于表 3-1 中。

表 3-1　STIRPAT 模型变量情况说明

变量符号	变量名称	变　量　说　明	单　　位
E	碳排放量	城市直接排放和间接排放	万吨
P	人口总量	城市常住人口数据	万人
A	人均GDP	人均GDP	万元/人，1997年不变价
U	城市化率	城镇人口占城市人口比重	%
T	能源强度	单位GDP标煤能耗	吨(标煤)/万元，1997年不变价
F	能源结构	煤炭占一次能源的比重	%
C	产业结构	第三产业占比	%

模型在 1997—2021 年的数据上训练拟合碳排放量与各影响因子之间的关系然后在 2022—2035 年上进行预测。其中，1997—2021 年碳排放量采用中国碳核算数据库（CEADs）数据；人口总量、人均 GDP、城市化率、能源强度、能源结构和产业占比数据来源于历年《上海市统计年鉴》；人口增长趋势来源于联合国人口预测。

GDP 发展趋势来源于国家信息中心《经济社会发展和形势预测》；城市化率与能源强度变化趋势来源于《上海市城市总体规划（2017—2035 年）》；能源结构变化趋势来源于《上海市能源发展"十四五"规划》；产业结构变化趋势来源于《上海市城市总体规划（2017—2035 年）》。

模型的碳排放预测结果如图 3-10 所示。从预测结果可以看出，上海市的碳排放顶峰出现于 2013 年，峰值为 2.01 亿吨，2020 年之后碳排放量持续缓慢下降，到 2035 年，碳排放将降到 1.5 亿吨左右。

3.3.4　上海市"碳中和"分阶段能源消费和碳排放预测

3.3.4.1　"碳中和"阶段上海能源发展预测方法

1）碳排放变动影响因素分解

为分析"碳达峰、碳中和"目标影响碳排放量增长的主要因素，本书参考修正后的 KAYA 公式[13]，采用对数平均迪氏指数法（LMDI）将碳排放分解为 GDP、单位 GDP 能耗和单位能耗碳排放三个贡献因素。

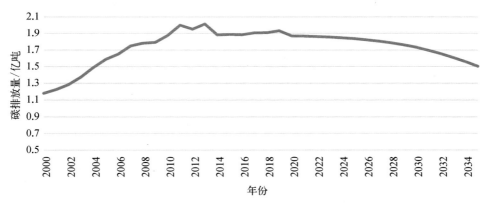

图 3 - 10 基于"碳达峰"预测的上海碳排放量

修正后的 KAYA 公式具体表述为

$$CO_2 = \frac{CO_2}{E} \times \frac{E}{GDP} \times GDP = CI \times EI \times G \tag{3-4}$$

式中,CO_2 表示能源活动二氧化碳排放量;E 表示一次能源消费;GDP 表示国内生产总值。为表述方便,用 CI 表示 $\frac{CO_2}{E}$,即单位能源碳排放强度;用 EI 表示 $\frac{E}{GDP}$,即单位 GDP 能源消费强度;用 G 表示 GDP。所以,二氧化碳的排放水平由单位能源碳排放量强度、单位 GDP 能源消费强度和 GDP 三个因素共同决定。

根据式(3-4),碳排放量的变化值可以分解为三个因素的变化值的总和,即

$$\Delta CO_2 = CO_2(t) - CO_2(0) = \Delta CI + \Delta EI + \Delta G \tag{3-5}$$

式中,ΔCO_2 表示从基准 0 年起到 t 年的碳排放量的变化值;ΔCI、ΔEI、ΔG 分别表示单位能源碳强度对碳排放变化的贡献、单位 GDP 能源强度对碳排放变化的贡献和 GDP 对碳排放变化的贡献。

根据加和分解式的 LMDI 分解方法,令 $A = \sum \dfrac{CO_2(t) - CO_2(0)}{\ln CO_2(t) - \ln CO_2(0)}$,那么

$$\Delta CI = A \times \ln\left[\frac{CI(t)}{CI(0)}\right] \tag{3-6}$$

$$\Delta EI = A \times \ln\left[\frac{EI(t)}{EI(0)}\right] \tag{3-7}$$

$$\Delta G = A \times \ln\left[\frac{G(t)}{G(0)}\right] \tag{3-8}$$

按照上述公式,可以计算得到上海市 GDP、单位 GDP 能源强度、单位能源碳

强度三个因素对碳排放量变化的贡献度[14]。

2) 分情景分阶段主要影响因素假设

在经济社会发展历史趋势分析的基础上,参考国内外主要研究机构的相关预测分析数据,提出至 2060 年人口、GDP 和城镇化率等在内的宏观经济社会参数,并将能源、建筑、交通、工业等主要部门的历史发展趋势作为设定未来行业参数的重要依据。

3) 关键节点能源供需情况分析

基于长期能源可替代规划系统(long-range energy alternatives planning system,LEAP)模型工具[15],建立"能源和碳排放分析模型",以"自下而上"的方式对"碳中和"路径下工业、建筑、交通三个终端部门能源活动水平、结构、效率、技术创新等的变化趋势进行分析,并着重考虑中长期时间尺度内主要部门行业重大减排技术的最大应用水平和碳减排潜力,得出终端能源消费需求。最后,根据分析得出的终端能源消费需求,按照优先发展非化石电力和深挖 CCUS 发展潜力的原则提出非化石和火电的分品种装机规模和发电量。

3.3.4.2 经济发展和能源消费情况预测

基于全国"两个一百年"奋斗目标和上海在全国经济社会发展中的龙头引领作用,本书首先对上海市长期经济发展做出一个基本预测,即上海 2035 年 GDP 较 2020 年(3.9 万亿元)翻一番,2060 年较 2035 年再翻一番,总量约为 15 万亿元。

基于 KAYA 公式,在经济发展目标的基础上对能源消费强度和碳排放强度设置"基准情景""低碳情景"和"中和情景"三种情景进行分析。

"基准情景"为经济发展能效水平和能源碳排放水平在无政策干预的情形下正常发展。

"低碳情景"为未来的经济发展能效水平和能源碳排放水平按照目前已有的低碳发展规划目标进行线性推演。

"中和情景"是在"低碳情景"的基础上,进一步加大政策干预力度,以实现"碳中和"为目标,倒推能效提升和能源低碳转型进程,确保 2060 年具备实现"碳中和"的条件。

具体参数设置情况如表 3-2 所示。

表 3-2　能源消费和碳排放情景分析关键参数设定

情　景	基准情景	低碳情景	中和情景
能耗强度累计下降/%	70	82	87
碳排放强度累计下降/%	80	93	98

2020—2060 年能源消费量分情景发展趋势如图 3-11 所示。

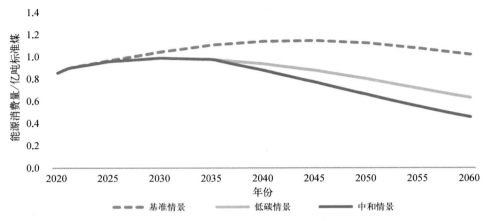

图 3-11 上海 2020—2060 年城市能源消费量分情景预测分析

2020—2060 年碳排放量分情景发展趋势如图 3-12 所示。

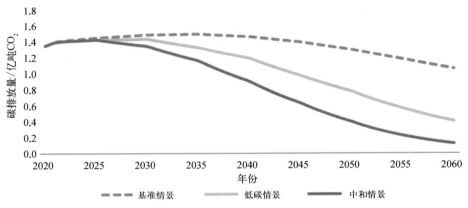

图 3-12 上海 2020—2060 年城市碳排放量分情景预测分析

基于情景分析,将不同情景下关键年份(包括基准年 2020 年、峰值年份、中和年 2060 年)的能源消费量和碳排放量进行直观比较、分析,结果如表 3-3 所示。

表 3-3 上海市 2020—2060 年关键年份城市能源消费量和碳排放量情况

项 目		基准情景	低碳情景	中和情景
城市能源 消费量	现状能耗/亿吨标准煤	0.86	0.86	0.86
	峰值年份	2045	2030	2030

续　表

项　　目		基准情景	低碳情景	中和情景
城市能源消费量	峰值能耗/亿吨标准煤	1.15	0.99	0.99
	2060 年能耗/亿吨标准煤	1.02	0.63	0.46
城市碳排放量	现状排放/亿吨 CO_2	1.5	1.5	1.5
	峰值年份	2035	2030	2025
	峰值排放/亿吨 CO_2	1.67	1.59	1.58
	2060 年排放/亿吨 CO_2	1.19	0.45	0.14

3.3.4.3 分情景能源消费和碳排放结构预测

能源安全供应是确保上海经济社会长期平稳高质量发展的基本保障,能源供给一方面要确保总量满足全社会用能需求,另一方面是要在结构上推进低碳化转型。考虑到在电气化发展的进程中,终端用能的电气化水平将会影响全社会碳排放水平,因此,能源终端消费电气化率成为重要的约束性条件。

1) 低碳情景

"低碳情景"约束条件下,假定终端电气化率为 60%,非化石能源综合占比为 68%,则可以预测出如图 3-13 所示的能源消费和碳排放结构。

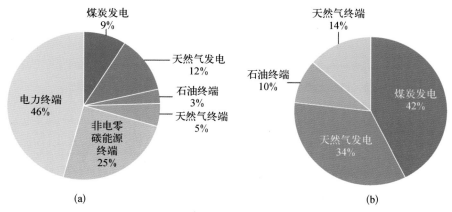

(a)　　　　　　　　　　　　　　　　　(b)

图 3-13　低碳情景下上海 2060 年能源消费和碳排放结构

(a) 能源消费结构;(b) 碳排放结构

"低碳情景"下分品种和领域的能源消费量和碳排放量具体数据如表 3-4 所示。

表 3-4　低碳情景下上海 2060 年能源消费量和碳排放量情况

类　　别	能源消费量/万吨标准煤	碳排放量/万吨 CO_2
煤炭发电	725	1 929
天然气发电	1 000	1 560
石油终端	250	433
天然气终端	400	624
非电零碳能源终端	2 000	0
电力终端	3 687	0
合计	8 062	4 546

2）中和情景

"中和情景"约束条件下,进一步假定能源消费终端电气化率提高到 80%,非化石能源占能源消费总量的 85% 以上,具体结构如图 3-14 所示。

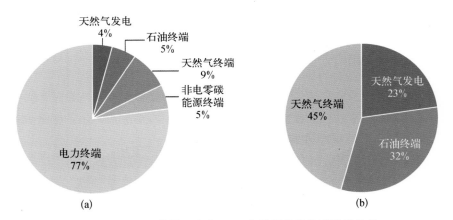

(a)　　　　　　　　　　　　　　(b)

图 3-14　中和情景下上海 2060 年能源消费和碳排放结构

(a) 能源消费结构;(b) 碳排放结构

"中和情景"下分品种和领域的能源消费量和碳排放量如表 3-5 所示。

表 3-5　中和情景下上海 2060 年能源消费量和碳排放量情况

类　　别	能源消费量/万吨标准煤	碳排放量/万吨 CO_2
煤炭发电	0	0
天然气发电	200	312

续　表

类　　别	能源消费量/万吨标准煤	碳排放量/万吨 CO_2
石油终端	250	432.5
天然气终端	400	624
非电零碳能源终端	250	0
电力终端	3 687	0
合计	4 787	1 368.5

3.3.4.4 "中和情景"发电量和发电结构预测

根据 2060 年社会经济发展规模以及终端电气化率约束条件,预测到 2060 年全社会用电量为 3 000 亿～3 300 亿千瓦时。

对上海本地风电、光伏等可再生能源资源进行深入排摸,确保 2060 年本地可再生能源开发到极致。再根据现有技术条件分析,为确保电力系统稳定,本地发电占全社会用电量的底线在 50% 左右。此外,本地装机容量中,继续保留一定比例煤电机组备用。综合以上约束条件,可以对"中和情景"条件下上海 2060 年发电装机机构和电力来源结构进行预测。

上海 2060 年"中和情景"下上海电力装机和电力来源结构如图 3 - 15 所示所示。

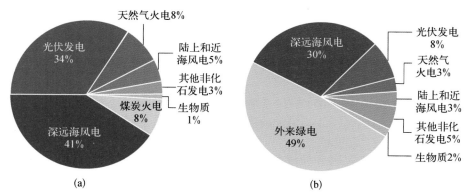

图 3 - 15　中和情景下上海 2060 年电力装机和电力来源结构

(a) 电力装机结构;(b) 电力来源结构

2060 年"中和情景"下上海发电装机结构和全社会用电量来源具体数据如表 3 - 6 所示。

表 3-6 中和情景下上海 2060 年电力装机和发电量情况

类 别	本地装机/万千瓦	利用时间/h	发电量/亿千瓦时
光伏发电	2 500	1 000	250
陆上和近海风电	350	2 700	95
深远海风电	3 000	3 000	900
生物质	80	6 800	54
其他非化石发电	200	7 500	150
天然气火电	600	1 500	90
煤炭火电	600	0	0
外来绿电	—	—	1 461
合计	7 330	—	3 000

3.3.4.5 "剩余"碳排放量的中和情形预测

根据以上预测,为确保上海市 2060 年能源安全供应,能源领域还将保留部分火电机组用于系统安全托底,工业部门还将使用化石能源作为原料,这部分"剩余"碳排放量约为 0.15 亿吨二氧化碳。上海地域面积相对狭小,据测算,陆地林业可用碳汇最大潜力约为 0.05 亿吨二氧化碳,因此剩余的 0.1 亿吨二氧化碳需要通过 CCUS 技术去除,并且通过购买"碳中和"燃料以及与国内其他地区开展碳排放减量交易实现"碳中和"。

实现 2060 年"碳中和",能源低碳转型是重要方面,"化石能源+CCUS"是推进能源领域"碳中和"的发展趋势和关键技术之一,碳交易市场与"碳中和"燃料为能源领域"碳中和"提供多元化手段。

低碳能源替代高碳能源,零碳能源全面替代化石能源。天然气、生物质颗粒燃料的度电碳排放量分别是煤炭的 1/2 和 1/6,应在发电、供热用能方面加快天然气和生物质燃料替代煤炭。氢能是终端用能的有效补充,是实现深度碳减排的重要手段,可利用可再生能源制氢,应用于制甲烷和甲醇,提供高温热能,制作氢燃料电池等。

3.4 本章小结

在"碳达峰、碳中和"目标的驱动下,城市能源供需形态都将产生巨大变化,能源行业朝着清洁化、智慧化和综合化的方向发展,能源系统呈现出再电气化、数字化、网络化和智能化的趋势特征。推动能源供给、消费、技术、体制"四个革命"及加强国际合作"一个合作",将国家能源安全新战略落实到城市层面,将控碳聚焦在城市和能源这两大源头交汇地领域,抓住城市能源体系这一减碳主场,着力推动绿色低碳转型,是实现"碳达峰、碳中和"目标的重心。

参 考 文 献

[1] 莫建雷,段宏波,范英,等.《巴黎协定》中我国能源和气候政策目标:综合评估与政策选择[J].经济研究,2018,53(9):168-181.

[2] 胡鞍钢.中国实现2030年前碳达峰目标及主要途径[J].北京工业大学学报(社会科学版),2021,21(3):1-15.

[3] 习近平.正确认识和把握我国发展重大理论和实践问题[J].求是,2022(10):4-5.

[4] 王永中.碳达峰、碳中和目标与中国的新能源革命[J].人民论坛·学术前沿,2021(14):88-96.

[5] 人民日报.9.3亿千瓦!我国可再生能源开发利用规模稳居世界第一[N].人民日报,2021-03-30.

[6] 中国核能行业协会.2021年全国核电运行情况(2021年1—12月)[R].北京:中国核能行业协会,2022.

[7] 喻小宝,郑丹丹,杨康,等."双碳"目标下能源电力行业的机遇与挑战[J].华电技术,2021,43(6):21-32.

[8] 中国能源网.新冠疫情后的中国电力战略路径抉择:煤电还是电力新基建[N].中国能源网,2020-10-21.

[9] 中国电力报.国家电网多措并举调结构 努力实现碳中和[N].中国电力报,2020-12-25.

[10] 上海市统计局.上海统计年鉴2020[R].上海:上海市统计局,2020.

[11] 上海市统计局.上海能源和环境统计年鉴2021[R].上海:上海市统计局,2021.

[12] 朱勤,彭希哲,陆志明,等.中国能源消费碳排放变化的因素分解及实证分析[J].资源科学,2009,31(12):2072-2079.

[13] 袁路,潘家华.Kaya恒等式的碳排放驱动因素分解及其政策含义的局限性[J].气候变化研究进展,2013,9(3):210-215.

[14] 蒋旭东.碳排放核算方法学[M].北京:中国社会科学出版社,2020.

[15] 常征,潘克西.基于LEAP模型的上海长期能源消耗及碳排放分析[J].当代财经,2014(1):98-106.

第 4 章　城市能源低碳化发展策略分析

实现"碳中和"的关键在于大力发展零碳电力,通过新型电力系统进一步提升全社会电气化水平。碳排放问题的根源是化石能源的大量开发和使用,治本之策是转变能源发展方式,而建设新型电力系统,加快推进能源开发清洁替代和能源消费电能替代是实现我国"碳达峰、碳中和"的根本途径。2022 年 11 月,习近平总书记在二十国集团领导人第十七次峰会第一阶段会议上的讲话中指出,减少化石能源消费、向清洁能源转型进程要平衡考虑各方面因素,确保转型过程中不影响经济和民生。新型电力系统的建设最终将建成与韧性生态之城相适应的安全、清洁、高效、可持续的现代能源体系,为城市的高质量发展、高品质生活提供有力保障。

4.1　我国城市能源低碳化发展的趋势和策略框架

改革开放 40 多年以来,我国走完了西方大多数国家 200 多年的工业化历程,相当长一段时间的粗犷式发展导致能源利用率较低,能源使用产生的各类污染物均居世界第一,温室气体排放也超过许多发达国家。当前我国城市的终端能源消费中煤炭与成品油依然占据较高的比例,在清洁能源占比方面与发达国家还存在较大的差距。因此,有必要着重研究城市能源低碳化发展的趋势,提出城市能源低碳化转型的路径框架,为下一步研究具体实现路径和发展策略奠定基础。

4.1.1　能源与气候升温

IPCC 的温室气体清单显示,能源活动是最主要的温室气体排放源,占区域碳排放量的近 80%。降低以二氧化碳为主的温室气体的排放,遏制全球进一步暖化,减少化石燃料的燃烧活动是主要途径。减少化石燃料燃烧活动可以通过在总量上减少能源消耗或消费以达到目的,也可以通过增加替代性的低碳能源或低碳化能源的供应使能源结构低碳化来达到目的。显然,由于经济社会发展对能源的需求仍在不断扩张,能源的低碳化是一种更加现实的选择,能源的低碳化转型是减缓气候变暖的关键。

4.1.2 能源低碳化转型

能源低碳化即减少使用煤炭、石油和天然气等高碳能源,转而使用在生产和消费过程中二氧化碳和其他温室气体排放强度相对较低,且其累计碳排放量不足以破坏自然界碳循环过程的低碳能源,如水能、核能、太阳能、风能等。这里需要将低碳能源与新能源、可再生能源、清洁能源三个概念进行区分。

低碳能源以温室气体排放(主要是二氧化碳)为内涵,其评价标准以使用过程中温室气体的排放强度为依据。新能源主要指煤炭、石油、水能、核能等常规能源之外的能源,不是一个技术性概念。可再生能源是相对不可再生能源而言的,指从自然界获取的、可以再生的非矿物能源,可再生能源除水能之外基本都是新能源。清洁能源包括在能源的生产及其消费过程中对生态环境低污染或无污染的能源,如天然气、清洁煤等。

因此,这几个常用的能源概念之间既有区别又有联系。从碳排放的角度来讲,在一般情况下,可再生能源和狭义的清洁能源可达零碳能源的标准,广义的清洁能源通过技术处理可以成为低碳能源,新能源中的大部分能源(除核能外)是零碳能源,传统能源中的水能也属于零碳能源。

国家发展和改革委员会 2011 年发布的《省级温室气体清单编制指南(试行)》,当前技术水平下,水电、核电、太阳能、风电、生物质能等低碳能源的碳排放系数已为零或接近零,而煤炭、石油、天然气等化石能源的碳排放系数分别达到 0.748 吨标准煤/吨、0.585 吨标准煤/吨和 0.444 吨标准煤/吨,即通过煤炭、石油和天然气每生产 1 吨标准煤电力,将分别排放 0.748 吨、0.585 吨和 0.444 吨碳,换算成二氧化碳量则分别为 2.745 吨、2.146 吨和 1.629 吨。当前全球能源生产和消费仍以传统碳基化石能源为主,据统计,全球 88% 的能源消费来源于化石能源,12% 的能源消费来源于水电、核能和其他可再生能源[1]。因此,大力发展低碳能源,提高其生产和消费比重是能源低碳化最现实的选择。

4.1.3 我国城市能源低碳化的策略框架

根据统计数据,2020 年中国能源产量为 40.8 亿吨标准煤,同比增长 2.77%;中国能源消费量为 49.8 亿吨标准煤,同比增长 2.16%。2020 年中国能源生产总量中煤炭达到 67.6%;2020 年中国能源消费总量中煤炭和石油占比分别达到 56.80% 和 18.90%[2](见图 4-1)。因此,如果没有进行低碳能源转型,没有进行清洁化和低碳化的能源革命,在"双碳"目标下,我国的能源出路和回旋的余地将很小。

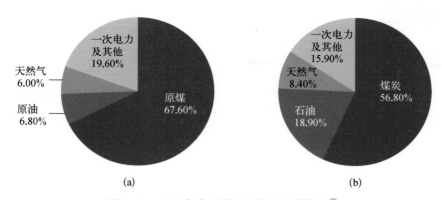

图 4-1　2020 年中国能源生产和消费情况①

（a）一次性能源产量占比；（b）各类能源消费量占比

党中央、国务院在 2021 年 9 月发布《中共中央 国务院关于完整准确全面贯彻新发展理念做好碳达峰碳中和工作的意见》，提出要以能源绿色低碳发展为关键，加快形成节约资源和保护环境的产业结构、生产方式、生活方式、空间格局，坚定不移走生态优先、绿色低碳的高质量发展道路，确保如期实现"碳达峰、碳中和"。为了扎实推进"碳达峰"行动，加快实现生产生活方式绿色变革。同年 10 月 24 日，国务院印发《2030 年前碳达峰行动方案》，将"碳达峰"贯穿于经济社会发展全过程和各方面，重点实施以能源绿色低碳转型行动为首的"碳达峰十大行动"。这两份顶层文件是能源低碳转型的总纲领，也为城市能源低碳发展的路径选择指明了方向。

站在城市能源应用的角度，要减少能源碳排放，治本之策是转变能源发展方式，关键是选择合适的技术手段在能够产生碳排放的能源生产、能源消费、能源排放等各个环节实现"减碳、固碳"，逐步达到"碳中和"。概括起来就是一个"三向发力"的体系（见图 4-2）。

在能源供给侧，主要任务是尽可能用非碳能源替代化石能源发电、制氢，大力发展新能源，因地制宜开发水电，积极安全有序发展核电，合理调控油气消费，构建新型电力系统，实现从传统的烧煤、燃油向利用风电、光伏等清洁能源的转变。同时也包括构建以"源网荷储""分布电源""智慧能源"为代表的能源系统互联网。

在能源需求侧，主要任务是力争在居民生活、交通、工业、农业、建筑等绝大多数领域中，实现电力、氢能、地热、太阳能等非碳能源对化石能源消费的替代，同时推进重点用能设备、新型基础设施等节能降碳。例如，工业领域中，钢铁行业、有色金属行业、建材行业、石化化工行业生产能效提升；城乡建设领域中，建筑能效水平

① 数据来源：国家统计局 2020 年数据。

图 4-2　城市能源低碳转型策略框架

提升、建筑用能结构优化;交通运输领域中,内燃动力热效率提升、运输工具装备低碳转型等。

　　在能源科技创新方面,主要任务是强化应用基础研究,积极开展低碳零碳负碳技术研发应用,加快先进适用技术攻关和推广,通过生态建设、土壤固碳、CCUS 等组合工程提高碳吸收和碳储存能力。促进二氧化碳的资源化利用,探索二氧化碳成果转化,例如以二氧化碳为原料生产化学品或燃料、用作混凝土建筑材料等,兼顾减排效益和经济效益。

4.2　城市能源供给侧转型

　　目前,全球能源结构仍以化石能源为主,我国化石能源占一次能源的比例约为 85%,每年产生的碳排放约为 98 亿吨,占全社会碳排放总量的近 90%[3]。其中高达 51% 的碳排放来自发电和热力,电力系统的脱碳是全社会零碳发展的关键,也是实现"碳中和"目标的关键。

4.2.1　电能领域:加速电力供应低碳转型

1) 电源结构去碳化

　　近十年来,我国可再生能源实现了跨越式发展,可再生能源开发利用规模稳居世界第一。2020 年,我国可再生能源发电量占全社会用电量的 29.5%,总发电量达到 2.2 万亿千瓦时。截至 2020 年底,我国可再生能源发电装机容量占总装机容量的 42.4%(见图 4-3),总规模达到 9.3 亿千瓦,其中,水电装机容量为 3.7 亿千瓦,风电装机容量为 2.8 亿千瓦,光伏发电装机容量为 2.5 亿千瓦,生物质发电装机容量为 2 952 万千瓦,分别连续 16 年、11 年、6 年和 3 年居全球首位。

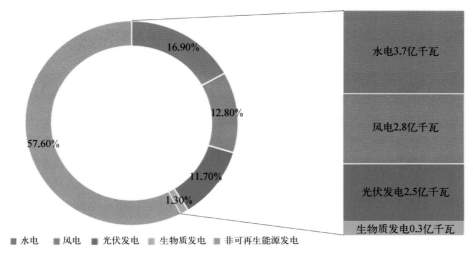

图 4-3　截至 2020 年底我国分类型发电装机容量①

与此同时,可再生能源发电成本也在不断下降,全球光伏发电成本在过去 10 年(2010—2020 年)下降了 85% 左右。2021 年 6 月,国家电力投资集团有限公司在四川甘孜州正斗一期 20 万千瓦光伏项目上报出 0.147 6 元/千瓦时的低价,创下中国光伏电站项目最低价纪录[4]。据预测,我国风电和光伏装机容量到 2030 年可达 16 亿~18 亿千瓦,2050 年将超过 50 亿千瓦[4]。

未来,水电、风电、光伏等非化石能源将成为发电主体。相关研究机构预计,到 2030 年,我国非化石能源发电量将超过 5 万亿千瓦时,2050 年将超过 10 万亿千瓦时,在总发电量中的占比持续提升,2060 年达到约 92.7%[5]。预计到 2050 年,煤电和气电发电量各占化石能源发电量的 1/2,共同为电网提供灵活性资源;2050 至 2060 年,随着煤电加速退役及低碳改造进程,气电在化石能源发电量中的占比将提高至 80%[5]。

构建新型电力系统是一项重大变革,国际上有丰富的案例值得借鉴和思考。例如,德国在 2021 年 10 月和 11 月先后宣布于 2022 年全面弃核和 2038 年弃煤,2050 年构建 100% 采用可再生能源的用能体系。德国在推进可再生能源发展中立法先行,建立起遍布全国的分布式光伏发电、风电、生物质发电及储能机组;通过基于大数据的电力供给侧和需求侧的预测与管理,以及基于互联网的电力交易和服务平台,有效促进可再生能源消纳,保障电网的供需平衡。在德国,高比例的可再生能源已使常规火电从基荷电力转变为调峰电力,成功实现能源结构转型。2022 年,在种种因素的影响下,德国重启燃煤电厂填补能源缺口,这一举措提示我们在

①　数据来源:于国家能源局 2020 年数据。

实现"碳中和"目标的道路上,各类宏观和微观因素都需要全盘考虑,且具体措施必须随势而动、及时调整。即使如此,德国在全力推广可再生能源方面的思路仍值得我们学习。

除此之外,应当加强化石能源的清洁化、低碳化供应。要实现电力脱碳与零碳化,在新能源替代化石燃料发电的过渡期,可通过 CCUS 技术实现净零碳排放。CCUS 是目前实现大规模化石能源零碳排放利用的关键技术,结合 CCUS 的火电将平衡可再生能源发电的波动性,提供保障性电力并提升电网灵活性。"新能源发电+储能"与"火电+CCUS"将是不可或缺的技术组合,它们之间的深度协同将成为未来清洁零碳、安全高效能源体系的关键。根据 IEA 的研究结果,在可持续发展情景下,2045 年前全球将淘汰所有非 CCUS 的煤电机组,将有 1 000 太瓦时的电力由煤电结合 CCUS 技术生产。因此,要加大 CCUS 技术研发投入,降低成本及能耗,通过研发新型吸收剂、吸附剂和膜分离材料,针对碳捕集、分离、运输、利用、封存及监测等各个环节开展核心技术攻关;要尽快建立 CCUS 标准体系及管理制度、CCUS 碳排放交易体系、财税激励政策、碳金融生态,推动火电机组百万吨级二氧化碳捕集与利用技术应用示范,实现 CCUS 市场化、商业化应用。

2)能源系统互联化

我国清洁能源资源丰富但与主要用能地区逆向分布,因此,要实现清洁替代和电能替代,需要解决好能源开发、配置和消纳问题。据落基山研究所(RMI)和能源转型委员会(ETC)在《电力增长零碳化(2020—2030):中国实现碳中和的必经之路》报告中的预计,到 2030 年,我国风电和光伏装机可达 16 亿~18 亿千瓦。新能源的大量接入必将给现有电力系统带来压力,亟须建立起灵活的电力系统以支撑新能源消纳。

(1)从"源随荷动"到"源网荷储"。新型电力系统具有"源—荷"双侧高随机性与波动性的特征,给电网功率平衡和安全运行带来很大挑战。因此,亟须变革"源随荷动"的传统电力供给模式,提高电力系统灵活性。要重点突破区域电力系统"源网荷储"的深度互动与调控方法,提升电力系统韧性,强化电力供需的预测与管理,建立电力分散自治互信交易机制。要深化电力体制改革,创新电力市场机制和商业模式。

(2)从"能源基地"到"分布电源"。我国未来电力需求还将持续较快增长,并主要靠清洁能源满足。要加快大型清洁能源基地建设,因地制宜推动分布式电源开发。中国工程院院士黄震提出,要依赖遍布全国的分布式光伏发电和风电,将每一个建筑物转化为微型发电厂,例如发展"光储直柔"建筑[4]。大力发展虚拟电厂(VPP)、智能微电网和储能技术,部署更多的新能源装机容量,发出与消纳更多的新能源电量,使常规火力发电从现在的基荷电力转变为调峰电力,实现电力脱碳与零碳化。

"光储直柔"与"有序充电"建筑中,"光"指表面光伏,在建筑外表面安装建筑一体化光伏电池;"储"是分布式储能,将每 100 平方米 3 千瓦时电的储电能力分布部署在建筑内部,建筑内部的配电总线与旁边停车场的充电桩相连接;"直"指直流配电,建筑内配电由现在的交流电改成直流电,从而能够直接利用光伏、储能的电力,减少电能转换环节;"柔"指柔性用电,通过直流母线电压变化来调节各个充电桩蓄能装置充电量,同时调控建筑物内各个用电设备的用电功率,从而使得整个建筑实现柔性用电。"有序充电"指基于直流母线电压调控进行充电,有序充电桩的充电逻辑不是即插即充,而是看电池里的电量和即时的直流母线的电压高低,即根据电池内电量和直流母线电压决定充/放电和功率。

"光储直柔"模式能基本解决统筹消纳风光电的问题。10 000 平方米的办公建筑,加上 100 个充电桩,连上 100 辆汽车,大概能消纳自身或者外界 1 兆瓦的光伏。由此看出,如果把 60%～70% 的办公建筑与 40% 左右的住宅建筑改成"光储直柔"模式,能基本解决统筹消纳风光电的问题。

下一步是将每一个建筑物转化为微型发电厂,大力发展虚拟电厂、微网和储能技术,部署更多的新能源装机,发出与消纳更多的电量。依靠科技发展与突破,构建新型电力系统,使常规火力发电从现在的基荷电力转变为调峰电力,结合 CCUS 的火电,将为大电网稳定性和灵活性提供保障,实现电力零碳化。同样,针对北方采暖供热问题,也可采用将热电联供、工业余热利用、集中供热锅炉等传统集中供热方式转变为更分散的零碳供热方式,实现电力零碳化。

(3) 从"能源互联"到"智慧能源"。能源互联网是清洁能源在全国范围大规模开发、输送和使用的基础平台,是以清洁为主导、电为中心、互联互通的现代能源体系,为能源转型升级、减排增效提供了重要载体。其实质是"智能电网＋特高压电网＋清洁能源",智能电网是基础,特高压电网是关键,清洁能源是根本。

特高压技术作为我国原创、世界领先、具有自主知识产权的重大创新,破解了远距离、大容量、低损耗输电的世界难题,是构建特大型互联电网、实现清洁能源在全国范围高效优化配置的核心技术。经过十几年的不懈努力,我国在特高压技术、装备、标准、工程等方面实现全面引领,建成了世界上电压等级最高、配置能力最强的特高压交直流混联电网,2019 年输送电量达 4 500 亿千瓦时,其中一半以上为清洁能源发电,为保障能源安全、推动清洁发展做出了重要贡献。

4.2.2　非电能领域:拓展零碳燃料利用场景

燃料零碳化是一项极具潜力的变革性技术,积极发展电制氢、电制合成燃料,加快以清洁电能取代油和气,可以有效控制终端油气消费增长速度。通过可再生燃料制取和可再生合成燃料制作,将创建一种全新的"源—储—荷"离线可再生能源利用形式,有望使交通和工业燃料独立于化石能源,实现燃料净零碳排放。

1) 可再生燃料和可再生合成燃料

可再生燃料以太阳能、风能等可再生能源为主要能量制取而成,包括氢、氨和合成燃料等。该技术可为国家能源战略转型与"碳中和"目标实现提供全新的解决方案。

可再生合成燃料是利用可再生能源并通过电催化、光催化、热催化等反应转化还原二氧化碳,从而合成的碳氢燃料或醇醚燃料,具有能量密度高、输运和加注方便、与加油站等基础设施兼容性高、社会应用成本低等优点。近年来,通过可再生能源来转化二氧化碳制备合成燃料的技术引起了主要发达国家和地区的高度关注。要真正实现通过阳光、水、二氧化碳获取可再生合成燃料,亟待开展可再生合成燃料的基础理论和关键技术研究。针对二氧化碳还原转化产物,基于燃料与动力装置相互作用及调控机制,进行可再生合成燃料设计;从分子水平上建立催化剂构效关系,实现高效二氧化碳还原催化剂体系的设计与功能化定制,进而构建高能效的二氧化碳还原合成燃料系统,实现从二氧化碳到液体燃料分子的高选择性转化和可再生燃料的合成。

2) 氢能

作为清洁能源供给体系的重要载体,氢能开发与利用是世界新一轮能源技术变革的重要方向,是能源系统实现脱碳目标的必然选择。

目前各个国家高度重视氢能战略布局,欧洲将氢能作为能源转型和低碳发展的重要保障,美国重视氢能产业技术优势的建立和前瞻技术的研发,日韩致力于构建氢能社会和氢经济。多国将氢能作为推进气候和能源新政的重要组成部分,并计划从制订氢能发展路线图、建立产业发展联盟、加大政策扶植力度、加大基础设施投入、加强国际合作等方面推进氢能发展。

欧洲在氢能发展上处于领先地位。欧委会在《欧盟氢能战略》中提到氢能发展的三个阶段:第一阶段(2024 年前),建成至少 6 吉瓦的绿氢项目;第二阶段(2025—2030 年),氢能将成为欧盟能源体系的重要组成部分,将有多个区域制氢产业中心——"氢谷"落成(见图 4-4);第三阶段(2030—2050 年),重点研究氢能在能源密集型行业的大规模应用。到 2050 年,预计欧洲氢能发电总量能够达到 2 250 太瓦时,占欧盟能源需求总量的 1/4。

(1) 产业链方面。目前国内企业氢能产业链主要集中在储运零售终端建设和运营,氢能产业链及氢能装备,氢燃料电池及其核心部件,终端应用燃料电池车、列车、氢冶金等。重点布局企业包括中国石化、中国石油、国家能源集团、一汽集团、中车集团、宝武集团等。

图 4 - 4　2030 年欧洲各部门用氢目标[①]

（2）产量方面。目前国内最大的风电制氢示范项目（沽源风电制氢）年制绿氢约 1 560 吨；而全球最大的风能和太阳能制氢项目（德国 Svevind 公司建于哈萨克斯坦草原）年制绿氢 300 万吨。

（3）配套方面。广泛采用氢和氢基燃料改造和新建基础设施。目前，我国只有大约 100 千米的专用氢气管道，都是产业集群私有。短期可以使用槽罐车短距离运输液氢，但远期仍需要开发新的专用氢气管道，以确保管道的高利用率。除此以外，我国还拥有世界第二大加氢站网络，目前全国已有 100 多座加氢站在运营。

上海市政府 2021 年 9 月发布的《上海市建设具有全球影响力的科技创新中心"十四五"规划》中提到，围绕氢的制取、储运与加注以及氢能利用，研发关键技术和核心部件，推动氢能多场景应用和氢能产业链发展。主要有以下三个重点方向：

（1）制氢技术。研发高效宽光谱太阳能光解水制氢的新型高效催化剂和反应系统、100 千瓦级高温固体氧化物电解制氢系统和兆瓦级高效质子交换膜电解水制氢系统等，提升制氢效率。

（2）氢的储存、运输和加注。研发基于液氢或化合物储氢的加氢站系统及装备技术，基于锂、硼、碳、镁、铝等轻质元素的高氢量、低吸/放氢温度的新材料，以及固态储氢设备和灵便型储氢设备等。

（3）用氢技术。研究氢能规模化应用的安全技术、船用发动机氢基燃料高效利用关键技术、可再生合成燃料设计方法和发动机应用技术等。研发 200 千瓦级低成本、高性能、长寿命的质子交换膜燃料电池及热电连供系统，固体氧化物燃料

---

① 　资料来源：欧洲燃料电池和氢能联合组织（FCH - JU）《欧洲氢能路线图：欧洲能源转型的可持续发展路径》。

电池技术及 30 千瓦级热电联供系统,富氢气体冶炼应用技术,以及天然气掺氢技术及终端应用技术等。

3) 生物质能

作为清洁可再生的能源形式,生物质能是唯一可替代化石能源并转化成液态、固态和气态燃料及其他化工原料或产品的碳资源,也是应对全球气候变化、能源短缺和环境污染最有潜力的发展方向之一。生物质能源的主要利用形式包括生物液体燃料、生物沼气和生物质发电供热等。欧洲的经验值得借鉴。

在生物液体燃料方面,欧洲以菜籽油为主要原料,是世界上生物柴油产量最高的地区,德国生物柴油已替代普通柴油使用。北欧挪威、芬兰等国已经形成航空生物燃料规模化市场,建立起从原料、炼制、运输到加注和认证的完整产业链。近年来,欧洲大型石油公司纷纷进入生物质能领域,尝试包括燃料乙醇、生物柴油、航空生物煤油等在内的各种生物液体燃料业务。英国石油公司(BP)先后收购多家生物能源企业的股份或业务,与杜邦公司成立生物燃料合资公司,率先开发生物燃料丁醇汽油,解决车辆及基础设施与生物燃料兼容性的关键问题。壳牌公司致力于开发应用第二代纤维素乙醇技术。目前,纤维素乙醇技术可行,但经济成本偏高,随着技术进步,未来有望实现规模化商业生产。2019 年,道达尔公司出资改建的法国第一座生物燃料工厂 La Mede 投产,原料中 70% 来自植物油、30% 来自处理后的废油,产品为绿色柴油和航空生物煤油[6]。

在生物沼气方面,生物沼气提纯后可用来加热、发电或作为车用燃料。欧盟地区沼气技术世界领先,德国、丹麦等国多采用传统全混式沼气发酵工艺,工程技术及装备已达到系列化、工业化水平。2018 年,全球沼气产量约为 580 亿立方米,其中德国沼气年产量已超过 200 亿立方米,瑞典生物天然气满足国内约 30% 的车用燃气需求[6]。

在生物质发电供热方面,生物质发电是可再生能源发电的重要形式,目前全球 200 多座生物质混燃示范电站中有 100 多座分布在欧洲地区。欧洲可再生能源供热在供热能源需求总量中占比超过 30% 的国家有 10 个(瑞典占比高达 70%,芬兰、拉脱维亚和爱沙尼亚占比也都在 50% 以上),生物质能在这些国家的供热系统中发挥着巨大作用。此外,欧洲独立建筑使用生物质供暖的供热锅炉和壁炉供热效率较高。

目前,低碳燃料仅占我国终端能源需求的不足 1%。IEA 在《中国能源体系碳中和路线图》[7] 报告中预计,到 2030 年,低碳燃料占比将超过 1%,到 2060 年将增至 9%。液体生物燃料在 2060 年将满足 9% 的交通能源需求,低碳氢和氢基燃料在终端能源消费总量中的占比将达到近 10%,低碳气体(生物甲烷和氯气)将占网络供应天然气需求的近 15%。到 2060 年,生物能源贡献的累计碳减排量中近 90%

来自市场化技术。许多生物能源供热和发电技术,例如小型供热和烹饪以及垃圾焚烧发电厂,已经处于市场接纳或商业化阶段,将为 2021—2060 年生物能源累计碳减排量贡献 90%[8](见图 4-5)。

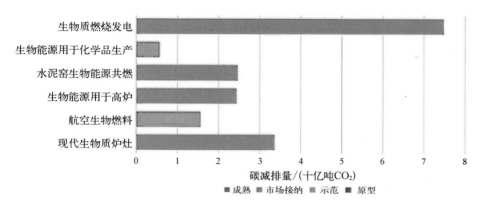

图 4-5　2020—2060 年不同成熟度生物能源技术为中国贡献的累计碳减排量①

值得注意的是,扩大生物能源将需要大量额外的基础设施。就生物燃料而言,将需要许多生物质原料储存设施,尤其是广泛分布、低密度的作物和林业残留物。生物质原料的储存至关重要。此外,还需要用于分类清洁废物和残渣原料的大型设施。例如,用于沼气的城市固体废弃物必须与非生物材料分离,而农作物和林业残留物在送往生物燃料工厂之前需要清除污垢、石头和其他污染物。

对于生物甲烷,需要建造新的分配管线和注入点以掺混到天然气中。由于粪便和作物残留物等原料分布广泛且运输成本高昂,因此生物甲烷工厂很可能位于原料来源附近,从而增加了对管网连接的需求。此外,可以收集有机肥(作为厌氧消化中沼气的副产品生产)并输送给当地农场。同时,需要建立基础设施来支持生物质能-碳捕集与封存(bioenergy with carbon capture and storage, BECCS)在生物燃料生产和生物质发电中的部署。

4.3　城市能源需求侧转型

在以化石能源为主的能源结构下,节能提效是减排的主力。节能提效是我国能源战略之首,是绿色、低碳的第一能源,是保障国家能源供需安全和能源环境安全的要素。能源利用高效化、节能减碳是"碳达峰、碳中和"最基础的重要工作。2012 年以来,我国单位 GDP 能耗累计降低 24.4%,明显高于全球平均降速;但

---

①　资料来源:《中国 2050:一个全面实现现代化国家的零碳图景》。

2019 年我国单位 GDP 能耗仍高于全球平均水平 50%，是英国、日本的 3 倍左右，节能减碳潜力可观。中国电力企业联合会预计到 2028 年前，我国单位 GDP 能耗较目前下降 1/4，其中钢铁、建材、化工等行业能耗将分别下降 20%、8%、30%[9]。

因此，加大节能、节水、节材、减碳等先进技术的研发和推广力度，全面推进电力、工业、交通、建筑等重点领域的节能减碳，对电力、钢铁、石化化工、有色金属、建材等高耗能、高碳排放行业企业，以及交通运输车辆设备和公共建筑实施节能和减碳技术改造，降低单位 GDP 能耗和碳排放强度，能够有效降低化石能源消费总量，为实现全社会"碳达峰"奠定坚实基础。

4.3.1　节能增效持续化

4.3.1.1　工业领域：重点行业生产能效提升

1）钢铁行业生产能效提升

2020 年，我国钢铁行业（制造业 31 个门类中碳排放量最大的行业）消费占煤炭消费总量的 20%，碳排放量约占总排放量的 15%，钢铁生产的单位能耗为每吨钢铁 545.27 千克标准煤[10]。近年来，我国钢铁生产的能源效率已经得到显著提高，根据"十四五"规划，钢铁行业努力在"十四五"期间实现"碳达峰"。

我国钢铁行业还有一定的节能技术推广、能效提高的空间，如余热回收技术、高级干熄焦技术等可以帮助落后钢铁企业提高能效[11]。其他新兴技术还包括喷射式碱性氧气转炉技术，全球数据显示，这项技术可以减少 60% 的电力消耗、37% 的焦炉煤气消耗和 16% 的煤炭消耗。

持续推动钢铁行业能效提高工作是至关重要的，但是考虑到我国整体已经达到了相当高的能效水平，进一步的节能改进不太可能使吨钢能耗和排放减少 15%～20% 及以上。要实现净零碳排放，我国还需要采用全新的初级钢铁生产方法。

由于电炉钢生产的碳强度远低于高炉生产，因此电炉钢生产份额的增加将自动造成钢铁生产平均碳强度的降低。即使按照目前我国电力系统的碳排放强度（596 克二氧化碳/千瓦时）计算，电炉钢生产路线的碳排放强度也只有每吨钢铁 0.5 吨二氧化碳左右，而高炉钢生产路线的碳排放强度约为每吨钢铁 2.1 吨二氧化碳。随着电力系统的脱碳，电炉钢生产路径的碳排放强度将逐渐下降至零（见图 4-6）。

因此，支持我国钢铁脱碳的最主要政策将是支持零碳的可再生能源和核能的发电量扩大。根据全球能源转型委员会的数据，到 2050 年，电炉短流程钢产量将达到 3.33 亿吨，这将带来 0.16 万亿千瓦时的零碳电力需求。并且，通过政策支持和适当的市场设计来支持废料回收系统发展也至关重要。许多研究预测，到 2050 年，我国每年将有 3 亿～4 亿吨的废钢供应，这足以满足模型中短流程钢的需求。

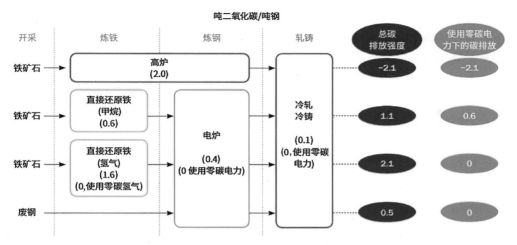

图 4-6　主要钢铁生产技术路线的温室气体排放强度(单位：吨 CO_2/吨钢)[①]

2) 水泥行业生产能效提升

经过 40 年的持续技术创新,我国已经成为世界水泥生产领域高能效的先行者。大多数水泥厂都配备了先进的干法窑炉,而不是能耗较大的湿法窑炉。目前,我国水泥熟料的热耗强度为每千克 3 600 千焦,比世界平均水平低 15%。生产每吨水泥的电耗强度也低于每吨水泥 90 千瓦时,我国水泥行业的目标是在 2050 年前,能效水平进一步提升 13%～16%。

余热发电领域也存在着巨大的潜力。目前,我国已有 80% 的水泥窑利用余热发电,总装机达 4 950 兆瓦,每年可回收电能 350 亿千瓦时,相应地减少了 260 万吨二氧化碳排放,几乎是水泥工业间接排放的 1/3,且余热发电的效率还有进一步提升的空间。来自丹麦的工程公司 FLSmidth 已取得突破性的进展,每吨熟料发电量可达 40 千瓦时[12]。我国的目标是到 2050 年实现每吨熟料发电 56～60 千瓦时,达到目前水平的两倍,领先于世界其他国家。我国已制定了到 2035 年实现熟料生产完全不依赖外部电力的目标。与此同时,现有的商业模式(如 DBB 模式、EPC 模式、BOT 模式等)可大大推动这一目标的实现。

使用替代能源协同生产来替代化石燃料是另一个能效提升的途径。目前,德国和荷兰的热替代率(TSR)分别高达 70% 和 90%。主要发达国家现在的目标是实现 100% 的 TSR。尽管我国当前 TSR 只有 1.2%,但已承诺到 2020 年实现 15% 的 TSR,并且有研究认为我国 TSR 到 2050 年可以达到 70%。我国还有可能达到更高的 TSR 值,与 TSR 值达到 90%～100% 的水泥行业强国水平相当。然而,值

---

① 资料来源:《中国 2050:一个全面实现现代化国家的零碳图景》。

得关注的是,如果协同处置使用的替代能源本身就来自化石燃料,例如废轮胎、机油、塑料,那么这就不能算作零碳路径。

尽管提高能效可以节约能源并减少二氧化碳排放,但我国仍需要采取进一步措施来实现水泥行业全面脱碳。这些选择包括使用零碳能源提供热力输入,用CCUS技术处理化石燃料燃烧和生产过程碳排放,以及使用石灰石或熟料以外的替代原料等。

3)化工行业生产能效提升

2020年,我国化工行业领域能效已接近世界先进水平,已经持续取得了诸多成果。2018年,我国化工行业单位GDP的能源强度下降了10.0%[13],大部分主要产品生产过程的能耗都有所下降。

目前,我国化工行业相关试点项目的能效水平已经可以达到甚至超过国际同类项目。例如,我国生产合成氨、甲醇和乙烯的能源强度已分别达到1.06吨标准煤(31 GJ)/吨、1.12吨标准煤(33 GJ)/吨和0.75吨标准煤(22 GJ)/吨。然而,由于整个行业的能源利用效率水平极不平衡,所以整体能效水平还有较大的提升空间。

在能源转型委员会的全球研究中,其合作伙伴麦肯锡公司的分析指出,乙烯的生产能效还可在目前的基础上提高15%~20%。此外,虽然在过去的30年里,生产每吨合成氨的能源使用量已经下降了30%,但采用现有最佳技术仍可将能耗进一步减少20%~25%[14]。因此,持续推动能效提升是减少化工领域碳排放的重要举措。

为了实现完全脱碳,还需要采用新的化工产品生产路径,去除或捕集生产过程中因化石燃料燃烧或化石能源原料自身产生的碳排放。一个行之有效的方法是在生产过程中使用电力、氢气和生物质等作为主要燃料和原料投入。然而,考虑到成本因素和能源安全问题,我国仍将在很大程度上依赖其丰富的煤炭资源。在基于煤炭的生产路径中,CCUS将发挥重要作用。

4.3.1.2 交通领域:提升内燃动力热效率

"十三五"时期,我国综合运输服务快速发展,服务能力水平不断提高,人民群众获得感明显提升,为服务经济社会发展,特别是决战决胜脱贫攻坚和全面建成小康社会提供了有力支撑。但与此同时,我国综合运输服务发展还存在一些短板和问题,其中一条为绿色化水平不高,绿色低碳发展任务艰巨。与所有国家一样,当前我国绝大多数(98%)的公路运输是由内燃机汽车提供的,而航空运输动力几乎完全来自以化石燃料为基础的航空燃料,船舶则依赖重燃料油的驱动。

交通领域低碳转型主要集中在四个领域:客运交通(包括公路和铁路)、货运交通(包括公路和铁路)、航空(包括国内和国际)以及船运交通。根据2018年的数据,我国交通运输能耗和碳排放呈持续增长态势,我国货运行业能耗占交通运输行业比例高达 75%。公路、铁路运输能耗占比分为 71% 和 5%。公路承担了绝大多数的中短途运输,是占交通碳排放量比重最大的分支。因此,控制汽车碳排放量是促进交通领域节能减排的关键举措。

汽车碳排放量控制主要有两个方面:① 内燃动力和混合动力汽车的碳减排,这类汽车量大面广,对有效控制和降低汽车碳排放总量十分重要;② 电动汽车的碳减排,包括纯电动车和燃料电池汽车,这部分在后面交通领域电气化中重点讲述[4]。

针对内燃动力和混合动力汽车,可以分不同时期提出不同的措施。从近中期看,主要措施是不断提升内燃动力热效率或混合动力的综合能源利用效率,达到节能减碳目的;从中长期看,要进一步研发可再生合成燃料,使内燃动力和混合动力汽车达到净零碳排放。可再生合成燃料是以太阳能、风能等可再生能源为主要能量供给,合成高能量密度的车用碳氢燃料或醇醚燃料等,合成燃料能量密度高,输运和加注方便,可利用目前加油站等基础设施,社会应用成本低,有望使车用燃料取之不尽,用之不竭,独立于化石能源,实现汽车净零碳排放。

4.3.1.3　建筑领域:政策推动和设备节能

建筑领域是城市碳排放的重要源头,我国近 60% 的终端能源消费来自建筑采暖和制冷。化石燃料是最大的能源来源,占终端能耗总量的 40%。相比之下,电力目前仅占终端建筑能耗总量的 28%(见图 4-7)。

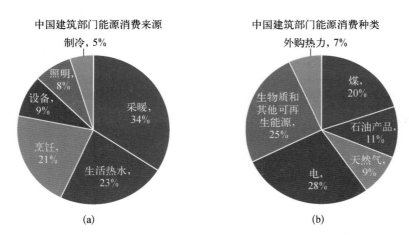

图 4-7　按活动类型和能源类别划分的中国建筑能耗①

(a) 按活动类型划分;(b) 按能源类别划分

公共建筑能耗和碳排放是住宅建筑的数倍有余。大型建筑用电普遍存在供电系统效率低,用电设备能耗利用率低,用电设备复杂,电力品质差等问题,其中空调

---

①　数据来源:IEA 国际能源署。

系统、照明系统、电梯及冷热水处理系统浪费尤为严重,全国每年仅大型建筑浪费电能就高达 150 亿千瓦时,五年浪费的电能就相当于三峡电站一年的发电量。随着经济的快速增长,我国公共建筑数量不断增加,目前我国高级宾馆、写字楼、大型商场和超市、各类高校、大型医院等综合大楼的总数量不低于 20 000 座。由此可见,针对大型建筑,实施电力节能势在必行。

中国能源研究会副理事长周大地认为,通过开发新型保温绝热换热材料和技术、应用先进建筑结构等措施提升建筑物保温绝热能力,以及应用高效空气热交换、热泵、空气质量控制等技术,加强一体化可再生能源利用、储热储能技术和信息化数字化交互技术,能够大幅降低建筑物对采暖制冷等的能源需求。相关研究机构预计,到 2050 年,我国建筑部门能效的提高将使建筑能耗强度降低 50%~60%。

(1)节能政策。我国的节能和能效相关政策在提高建筑能效方面发挥了重要作用,尤其是在建筑采暖方面,贡献突出。例如,通过实施强制性标准和补贴政策,我国北方城市地区建筑采暖能效大大提升,区域供暖的能源强度已从 187 千瓦时/平方米降至 114 千瓦时/平方米。20 世纪 80 年代以来,我国的建筑节能设计标准已就城市地区建筑围护结构的保温要求进行显著加强,但仍有进一步改善的潜力,包括被动房屋和一体化设计解决方案等,进而实现建筑的近零能耗。

(2)设备节能。供暖、制冷和照明设备的能效提升也能从整体上提高建筑耗能。2017 年以来,我国的清洁采暖政策已强制禁止单独使用煤炉,大力推广燃气锅炉和热泵,并给予大量补贴,大量燃气锅炉和空气源热泵在农村地区得到安装。但由于我国的天然气资源短缺和天然气价格的飙升,2019 年清洁供暖政策中已弱化天然气的作用,转而推广生物质锅炉和热泵。

虽然我国是最大的室内空调市场和生产国,但我国的平均制冷能效只能达到当前可用最佳技术的 60%。相关研究表明,到 2050 年,通过提高制冷能效标准最低值,我国的制冷能效可以进一步提高 30%。随着室内空调潜在的技术突破,制冷效率也还有进一步提高的空间,可以将季节性能效比(seasonal energy efficiency,SEER)数值从 3 提高 3~10.5 倍。

照明设备技术进步能有效从 2010 年到 2018 年,发光二极管(LED)照明技术发展迅速,已将能源效率从每瓦特 50 流明提高到了每瓦特 100 流明。到 2050 年,LED 照明的能效水平可达每瓦特 200 流明,意味着将能效再提高 100%。

4.3.2 终端能源电气化

能源强度和碳排放强度与电气化率和清洁能源发电量比例成反比[15]。预计到 2030 年,电气化率每上升 1 个百分点,单位 GDP 能耗下降 3.2 个百分点;2031—2060 年,电气化率每上升 1 个百分点,单位 GDP 能耗下降 4.1 个百分点。因此,亟需提升工业、建筑、交通领域电气化水平。

分领域来看,2020 年,我国工业领域能源消费量为 21 亿吨标准煤,年碳排放量为 33 亿吨,电气化率为 26%。建筑领域能源消费量为 7.5 亿吨标准煤,年碳排放量为 9 亿吨,电气化率为 40%。交通领域能源消费量为 4.9 亿吨标准煤,年碳排放量为 9 亿吨,电气化率不足 4%。可见,交通电气化率缺口较大。落基山研究所预计,到 2030 年、2060 年,我国工业电气化率分别达到 34%、70%;建筑电气化率分别达到 50%、80%;交通电气化率分别提高到 10%、50%。

"再电气化"是指在传统电气化的基础上,实现基于零碳电力的高度电气化。中国电力企业联合会理事长刘振亚表示:"'十四五'期间,为实现'碳中和'目标,我国终端能源电气化水平将大幅提高,电力将成为支撑经济发展和民生改善的主体终端能源[16]。"

IEC 主席、中国工程院院士舒印彪认为,再电气化是实现双碳目标的有效途径。实施再电气化,就是在能源供给侧实现"清洁替代",在能源需求侧实现"电能替代",以电为中心,以电力系统为平台,以清洁化、电气化、数字化、标准化为方向,构建清洁低碳、安全高效的能源体系[17]。

从上述情况来看,在加速零碳电力供给的基础上,加快工业、建筑、交通等领域的再电气化,是提高能源利用效率、实现能源利用脱碳和零碳的重要途径。

4.3.2.1　工业领域

工业电能替代主要通过发展电炉炼钢,推广电锅炉、电窑炉、热泵等,用来替代工业锅炉、工业煤窑炉。

麦肯锡咨询公司在《插电:电气化可为工业做些什么》[18]中认为,电驱动设备的能源效率仅比常规选件略高,但其维护成本较低,在工业锅炉的情况下,电设备的投资成本较低。随着可再生能源电力和电气设备价格的持续下降,工业公司可以通过在运营过程中规划好电气化进程,抓住节省成本和减少温室气体排放的机会。同时,该分析报告认为,工业领域各场景的完全电气化需要相对较低的电价驱动,并辅之以支持性法规。而降低可再生能源发电成本以及提升可再生能源发电总量,可以实现较低的平均电价。

此外,数字化赋能工业电气化也能促进工业领域转型。在工业电气化的基础上创造性的融合数字化技术可进一步提高自动化效率,大大提升工业控制的适应范围和使用效率,从而提高工业生产过程的电气化水平。

4.3.2.2　交通领域

交通电能替代主要通过发展电动汽车、电气化铁路、城市轨道交通、港口岸电、机场桥载电源等实现。交通领域再电气化还包括发展燃料电池汽车、氢/氨动力船舶、氢动力飞机等。

1）电动汽车

目前我国电动车发展势头较猛,中国工程院院士江亿预测 2030 年全国电动车数量将达到 7 000 万辆。就上海而言,2020 年末电动车数量约为 42 万辆,到 2021 年 10 月已达到 60 万辆[19]。

电动车从本质上比内燃机车效率更高,后者消耗的能量有 60%～80% 以热量的形式浪费而没有被转换为动能。在我国目前的发电结构下,电力碳排放强度为 590 克二氧化碳每千瓦时,电动车完整使用寿命周期内可减少 20%～33% 的排放。

汽车电动化已具备加速推行的条件,可以成为交通领域低碳转型的首要重点[20]。铁路等地面交通已高度电气化,并将向内河航运、短途空运扩大。纯电动汽车或燃料电池汽车能源转型委员会的《可完成的任务》全球报告显示,道路交通的未来发展方向将是完全电动化——纯电动汽车(BEVs)或燃料电池汽车(FCEVs)等形式。这反映了电动发动机固有的能源效率和未来的成本优势。

从电动汽车成本来讲,在 2025 年前,纯电动车的购买价格将低于内燃机汽车。未来,随着充电基础设施的扩张、电池能量密度和储电量的不断增强、充电速度的加快,纯电动车将成为包括小轿车、厢式货车、短距离配送货车、城市公交、两轮车等在内的所有轻型车辆的首选。在强有力的政策支持下,我国已成为全球电动车推广领域的领导者。深圳、太原等城市已经实现了出租车 100% 电气化。我国的两轮车电动化发展迅速,远超过其他国家。我国的制造企业已经成为电动轿车、电动公交、电池等领域的佼佼者。

交通运输部表示,交通运输是碳减排的重点领域,2021 年 11 月印发的《综合运输服务"十四五"发展规划》以降碳为目标,加快构建绿色运输发展体系,包括大力发展清洁化运输装备,加快充换电、加氢等基础设施规划布局和建设;持续提升铁路电气化水平,鼓励具备条件的靠港船舶使用岸电。到 2025 年,城市公交、出租汽车、城市物流配送领域新能源汽车占比将分别达到 72%、35% 和 20%。

2）燃料电池汽车

目前全球燃料电池汽车以氢燃料为主。氢燃料电池车辆的研发已在日、美、韩等国广泛开展并投入市场,美国燃料电池汽车拥有量占世界的 50%,单燃料电池物流车就有 25 000 辆;日本的丰田、本田,韩国的现代等著名车企都推出了各自的燃料电池汽车。由于氢能在我国工业化起步较晚,整体水平尚与发达国家存在差距,所以我国的氢燃料电池汽车产业同样处于起步阶段,市场化程度较低,一些关键零部件和材料仍依赖进口。而一些氢能源技术较发达国家虽然氢燃料电池汽车市场化程度较高,但受采购量限制,应用程度普遍较低。

2016—2019 年,国内燃料电池汽车销量大幅增加。根据中国汽车工业协会《2019 年中国汽车工业经济运行报告》数据统计[21],2019 年我国燃料电池汽车产销量分别为 2 833 辆、2 737 辆,同比增长 85.5％、79.2％(见图 4-8)。2020 年上半年,因新型冠状病毒肺炎疫情,我国燃料电池汽车累计销售超过 6 000 辆。从汽车销量数据来看,我国燃料电池汽车产业发展方向与国外存在明显不同:美国、日本、韩国和欧盟的燃料电池汽车推广以乘用车为主,而我国以商用车为主,已实现量产并投入规模化运营。完备的产业链和对关键核心技术的掌控能力,是我国燃料电池商用车产业健康可持续发展的关键因素之一。从目前的情况看来,我国自主开发的燃料电池汽车在车型开发、整车动力性、续驶里程、燃料电池发动机功率、低温启动等方面与国外存在一定差距,但在等效燃料经济性水平和车辆噪声水平方面与国外基本处于同一水平。

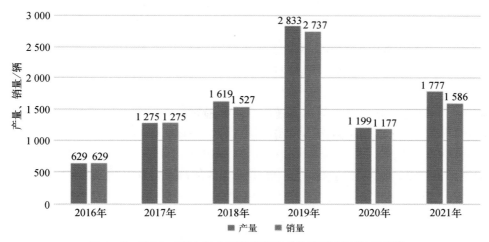

图 4-8　2016—2021 年中国年燃料电池汽车销量变化情况①

对于机动车而言,电驱动的经济性优于氢,氢驱动仅适合某些长途重载货车、长途大巴[19]。全球能源转型委员会也认为,氢能将在长途货运中起主要作用。在轻型车辆上,纯电动汽车与氢燃料电池汽车相比有很大优势,但是对于长途出行来说,氢燃料电池车可能会有优势[8]。即使氢燃料电池车在总轻型车辆中仅占 20％,氢也将提供交通部门能源消费总量的 35％。我国已经制订计划发展氢燃料电池汽车。2018 年开始,北京、如皋和佛山等地已积极开展氢燃料卡车和公交车试点。2022 年冬奥会期间,有 820 辆氢燃料客车投入使用。根据工信部发布的《节能与新能源汽车技术路线图》,我国计划在 2025 年实现 5 万辆燃料电池车上路,建造 300 座充电站;2030 年实现 100 万辆燃料电池车上路,建设 1 000 座充电站[22]。此外,《中国氢能产业基础设施发展蓝皮书(2016)》也指出,我国计划在

---

①　数据来源:中国汽车工业协会《2019 年中国汽车工业经济运行报告》。

2050年实现燃料电池车总量达到1 000万辆。

4.3.2.3 建筑领域

建筑电能替代主要通过供暖、热水、炊事领域电气化实现,还可通过在屋顶、墙壁加快发展分布式能源、储能系统,推广"光储直柔"建筑等实现。

电气化是实现零碳建筑的关键。目前,制冷、照明和家用电器已经实现了100%电气化,建筑电气化的难点在于供暖和烹饪。随着电力部门的脱碳,与化石燃料相比,热泵技术在气候变化影响方面的优势将得到更广泛的认可。全球能源转型委员会预计,到2050年,在零碳情景下,热泵技术占建筑采暖和热水供热的比例可达到60%。随着电力烹饪技术的进步,到2050年,住宅和商用建筑的烹饪可实现100%电气化。由于建筑部门75%的能源都由电力提供,建筑用电量将增加到3.2万亿千瓦时。

建筑领域电气化主要通过以下几个方面:

(1)炊事电气化,即用电替代燃气,包括居民、食堂、餐饮业等。炊事电气化现在已有相当成熟的灶具产品,且电炊具的燃料费用低于燃气。

(2)生活热水电气化。住宅可采用户用热泵热水器,每1度电可转换3度热,运行费低于燃气热水器。公建可用模式化热泵热水器,满足办公楼、宾馆、医院的热水需求。

(3)对于特殊的蒸汽需求,尽可能用热水替代蒸汽。比如医院集中蒸汽系统应改为分散的模块化电动蒸汽发生器。电动蒸汽发生器既能避免蒸汽系统的跑冒滴漏,经济性也强于燃气蒸汽锅炉。现在国内已有了成熟的产品,性能系数(COP)能达到1.2～1.3,比电热省20%～30%的电量。

4.3.3 能源供需智慧化

智慧化是通过互联网、物联网、人工智能、大数据、云技术等信息与控制技术,将人、能源设备及系统、能源服务互联互通,使电源、电网、负荷和能源储存深度协同,实现能源流与信息流的高度融合。把多种多样的分布式电源和海量的负荷通过网络连接起来,给每个单元赋予智能,实现能源生产、交易、利用的高效化,以及能源基础设施的共享,这是提高能源利用效率、最大限度就地消纳可再生能源的重要手段。

在能源生产形式上,能源智慧化将进一步改善电力系统结构,即从现有电力系统自上向下的树状结构(发电—输电—配电—用电)走向扁平化、大量分布式能源自治单元之间相互对等、互联的结构。这种能源互联使可再生能源分层接入与消纳得以实现,支撑构建新型电力系统。

在能源生产和消费的主体上,能源智慧化将从能源生产者、消费者互相独立转变为能源产消者一体。随着分布式能源系统和智能微网、能源局域网技术的日益成熟及电动汽车的普及,电网中分散电源和有源负荷将不断增长,每一个建筑物转化为微型发电厂,原本需求侧的用户将扮演消费者和生产者的双重角色,成为独立的能源产消者。也就是说,能源智慧化能够实现点对点新能源生产、交易、基础设施共享。特别是新兴技术的发展,如区块链技术,可以使数据或信息具有全程留痕、可追溯、公开透明、集体维护等特征。未来,人们通过手机应用程序就能方便地把自家屋顶多余的光伏电卖给附近需要给电动汽车充电的陌生人,这种点对点的交易系统使能源系统中各节点成为独立的产消者。

4.4　城市能源科技创新支撑

"碳中和"是一场绿色革命,将构建全新的零碳产业体系。如果没有颠覆性、变革性的技术突破,不可能实现"碳中和"。IEA《全球能源行业 2050 净零排放路线图》指出,实现"碳中和"目标的关键是科技创新,但 2050 年实现净零排放的关键技术中有 50% 目前尚未成熟。

零碳技术主要涵盖了零碳电力能源、零碳非电能源、燃料/原料与过程替代、CCUS/碳汇与负排放、集成耦合与优化、非 CO_2 温室气体削弱 6 个大类,包括可再生电力与核电、储能、氢能、电气化应用、CCUS 等 18 项子类和 66 项亚类[23](见图 4-9)。

大类 (5+1)	子类 (18)	亚类 (66)
(1) 零碳电力能源	可再生电力与核电	太阳能发电、风能发电、地热发电、海洋能发电、生物质发电、水力发电、核能发电
	储能	机械储能、电气储能、电化学储能、热化学储能
	输配电	高比例可再生电源并网、交直流混联电网安全高效运行、先进电力装备
(2) 零碳非电能源	氢能	工业副产氢、电解水制氢、化工原料制氢、物理储氢、化学储氢、运氢、燃料利用、原料利用
	非氢燃料	生物质制备燃料、CO_2制备燃料、新型燃料、氨氮燃料利用
	供暖	低品位余热利用、水热同产、热储能、热力与电力协同、其他热利用
(3) 燃料/原料与过程替代	电气化应用	工业电气化、建筑电气化、农业电气化、交通电气化
	燃料替代	生物质燃料替代、氢燃料替代
	原料替代	生物质原料替代、绿氢原料替代、捕集二氧化碳原料替代、低碳建材/冶金/化工原料替代
	工业流程再造	钢铁流程再造、有色流程再造、化工流程再造、建材流程再造
	回收与循环利用	能量回收利用、物质回收利用
(4) CCUS/碳汇与负排放	CCUS	捕集、压缩与运输、地质利用与封存
	负排放技术	碳移除、强化碳转化
	碳汇	陆地碳汇、海洋碳汇
(5) 集面耦合与优化	能源互联	多能协同发电、多能互补耦合应用
	产业协调	全产业链低碳集成与耦合、跨产业低碳集成与耦合
	节能减污降碳	效率提升、碳减排与大气污染物协同治理、碳减排与水污染物协同治理、碳减排与固体废弃物协同治理
	管理支撑	碳排放监测核算体系、碳中和决策支持
非CO_2温室气体削弱		源头减量、过程控制、末端处置、综合利用

图 4-9　零碳技术门类①

---

① 资料来源:中国 21 世纪议程管理中心《双碳目标下二氧化碳捕集、利用与封存》。

4.4.1　强化应用基础研究

2021年10月24日,国务院印发《2030年前碳达峰行动方案》,提出要强化应用基础研究,实施一批具有前瞻性、战略性的国家重大前沿科技项目,推动低碳、零碳、负碳技术装备研发取得突破性进展。聚焦化石能源绿色智能开发和清洁低碳利用、可再生能源大规模利用、新型电力系统、节能、氢能、储能、动力电池、二氧化碳捕集利用与封存等重点,深化应用基础研究。积极研发先进核电技术,加强可控核聚变等前沿颠覆性技术研究。

零碳技术的研究应牢牢依托国家重大前沿科技项目,特别是依循国家"十四五"规划,瞄准人工智能、量子信息、集成电路、生命健康、脑科学、生物育种、空天科技、深地深海等前沿领域,实施一批具有前瞻性、战略性的国家重大科技项目。应强化基础研究,提升整体科研水平,解决产业链"卡脖子"问题,推动低碳技术取得突破性进展。

此外,碳计量技术也应是未来重点关注的基础应用,碳计量是获得准确规范碳排放数据的途径,对判断"碳达峰"和"碳中和"具有基础支撑作用。2022年4月22日国家发改委、国家统计局、生态环境部公布了《关于加快建立统一规范的碳排放统计核算体系实施方案》,提出要建成统一规范的碳排放统计核算体系,为"碳达峰、碳中和"工作提供全面、科学、可靠的数据支持。

目前碳排放数据的获取主要是靠核查机构确定相关法人单位的碳排放量,缺乏计量支撑,存在诸多问题。以碳排放占比较大的电力行业为例,目前电力供给侧的碳排放主要采用发电企业化石燃料消耗量乘以排放因子系数计算,存在准确度不足、管理成本高、人为干扰因素大等缺陷;在电力需求侧,碳计量设备尚不普及且与其他电力传输环节碳计量无法同步,同时用户的电能来源复杂、部分用户参与绿电交易等使得碳排放计量更加复杂。

碳计量技术的研究应依托电力数据展开,以电力行业的碳计量为切入点,在电力系统发电、输配变电、用电碳计量终端及系统形成可以落地的成果方案,在仪器仪表行业、电力行业、计量行业全面推广。重点开展发电行业关键环节碳排放实时计量方法研究、以电折碳的输变配电网碳流计量技术研究、电力系统关键环节计量终端研制、高效碳排放数据采集技术研究。

4.4.2　加快先进适用技术攻关和推广

《2030年前碳达峰行动方案》中还提到,要集中力量开展复杂大电网安全稳定运行和控制、大容量风电、高效光伏、大功率液化天然气发动机、大容量储能、低成本可再生能源制氢、低成本二氧化碳捕集利用与封存等技术创新,加快碳纤维、气凝胶、特种钢材等基础材料研发,补齐关键零部件、元器件、软件等短板。推广先进成熟绿色低碳技术,开展示范应用。建设全流程、集成化、规模化二氧化碳捕集、利用与封存示范项目。推进熔盐储能供热和发电示范应用。加快氢能技术研发和示范应用,探索在工业、交通运输、建筑等领域的规模化应用。因此,应加快清洁能源发电、储能、绿电制氢、负排放等关键技术突破,提高经济性和可靠性,为"碳中和"目标的实现提供有力支撑。

1) 新能源发电

我国在新能源发电领域具有技术优势,并且新能源发电成本逐步降低。近 10 年,陆上风电、光伏发电成本分别下降 40%、82%。海上风电并网最大单机达 10 兆瓦。光伏 210 毫米硅片大尺寸组件最大功率为 670 瓦,光伏发电转化效率超过 24%,最低度电成本低至 0.15 元/千瓦时[24]。

未来,新能源发电领域需要发展高效率电网友好型风机、高转化效率光伏发电、低成本长储热光热发电等技术,海上风电更要突破主轴承制造、控制系统国产化、平台轻量化等技术(见表 4-1)。

表 4-1　国内外新能源发展水平和技术前景

技　术	国内水平	国外水平	技术前景
光伏发电	第三代太阳能电池转化率为 24.2%	第三代太阳能电池转化率为 29.5%	钙钛矿第三代太阳能电池效率突破 30%
风电	6 MW 陆上风机并网发电,正在研制 12 MW 海上风机	示范运行 10 MW 陆上风机,12 MW 海上风机进入测试阶段	大功率低成本陆上风电、漂浮式海上风电
核电	拥有第三代核电技术自主知识产权,研制第四代核电技术	第三代核电技术引领全球核电产业,研制第四代核电技术	第四代先进核电技术、小型堆技术

2) 氢能技术

2019 年,我国制氢产量规模为 2 050 万吨/年,到 2030 年我国的氢气需求量将达到 3 500 万吨/年,产能缺口约为 1 000 万吨/年[25];到 2050 年我国的氢气需求量将达到 6 000 万吨/年,其中,交通运输方面的氢气需求量将达到 2 458 万吨/年,产能缺口约为 2 500 万吨/年。

过去五年,世界绿氢制备成本下降 40%。我国可再生能源制氢成本为 2.5~3.5 元/Nm³①,能耗为 5 kW·h/Nm³,电解效率为 60%~75%,氢燃料电池效率为

---

① Nm³ 表示标准条件(1 atm,0 ℃)下的气体体积单位。

50％。应加快研究制定我国氢能发展路线，突破绿氢制备、储运和燃料电池等关键技术（见表4-2）。

表4-2　国内企业氢能产业链布局[17]

产　业　领　域	重点布局企业
储运零售终端建设和运营	中国石化、中国石油等
氢能产业链及氢能装备	国家能源集团、华能、中船重工等
氢燃料电池及其核心部件	国家电投、东方电气、中船重工等
终端应用燃料电池车、列车、氢冶金	东风集团、一汽集团、中车集团、宝武集团等

3）新型储能技术

储能技术是新型电力系统的重要环节。截至2020年底，我国已投运电化学储能320万千瓦。近10年来，我国电化学储能成本下降81％，能量密度提升2.3倍。这一技术同样受到美国高度重视，美国近期提出"长时储能攻关"（long duration storage shot）计划，致力于清洁电力储能关键技术，欲使储能成本下降90％。储能系统将成为现有发电、输电、变电和配电四大电力环节之外的新产业。发达地区已提出储能计划，例如加利福尼亚州计划到2030年部署装机容量达11～19 GW的电池储能系统，纽约州计划到2030年部署装机容量为3 GW的储能系统。

我国应加快大容量、长周期、高安全、低成本电化学储能研发应用，建立完善的动力电池退役、回收、再利用体系，实现规模化梯次利用。推进氢能、蓄热、蓄冷等技术研发应用，解决新能源长时间、尺度大范围的波动问题。例如，中国华能集团有限公司通过发展"新能源＋储能"，积极推进储能技术规模化应用（见图4-10）；在山东德州丁庄投运了风光储一体发电项目，配置了8兆瓦电化学储能；在江苏金坛建设了我国首个盐穴压缩空气储能示范项目；规划在陇东能源基地，建设60兆瓦/120兆瓦时电化学储能装置以及具有自主知识产权的国内首套兆瓦级重力压缩

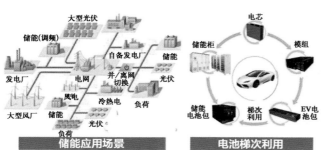

图4-10　储能应用场景

空气储能装置。

4) CCUS

CCUS 技术包括二氧化碳捕集、利用和封存三个环节。目前全球共有 19 个大型 CCUS 项目(二氧化碳年捕集能力在 40 万吨以上)在运营。其中,美国已建成 10 个(中国 2 个),可捕集超过 2 500 万吨/年的二氧化碳。但 CCUS 商业化存在能耗大、成本高等问题,目前的捕集成本高达 400 元/吨二氧化碳。

我国共发布 26 项国家级 CCUS 技术相关的政策文件,例如《"十三五"控制温室气体排放工作方案》《能源技术革命创新行动计划(2016—2030 年)》等 10 余项国家政策均强调,要加强捕集、运输、利用、封存及监测多环节技术攻关,实现低成本、低能耗捕集和大规模封存及转化利用,发展与生物质耦合的负碳排放技术,形成完整的技术链和产业链。

煤在我国未来的化工行业中仍将发挥相当大的作用。基于煤的化工生产是典型的碳密集型工业过程,因此必须应用 CCUS 技术处理其中的碳排放。与其他一些行业不同的是,煤化工行业的二氧化碳排放量大且纯度高(70%～98%),因此碳捕集成本相对较低。现有的煤化工结合 CCUS 的试点项目有神华集团鄂尔多斯 CCUS 项目,该项目每年减排二氧化碳量达到 5 100 万立方米;此外,新疆庆华集团煤制天然气项目中利用二氧化碳提供生产过程中所需的压强。然而,需要指出的是,煤制气过程本身会带来大量的碳排放,这实际上与零碳目标相悖。对于在化工产品生产过程(不论是基于煤还是基于石油产品)中捕集的二氧化碳,既可以将其封存,也可以将其用作原料去生产相关的产品。只要这些产品可以回收利用,或在燃烧过程中再次使用 CCUS 技术,整个系统也会是零碳排放的。

5) 钢铁行业脱碳技术

(1) 氢气直接还原铁(DRI)。如果氢气本身以零碳的方式生产,无论是通过电解水,还是通过将 CCUS 技术应用于甲烷蒸气重整或煤化工制氢,氢气直接还原铁都可以帮助实现钢铁生产的零碳化。瑞典 SSAB 钢铁公司已经开始 DRI 试点工厂建设,并计划在 2040 年代初达到零碳钢铁生产的目标。德国 Salzgitter 钢铁公司也在进行试点工程,全球最大的钢铁公司——安塞乐米塔尔(ArcelorMittal)公司也在考虑这项技术。2019 年,宝武集团开始与中核集团及清华大学在炼钢用氢方面展开合作,并将与力拓(Rio Tinto)集团在低碳冶金创新方面开始合作。

(2) 碳捕集与封存。碳捕集技术可应用于处理高炉尾气中的二氧化碳。一些技术,如印度塔塔钢铁公司(Tata Steel)正在开发的 Hlsarna 技术(使用粉煤并回收顶部高浓度二氧化碳的反应炉技术)可以配合更高效的 CCUS 应用,提高钢铁生产节能和减碳的效率。这一技术路线的可行性将取决于 CCUS 技术的可行容量和位置。

（3）电解法炼钢。通过电解直接还原炼铁也是一种技术可行的路线，并且从长期来看，其经济将进一步提升。安塞乐米塔尔、波士顿金属研究所（Boston Metal）等钢铁公司或研究机构已经开始开发这项炼铁技术。

（4）使用生物质。在高炉内使用木炭而不是焦煤作为燃料和还原剂也是一种可能的路线。目前，巴西正在使用这种技术，当地丰富的木材资源使得技术经济性较好。如果木炭是由森林再生供给的，该技术就将是零碳的。因此，该技术的可行性取决于当地可用的生物质供应。另外，从技术上讲，生物质可包括废弃物、城市垃圾、农业秸秆等形式，可用于生产生物煤、生物燃料和沼气，并在钢铁脱碳中发挥作用。

6）水泥行业脱碳技术

（1）用零碳能源提供热力输入。用沼气或生物质代替化石燃料已经是一项成熟的技术，只需要对水泥窑进行小幅改造即可。在需要高温的工艺中，可以用氢气作为燃料。然而，这将需要重新设计窑炉并大范围改造现有场地。当电力本身来自零碳资源时，热力输入的直接电气化也是一种可行的脱碳方式。然而，电炉水泥生产尚未商业化，建设所需的投资成本依然较高。

（2）碳捕集与封存（CCUS）。从化学过程看，水泥生产过程不可避免地会释放二氧化碳（每吨硅酸盐水泥的生产大约会产生 330 千克二氧化碳），CCUS 将是水泥脱碳的必要手段。对水泥窑排放的废气采用 CCUS 技术可以避免燃料燃烧和石灰石煅烧产生的二氧化碳排放。采取技术手段可以增加捕集二氧化碳的浓度，进而降低捕集成本。其中一个很好的案例是采用创新的窑炉设计（称为 LEILAC 技术），可将燃料燃烧的废气（二氧化碳含量低）与煅烧废气（接近纯二氧化碳）分离。富氧燃烧也是一种技术选择。不过，CCUS 技术要考虑源汇匹配，最好用于靠近碳封存地点的水泥厂。

（3）使用替代原料。使用替代矿物代替石灰石或熟料有助于减少化学工艺中固有的二氧化碳排放。粉煤灰和矿渣等替代品已被广泛使用，然而，在零碳经济中，由于依赖转炉的钢铁生产和燃煤电厂的减少，粉煤灰和矿渣等的产量也将下降。其他如氧化镁和碱/地质聚合物黏合剂等原料都有很大潜力，但相关技术仍在检验中，同时也可能受当地矿产资源的限制。

7）化工行业脱碳技术

（1）Power-to-X 生产路径。化工生产是以氢和碳为基础元素的有机转化过程。以氢气、一氧化碳和二氧化碳为原料进行的合成反应，可形成化工行业价值链中的众多主要产品。Power-to-X 生产路径以零碳电力电解水生产的氢气和二氧化碳为主要原料。其中，作为反应物的二氧化碳可来自燃烧尾气、工业过程或 CCUS 过程等。在合成氨生产方面，基于零碳电力电解水产生的零碳氢气可以用于以氢气和氮气为原料的哈伯法合成氨工艺。根据德国化学和生物技术协会（DECHEMA）的计算，生产每吨合成氨需要 178 千克氢气，用电量为 9.1 兆瓦时。此外，生产每吨合成氨的压缩过程和其他过程还分别需要消耗 1.4 兆瓦时和 0.33 兆瓦时的电能。

（2）以生物质为基础的生产路径。另一种零碳生产路径以生物质为原料，以零碳能源作为工艺过程能源。厌氧消化和气化是利用生物质生产塑料的两种方式。浙江宁波的一家公司开发了一种用玉米制造的塑料，这种塑料可以进一步制成餐具、玩具、包装等。这家公司的年产量达到了 1 000 吨，产品远销欧美市场。海南省宣布从 2025 年起禁止生产、消费和使用不可降解的塑料产品。政府、企业和学术机构正致力于与淀粉和纤维素转化、生物基高分子材料等领域的合作。但是，我国面临着可持续的生物质资源有限的挑战，此外，基于生物质生产路径的能源消耗量也远远高于传统的化石燃料生产路径，我国不太可能在塑料生产中大量使用生物质资源。

8）提升内燃机热效率的关键技术

（1）先进燃烧技术。提高内燃机热效率，燃烧技术的优化是关键。未来的内燃机必将吸收柴油机与汽油机各自的优势，向相互融合的方向发展。对于缸内燃烧来说，都将往均质化、稀薄燃烧的方向发展。对于汽油机而言，稀薄燃烧已成为提高热效率公认的必要手段，而高能点火可以提高汽油机的燃烧速度，是实现均质稀薄燃烧的有效技术途径[26]。高能点火能够有效拓宽汽油机均质、稀薄燃烧的空燃比极限，在降低燃油消耗率的同时降低氮氧化物的缸内排放。Wei 等[27]的研究表明，点火能量主要影响初始火核的形成和早期火焰的形成，提高点火能量可以改善燃烧不稳定性和热稳定性，促进热效率提高。

（2）智能可变技术。智能控制技术的发展为内燃机的精确控制、热效率的优化创造了条件。可变压缩比技术可以同步提高发动机的性能与效率，为降低能耗与控制排放提供有效手段。可变压缩比和可变气门正是调节有效压缩比的两种有效策略。Wittek 等[28]设计并测试了多种压缩比可变的发动机，结果表明，使用可变压缩比可提高火花点火发动机 3%～8% 的平均能量转换效率。日本 Nissan 汽车公司于 2017 年实现了可变压缩比技术在量产发动机中的应用，标志着可变压缩比技术在产业上日趋成熟。使用可变气门驱动机构可以从功率密度、容积效率、排放以及油耗等方面显著提升内燃机性能。与传统的基于凸轮的气门传动系统相比，液压可变气门驱动（HVVA）系统能够为发动机气门运动提供更大的自由度。Li 等通过 HVVA 策略对发动机部分负荷进行基于遗传算法的优化，可使发动机的有效燃油消耗率在运行工况范围内减少 15.8%。乘用车的发动机在大部分时间（特别是在城市路况下）处于部分负荷条件，此时关闭部分气缸可以显著降低泵气损失，提高内燃机效率。智能停缸技术也成为技术热点，且还与其他热效率提高方式（如发动机小型化与可变气门驱动等）结合实现联合优化。

（3）低摩擦技术。摩擦磨损问题影响着发动机的能效，节能润滑剂研究是内燃机热效率提高的重要方向之一。近年来，碳纳米材料在摩擦学研究中的开发和应用受到广泛关注，包括纳米润滑剂、自润滑材料的制备和涂层的制备，都是为了改善汽车磨损表面的减摩性能。由于纳米颗粒的加入会对流场产生扰动，可显著提高润滑油的换热能力。Awang 等[29]提出了一种新型纳米纤维素（CNC）作为绿色添加剂，提高润滑剂的摩擦学性能。在不同的载荷、速度和温度下以及润滑油中，采用活塞-裙座摩擦磨损试验机对不同浓度纳米颗粒的摩擦学性能进行了测量。研究表明，CNC 纳米颗粒在机油中的混合可显著降低润滑油的黏度，从而改善机油的润滑性能，提高内燃机的性能和热效率。

9）面向"碳中和"的新型燃料内燃机技术

（1）氢燃料内燃机技术。氢燃料由于不含碳，其燃烧产物只有水，因此称为零碳燃料；氢燃料又可以从其燃烧产物——水中分解制备，故也是可循环利用的清洁能源。氢能产业当前受到各国的高度重视，可认为是未来能源的重要发展方向。氢燃料电池发动机也被认为是未来极具潜力的动力装置，受到广泛关注，但容易忽视的是，氢气易于点燃，燃烧速度快，也可直接应用于内燃机燃烧，并且相对于燃料电池，氢燃料内燃机对氢气的纯度要求更低，动力装置可靠性更高，随着内燃机技术的发展，其热效率也相差不大。孙柏刚团队就氢燃料内燃机展开了多方面的研究，研究了当量燃空比、点火提前角和热废气再循环对其氮氧化物排放的影响和这些规律与转速的相关性[30-31]；通过试验验证了利用富氧进气提高进气道喷射氢内燃机功率的可行性，也展示了氢燃料内燃机实现的可行性。

（2）氨燃料内燃机技术。与氢燃料相同，氨燃料也不含碳元素，完全燃烧只产生清洁无污染的水和氮气，也属于零碳燃料；且其含氢量高，目前已有广泛使用的基础设施，因此也被认为是面向"碳中和"的理想内燃机燃料。氨燃料还具备常用燃料应有的主要特点：廉价易得、易挥发、便于储运、适当的燃烧值、高辛烷值、操作相对安全且可与一般燃料兼容等。氨气燃料发动机在脱碳方面的主要技术发展方向在于控制氮氧化物排放，提高热效率，采用混合燃料掺烧来调节其理化特性也是一种重要手段，同时氨气燃料内燃机在船舶上的应用潜力更大。秦豪杰等分析了不同掺氢比的氢氨混合燃料的理化性能和燃烧特性。实验发现，随着掺氢比的增加，混合燃料的低热值、理论空燃比及燃料总能量均减小，指示效率呈现先增加后减小的趋势。

（3）生物质燃料内燃机技术。生物质燃料由于其生长过程会吸收大量二氧化碳，因此从全生命周期角度看，属于碳中性燃料，实现了碳的吸收和释放，因此也是面向"碳中和"的理想燃料。总结现阶段柴油机使用生物柴油的研究现状,可以看出,适合生物柴油的高压共轨燃油系统、排气后处理技术是未来生物柴油内燃机研究的重要方向。各种醇醚类含氧燃料的研究也是未来内燃机实现"碳中和"、近零排放的重要方向。中国工程院院士黄震在一台电控共轨发动机上研究了乙醇掺混比例和喷射定时对二甲醚-乙醇混合燃料的燃烧及排放特性,与纯二甲醚燃料相比,乙醇混合比例增加会使滞燃期延长,燃烧持续期缩短,最大压升率增加,有助于热效率提高[32]。

4.5　超大规模能源输入型城市低碳发展策略——以上海为例

从伦敦、东京、纽约等超大规模城市的发展轨迹看,大型城市化的益处十分明显,人口密集的效应能实现经济规模化增长,对整个国家的发展起到推动作用,但城市的发展也意味着更多的交通成本、更大的能量消耗、更多的资源需求和更多的空间被占用。相较于其他规模的城市来说,超大规模城市在低碳发展道路上面临着人类需求无限性与能源资源有限性的巨大矛盾,尤其是一些能源输入型超大规模城市,此类城市自身能源资源禀赋有限,一次能源对外依存度较高,面临经济社会发展带来的用能需求刚性增长,能源短缺风险将更加突出,能源结构调整任务更加艰巨。

党的二十大报告指出,加快能源结构的调整优化,要确保能源资源安全,严密防范系统性安全风险。从我国发展实际和技术现状来看,火电等化石电源仍是目前最稳定、最可靠的电源,可再生能源发电目前尚无法完全承担起能源保供的重要使命,系统升级仍处于向可再生能源占主体转变的过渡阶段。在新型能源系统建设的大背景下,常规化石电源仍占据着重要地位,在低碳路径中需要认真审视其发展定位。

上海是典型的超大规模能源输入型城市,人口密度高,城市化率高,本地资源禀赋有限,无法实施大型风光电基地等国家规划的大规模可再生能源建设,能源保障主要依赖外部。现阶段上海经济仍飞速发展,尽管上海碳排放强度已显著下降至较低水平,但经济总量的持续增长将会不可避免地产生新的能源需求。在"双碳"背景下,化石能源发展受限加剧了上海中长期能源供给压力,如何处理好发展、安全和绿色的问题是摆在上海城市低碳发展面前的一项重要课题。

4.5.1　供给侧:常规电源保供应、新能源调结构

在近年来全国用电形势趋紧的大背景下,上海能源转型面临的风险叠加,电力供需已从"紧平衡"转入"硬缺口"。2022年,成都、武汉、西安等大型城市均出现了

因受电通道受限,支援的外来电力"受不进、落不下",市内电网裕度不足导致电力供应"送不出、用不上",上海同样也存在类似风险。据统计,在市外来电方面,2021年上海市外电力、电量占比已分别达到 49%(最高负荷日)、42%,其中水电占比为 28%(最高负荷日)、27%。在本地电源方面,2022 年夏峰期间,市内煤机、燃机、可再生能源装机占比分别为 54%、29%、12%,其中燃机实际出力仅占最高负荷比例的 16%,风、光新能源实际最高出力占比仅为 3%,煤机实际出力占比为 35%[33]。

以 2022 年为例,区外水电受丰枯特性影响波动较大,若持续高温干旱和寒潮等极端天气频发成为"新常态",流域性缺电问题将不可避免。电力紧缺时,直流受电(区外水电)能力具有很大的不确定性,市外来电可能面临"无电可送"局面。而本地电源支撑保障能力也存在不足,燃机受气源和管网输送流量限制较大,冬季气源不足问题更为严重;风、光受地域面积和自然条件限制,出力占比极低,且光伏晚峰无出力,此时本地煤电将是最可靠、稳定的托底保障电源。在当前和"十四五"甚至更长一段时期,上海用电负荷"双峰"特征将更加突出,出力波动性较强的新能源在电力系统中占比持续提高,电力调峰难度日益加大。在上海电力供应对外依存度高且外电调节能力有限的情况下,本地清洁高效煤电装机是有效可靠的方式,要充分发挥煤机的保供"压舱石"作用。

因此,在供给侧,上海亟需从市内外共同发力,缓解未来电力电量"硬缺口"。在市外来电方面,"外电入沪"是解决上海中长期电力"硬缺口"的根本途径,亟需积极响应国家加快推进西北大型风光基地建设的重大战略部署,加快"外电入沪"特高压直流工程建设。在市内电源方面,一方面需要深挖本地新能源资源,分领域排摸全市光伏可开发资源,全面推广光伏应用,制定新一轮海上风电发展规划,科学建设陆上风电场,加快陆海风电开发;另一方面,需要进一步优化本地电源结构,立足我国"多煤少气缺油"的基本国情,考虑煤电具有资源和价格可控、运行特性好,可以为电力系统提供有效支撑的特点,抓住国家发改委、国家能源局关于"先立后改"加快规划内煤电建设要求的契机,在全力支持新能源发展的前提下,推动煤电更高水平转型升级,在统筹安全和低碳方面形成全国标杆。

4.5.2 需求侧:以电能替代和需求响应推动全社会减排提效

能源消费是碳排放的主要来源,电能替代和需求侧管理是从需求侧促进碳减排的重要途径。目前,上海能源供需形势仍然存在不稳定、不确定性因素,能源、电力消费保持高位,三产和居民负荷占比逐年提升,可中断负荷占比逐年减少,夏冬晚高峰时段调节资源更加紧张,时段性、局地性供需缺口时现。

从能源消费环节来看,电能的经济效率是石油的 3.2 倍、煤炭的 17.27 倍。我国电能占终端能源消费的比重每提高 1%,单位 GDP 能耗可下降 2%~4%。电能可以广泛替代化石能源,较为方便地转换为机械能、热能等其他形式的能源,并实现精密控制。电能替代在消费环节的推广可以提高终端电能消费比重,提升终端能源开发和利用效率,破解城市雾霾难题,构建绿色能源消费模式,是实现节能减排的重要途径。因此,未来的美好社会,必将是高度电气化的社会。

上海正在工业生产、交通运输、农业生产、供暖供冷、家居家电等重点领域,结合电能替代的技术经济特点,分类稳步推进终端电能替代。如加快布局"环长江经济带"港口岸电,推动岸电更广覆盖;深入推进临港新片区、政府保障租赁房等全电社区试点示范;持续优化充电网络布局,助力服务电动汽车推广;做强综合能源业务,全面布局综合能效、多能供应、清洁能源等,打造能源消费侧清洁低碳转型发展典范。力争到 2025 年、2035 年、2050 年,电能占终端能源消费比例分别提升至 23%、35%、40%。

电能替代主要解决减排的问题,需求侧管理则用来解决用电高峰时电力存在缺口的问题。需求响应按照负荷对生产经营重要性不同,针对性开展精准响应,并通过优化补偿方式等柔性手段,提高用户参与需求响应的积极性,这样的削峰填谷对经济社会发展影响甚小,从全社会经济效益角度来看是更优的手段。

目前上海的需求响应能力仍有较大挖潜空间,在用好需求侧管理这一应对电力"硬缺口"的重要手段方面,还需采取一系列"硬措施"。亟需进一步完善政府主导、政企联动、全社会参与的需求侧管理体系,在电力紧缺的情况下,通过市场手段和行政手段相结合的方式提高需求响应的执行规模和力度,统筹电力供需矛盾与经济社会有序运行。

4.5.3 科技创新:打造"碳中和"关键技术策源地

能源技术进步是实现"碳中和"的基础。近年来,上海在"碳中和"技术领域已经有了一定成果,加之政府对节能减排推进力度的逐步加大,工业行业的能源利用效率提升和碳排放下降明显。但是,单纯依靠工业行业节能改造挖掘的减排潜力空间开始不断收窄、成本持续上升。因此,上海亟待在深化重点领域节能改造的同时,把大幅提升绿色低碳前沿技术创新和应用能力放在更加突出的位置,依托科技创新策源地优势,利用好产业、人才、应用场景等创新资源,加快清洁能源和低碳领域的突破性技术攻关,为进一步降低碳排放提供驱动力。

在寻找上海"碳中和"技术路线的方法论上,技术的主线可以通过综合考虑不同低碳能源供应技术的成本,在保障能源安全供应的前提下,寻找成本最低或者次低值来获得最优或者较优的路线图。在能源需求侧,工业和建筑业需要节能技术,交通、服务业需要减排技术;在能源供给侧,首先需要实现电力领域"碳中和",而后再达到非电领域"碳中和"。在电力领域"碳中和",需要推广可再生能源和储能发展;在非电领域,需要提高电气化率,推广氢能、碳捕集技术。在农业领域,要实现碳排放、固废排放与森林碳吸收的平衡。具体来看,上海市能源电力的"碳中和"关键技术可分为 3 个阶段来完成。

(1) 2021 年至 2030 年是高质量实现"碳达峰"的阶段。重点要在节能技术、减排技术和清洁电力技术上发力。其中,节能技术重点降低工业能耗和消费电耗;减排技术聚焦在大型火电降低煤耗及灰氢技术上;清洁电力技术集中在太阳能、海上风电、电网平稳消纳技术及储能上。

(2) 2030 年至 2050 年是"碳中和"的关键期。在此阶段,电力行业要率先实现零碳排放,需要大力发展与储能融合良好的光伏、风力以及各类海洋能等清洁发电技术及并网技术。在其他能源领域,重点布局天然气裂解或甲烷重整等蓝氢技术并加快向绿氢过渡,配合使用 CCUS 技术,实现零碳排放。在零碳辅助技术方面,需要重点布局能源互联网技术,攻关液氢储运等瓶颈技术和高温超导等新材料技术。此外,还要重视可再生能源回收利用与能源再生,如电池回收、垃圾发电、可降解材料等。

(3) 2050 年至 2060 年是"碳中和"的决胜期。在此阶段,上海地区的清洁能源项目已经开发完毕,"碳中和"目标日趋严格,需要在开发绿氢等零碳能源增量的基础上深化对化石能源的清洁利用。此时应实现 CCUS 技术的重点突破,并进一步在空气碳捕集等负碳技术方面取得显著成效。

4.6　本章小结

我国城市能源将呈现"五化"特征:在能源供给侧是电力零碳化、燃料零碳化,在能源需求侧是能源利用高效化、再电气化、智慧化,最终使我国建成以新能源为主体、化石能源与 CCUS 和核能为保障的清洁零碳、安全高效的新型能源体系。城市能源利用从高碳走向低碳,最后走向零碳,这种变化将是革命性、颠覆性的。只有能源供给侧、能源需求侧和能源科技创新三管齐下,才能筑牢城市能源低碳转型的高质量路径。

参 考 文 献

[1] 刘险峰.能源低碳化发展的路径分析[J].环境保护与循环经济,2010,30(2):14 - 16.

[2] 齐正平.中国能源大数据报告(2021)——能源综合篇[R].北京:中电传媒能源情报研究中心,2021.

[3] International Energy Agency(IEA). Tracking industrial energy efficiency and CO_2 emissions

[R]. Paris：IEA，2007.

[4] 黄震,谢晓敏.碳中和愿景下的能源变革[J].中国科学院院刊,2021,36(9)：1010-1018.

[5] 徐天.煤电碳达峰：1 000多座燃煤电厂要关停吗？[N].中国新闻周刊,2021-05-31.

[6] 全国能源信息平台.欧洲能源转型解析[R].北京：人民日报社,2020.

[7] IEA. An energy sector roadmap to carbon neutrality in China[R]. Paris：IEA，2021.

[8] 落基山研究所,能源转型委员会.中国2050：一个全面实现现代化国家的零碳图景[R].北京：落基山研究所,2019.

[9] 刘振亚.电能替代是实现碳达峰碳中和的重要途径[J].记者观察,2021(5)：41-45.

[10] 全国能源信息平台.钢铁行业谋划碳达峰路线图[R].北京：人民日报社,2021.

[11] 曹艺严,陈济,刘秉祺,等.电力增长零碳化(2020—2030)：中国实现碳中和的必经之路[R].北京：落基山研究所,2021.

[12] 殷中枢,黄帅斌,等.碳中和深度研究报告：大重构与六大碳减排路线[R].上海：光大证券,2022.

[13] 马丽梅,史丹,裴庆冰.中国能源低碳转型(2015—2050)：可再生能源发展与可行路径[J].中国人口·资源与环境,2018,28(2)：8-18.

[14] AIE. Tracking industrial energy efficiency and CO_2 emissions[M]. Paris：OECD Publishing，2007.

[15] 张剑,刘景洋,董莉,等.中国能源消费CO_2排放的影响因素及情景分析[J].环境工程技术学报,2022：1-11.

[16] 全国能源信息平台.碳中和|刘振亚认识的碳达峰碳中和路径[R].北京：人民日报社,2021.

[17] 舒印彪.碳达峰碳中和技术路径及实践探讨[C].中国工程院国际工程科技发展战略高端论坛暨第六届紫金论电国际学术研讨会,南京,2021.

[18] Roelofsen O，Somers K，Speelman E，et al. Plugging in：what electrification can do for industry[R]. Chicago：Mckinsey & Company，2020.

[19] 刘俊.电动汽车实现真正的创新——访中国工程院院士、清华大学建筑学院副院长江亿[J].科技潮,2010(8)：16-19.

[20] 周大地.关于十四五能源规划问题的一些认识和建议[R].北京：全球能源信息平台,2020.

[21] 中国汽车工业协会.2019年中国汽车工业经济运行报告[R].北京：中国汽车工业协会,2020.

[22] 中国汽车工程学会.节能与新能源汽车技术路线图[R].北京：中国汽车工程学会,2020.

[23] 蔡博峰,李琦,张贤.中国二氧化碳捕集利用与封存(CCUS)年度报告(2021)——中国CCUS路径研究[R].北京：生态环境部环境规划院,2021.

[24] 丁怡婷.我国可再生能源发电装机容量超10亿千瓦(新数据 新看点)[N].人民日报,2021-11-29.

[25] 产业信息网.2019年中国氢能产业发展概况及未来发展前景分析[R].北京：产业信息网,2019.

[26] 中国汽车工业协会,中国汽车技术研究中心有限公司,重庆长安汽车股份有限公司.中国汽车工业发展报告(2021)[M].北京：社会科学文献出版社,2021.

[27] Wei H，Zhang R，Chen L，et al. Effects of high ignition energy on lean combustion characteristics of natural gas using an optical engine with a high compression ratio[J].

Energy，2021，223：120053.

［28］Wittek K，Geiger F，Justino M G.Characterization of the system behaviour of a variable compression ratio（VCR）connecting rod with eccentrically piston pin suspension and hydraulic moment support［J］. Energy Conversion and Management，2020，213：112814.

［29］Awang N W，Ramasamy D，Kadirgama K，et al. Study on friction and wear of cellulose nanocrystal（CNC）nanoparticle as lubricating additive in engine oil［J］. International Journal of Heat and Mass Transfer，2019，131：1196－1204.

［30］段俊法,刘福水,孙柏刚.PFI 氢内燃机 NOx 排放特性的实验研究［J］.汽车工程,2014,36(10)：1175－1179.

［31］付洪宇,柴华,孙柏刚,等.富氧燃烧对 PFI 氢内燃机性能的影响［J］.车用发动机,2020(4)：1－6.

［32］汤清,乔信起,李鹏飞,等.掺混比例和喷射定时对二甲醚-乙醇发动机燃烧和排放的影响［J］.热科学与技术,2017,16(5)：404－410.

［33］国网上海市电力公司企业智库（创新发展研究中心）.上海市电力发展分析与展望（2011）［M］.北京：中国电力出版社,2022.

第 5 章

城市能源市场机制创新探索

随着"碳达峰、碳中和"目标的提出,构建有利于新能源供给消纳的能源市场机制已成为当前的紧迫任务,这为我国传统城市能源市场行业的发展带来重大机遇的同时,也带来了一定的风险和挑战。党的二十大报告提出,要健全资源环境要素市场化配置体系。加快构建清洁低碳、安全高效的能源体系,创新城市能源市场机制,就必须让绿色能源"活"起来,让碳排放权、用能权和绿色电力等市场"动"起来,促进经济社会发展全面绿色转型。

5.1 城市能源市场

城市能源是能源体系的重要组成部分,其高占比、高密度、高标准的特征决定了城市能源问题是能源问题的主要矛盾,解决城市能源问题是能源转型变革的主战场,是能源新模式、新技术、新业态先行先试的主力军。近年来,伴随能源结构转型持续深化,新能源大规模开发,能源绿色低碳转型、节能降碳增效步伐稳步加快,城市能源市场发展迎来新一轮浪潮。

5.1.1 城市一次能源市场发展

党的十八大以来,我国电力体制改革不断深化,建设电力市场,组建交易机构,放开发用电计划,加快实施售电和输配电价改革,稳步推进油气体制改革,取消电煤价格双轨制,煤炭资源税改革取得突破性进展,能源投资进一步向民间资本开放。从"十四五"开始,我国就致力于构建国内国际双循环、相互促进的新发展格局,推动实现"碳达峰、碳中和"目标。因此,能源绿色转型变得尤为迫切。

1) 煤炭市场

煤炭市场是指以煤炭为对象的商品交易场所及由煤炭交易产生的一系列经济关系。广义的煤炭市场是指存在着煤炭交换的任何经济联系形式。它不但包含有形的、看得见的煤炭交换场所,无形的、不固定的交换场所,还包含运输、供销等环节。狭义的煤炭市场主要指煤炭的交换场所,如燃料公司、煤建公司、煤炭运销公司、煤炭交易市场、煤炭订货会、港口交易市场等看得见的交易场所、地点。

能源消费结构数据显示,在目前已设立"碳中和"目标的国家和地区中,我国对煤炭的依赖性远高于其他国家。截至 2020 年,全球能源消费中煤炭占比为 26%,我国的煤炭消费占比高达 56.80%[1],欧洲的煤炭消费占比为 14%,加拿大的煤炭占比仅为 4%。未来,煤炭消费占比下降依然是确定性趋势,原油、天然气和可再生能源的消费占比都有增长空间。2000—2020 年,我国煤炭消费占比呈现出先增后减的趋势:2000—2007 年,煤炭消费占比从 68.50%上升到 72.50%;2008—2020年,煤炭消费占比从 71.50%下降到 56.80%[1]。2000—2020 年,原油消费占比振荡下降,从 22.00%下降到 18.90%。天然气消费占比不断提高,从 2000 年的 2.20%上升到 2019 年的 8.40%。风电、核电、水电等可再生能源消费占比不断提高,从7.30%提高到 15.90%。2020 年我国煤炭消费量为 82.27 EJ,同比增加 0.3%;煤炭进口增长超过 6.6 EJ,创下 2014 年以来的最高水平[1]。

当前,我国的二氧化碳排放量接近 100 亿吨,约占世界排放总量的 1/3,实现"碳中和"目标充满挑战。而煤炭是我国二氧化碳排放的主要来源,未来降低煤炭消费占比、提高天然气等清洁能源和风能等可再生能源的消费占比是必然的趋势。2021 年以来,国家积极研究进一步完善煤炭市场价格形成机制,推进煤炭储备能力建设。总的目标是在全国形成相当于年煤炭消费量 15%、约 6 亿吨的煤炭储备能力,其中政府可调度煤炭储备不少于 2 亿吨,接受国家和地方政府直接调度,另外 4 亿吨是企业库存,通过最低、最高库存制度进行调节。经过多年建设,目前已形成 1 亿吨政府可调度储备能力。布局上,储煤基地主要分布在煤炭生产集散地、消费集中地、主要铁路运输节点和接卸港口;政策上,国家每年安排中央预算内投资 10 亿元支持储备设施建设;管理上,建立储备管理信息系统和储备动用投放机制,确保在重点时段、关键节点能够及时有效发挥增加供应、平抑价格、保障急需的作用。

2)天然气市场

国际天然气市场是管道天然气和液化天然气的国际交易场所,主要包括北美、欧洲和亚洲三大市场。随着全球天然气现货市场越来越成熟,市场的流动性越来越高,地区之间的气价差异逐步缩小。中东和俄罗斯等地是天然气的主要产出区域。随着天然气液化能力不断增强,液化气逐步抢占管道气的市场份额。

世界一次能源结构经历了从化石能源向非化石能源发展的历程。"碳达峰"目标提出后,我国的一次能源也将面临从以石油、煤炭为主向天然气和非化石能源过渡的发展过程。从世界一次能源变革的历史进程和未来趋势看,天然气和非化石能源的比重会逐步提高。1995 年石油和煤炭在一次能源中的占比为 65%,2020

年该比例降至 53％,预计 2040 年将进一步下降到 47％。天然气消费比重逐步提升,1995 年和 2020 年该比例分别为 21％和 25％,预计到 2040 年为 26％。非化石能源占一次能源中比重稳步上升,1995 年为 14％,2020 年为 22％,预计到 2040 年为 27％。由于天然气的需求具有极强的季节性特征,市场化机制下的天然气价格波动剧烈。价格的波动对于天然气行业的健康发展是一个巨大的挑战,生产、贸易和消费企业的利益都可能受损于大涨大跌的价格变动[2]。

近年来,我国天然气行业发展迅速,天然气消费量快速增长,2010—2020 年的年均增速为 11.85％。截至 2020 年,我国天然气表观消费量为 3 280 亿立方米,同比增长 6.98％[1]。与消费的高增速不同,2010—2020 年,我国天然气产量的年均增速仅为 7.35％。截至 2020 年,我国天然气产量为 1 925 亿立方米。高消费增速推动天然气进口量持续增长,2010—2020 年,我国天然气(包括管道天然气和液化天然气)的进口量从 166 亿立方米上升至 1 414 亿立方米,进口依赖度从 15.47％上升至 43.05％。

在"碳达峰、碳中和"的大背景下,天然气是一种较为清洁的能源品种,未来该行业的发展面临着较好的机遇,无论是政策层面的支持,还是我国能源消费结构调整的必然选择,都将推动天然气需求快速增长。"十四五"期间,在我国基础设施市场化改革的背景下,天然气将实现上下游的多元化,这也将有效推动天然气的快速发展。预计 2025 年天然气在我国一次能源中的比重为 11.5％,2030 年比重将达 14％。2030 年前实现"碳达峰"的目标将有利于天然气的发展,这一窗口期最多持续至 2035 年[2]。为了 2060 年"碳中和"目标的实现,作为化石能源的天然气必须加快发展步伐,但其消费增长的发展预期并不乐观。长远来看,天然气与非化石能源互补共存的可能性较大。

3）原油及石油产品市场

原油和炼油产品的国际交易场所是国际石油市场,包括现货市场与期货市场。全球范围内,主要的石油现货市场有西北欧市场、地中海市场、加勒比海市场、新加坡市场、美国市场等;主要的石油期货市场有纽约商品交易所、洲际交易所及其旗下的伦敦国际石油交易所及亚洲的新加坡交易所、东京工业品交易所等。市场中的供给方主要包括石油输出国组织和其他产油国家,需求方中,美国消费量占比最高,发展中国家的消费需求增长较快。长期以来,国际市场原油交易形成了 3 种基准价格,即美国纽约商品交易所轻质低硫原油价格、英国伦敦国际石油交易所北海布伦特原油价格和阿联酋迪拜原油价格[3]。

2020 年油价(即期布伦特现货价)均价为 41.84 美元/桶,为 2004 年以来最低。全球石油需求下降 9.3％,跌幅最大为美国、欧盟和印度[1]。我国几乎是唯一石油消费增长的国家。炼厂开工率创历史纪录,下跌 8.3 个百分点至 73.9％,为 1985

年以来最低。

我国原油产量较稳定,但消耗量逐年上升。2015—2020 年,我国原油消费量稳步提升[4],到 2020 年,我国全年原油消费量为 7.36 亿吨,同比增长 5.56%。2021 年上半年,我国原油表观消费量为 4.62 亿吨,同比有大幅度上涨。随着国内炼油能力不断增长,成品油产量持续增长。据国家统计局数据,2015—2020 年我国原油加工量维持稳定上升趋势,2020 年受疫情影响,原油加工量为 67 440.8 万吨,同比增长 3.4%。2021 年 1—7 月,原油加工量为 41 241.10 万吨,同比增长 8.9%。由于我国原油资源匮乏,长期以来,国内原油都严重依赖进口。2011—2020 年,我国原油进口量温和增长,2020 年我国原油进口量为 54 239 万吨,同比增长 7.62%。2021 年 1—8 月,我国进口原油 34 636 万吨,同比下降 5.76%。2014—2020 年我国原油进口金额波动变化。2020 年我国原油进口金额为 1 678 亿美元,同比下降 30.79%。2021 年上半年,我国原油进口金额为 1 143 亿美元,均价为 0.44 美元/千克。

截至目前,我国石油储备已达相当规模,已形成以原油储备为主、成品油储备为辅的国家石油战略储备体系,为建立国家石油储备稳定市场机制提供了坚实的物质基础[3]。但在石油对外依存度连年居高不下的情况下,应统筹发展,以保障国家能源安全为前提,利用部分石油储备探索建立以常态化轮换为主要措施的稳定市场机制,充分发挥国家石油储备稳定市场的作用,推动有效市场与有为政府更好结合,实现国家石油储备高质量、有效率、可持续、安全发展[5]。

5.1.2 中国城市电力市场机制发展现状

近年来,我国已基本建成中长期交易连续运营、现货试点稳妥推进的电力市场体系,电力市场的能源资源优化配置作用持续彰显,尤其是通过完善跨省区交易、电力辅助服务等市场机制,大力促进了可再生能源的消纳。

1)中国电力市场机制

电力市场包括广义和狭义两种。广义的电力市场是指电力生产、传输、使用和销售关系的总和。狭义的电力市场即指竞争性的电力市场,是电能生产者和使用者通过协商、竞价等方式就电能及其相关产品进行交易,通过市场竞争确定价格和数量的机制。

电力市场交易分为电力批发交易和电力零售交易。电力批发交易是发电企业、售电公司、电力批发用户以及负荷聚合商和独立储能等新兴市场主体通过市场化方式进行电力交易活动的总称。现阶段指代发电企业、售电公司、电力大用户等市场主体通过双边协商、集中竞争等方式开展的中长期电量交易和现货(日前、实时)电能量市场交易以及电力辅助服务交易。电力零售交易是售电公司与中小型终端电力用户开展的电力交易活动的总称。

电力市场主体包括发电企业、电力用户、输电企业、供电企业。除市场主体外，电力市场参与者还包括电力调度交易机构，即区域电力调度交易中心和省、自治区、直辖市电力调度机构。其中，供电企业包括独立配售电企业；区域电力调度交易中心包括区域电力调度中心、区域电力交易中心。发电企业、输电企业和供电企业按照有关规定取得电力业务许可证后，方可申请进入区域电力市场，参与区域电力市场交易。用户经电力监管机构核准后，可以参与区域电力市场交易。电力调度交易机构负责电力调度；电力交易机构负责电力市场交易、计量结算。

电力市场交易类型包括电能量交易、辅助服务交易、容量交易、输电权交易等。电能量交易指以电能量为交易标的物的市场，包括中长期、现货（日前、实时）以及合同转让等交易。辅助服务交易指为维护系统的安全稳定运行、保证电能质量，由发电企业、电网经营企业、电力用户和独立的辅助服务提供商等提供除正常电能生产、传输、使用之外的市场化辅助服务的市场，包括调频、备用、无功调节、黑启动等市场。

中长期交易周期分为长期、中期、短期三种类型。交易方式主要为双边协商交易、挂牌交易、集中竞价交易和滚动撮合交易。

电力用户的用电价格由市场交易形成的电能量价格、输配电价、政府性基金及附加、辅助服务费用、电力保障综合费用等组成。其中，电力保障综合费用由政府价格主管部门确定。

2）中国城市电力市场发展

我国能源消费总量世界第一，并且保持较高增速。2000—2020 年，我国能源消费总量年均增速达 6.28%，从 14.70 亿吨标准煤上升到 49.80 亿吨标准煤。2009 年，我国能源消费总量正式超过美国，成为全球最大的能源消费国[6]。同时，由于我国经济维持较高水平增长，未来能源消费的增长空间仍然较大，按照近 5 年能源消费增速均值 2.79%计算，到 2030 年"碳达峰"前后，我国能源消费总量有望达到 65.57 亿吨标准煤的水平[7]。

自 2015 年《关于进一步深化电力体制改革的若干意见》发布，我国新一轮电力市场化改革已历时 7 年，输配电价已覆盖全国并完成第二轮核定，电力市场建设稳步有序推进，多元竞争主体格局初步形成，市场在资源优化配置中的作用明显增强，市场化交易电量比重大幅提升[8]。2021 年 10 月，国家发展改革委印发《关于进一步深化燃煤发电上网电价市场化改革的通知》，明确有序放开全部燃煤发电电量上网电价，并扩大市场交易电价的上下浮动，在保障民生的前提下稳步推进电力市场化改革，工商业用户全部放开进入电力市场，直接从电力市场购电，暂未直接从电力市场购电的由电网企业代理购电[8]。

当前风电、光伏等新能源主要按优先发电方式获得收益，电力市场仍以火电等常规电源参与为主。"碳达峰、碳中和"目标下，可再生能源消纳责任权重考核不断升级,推动风、光等新能源发展进一步提速,新能源参与电力市场交易步伐将加快。电力市场为落实可再生能源消纳责任提供了主要市场环境,尤其是近期国家在电力中长期市场框架下启动了绿色电力交易试点,为电力用户直接使用绿色电力提供了新渠道[7]。全国首批绿电交易共有 17 个省、259 家市场主体参与,交易电量达 79.35 亿千瓦时。

5.1.3 中国电力现货市场发展现状

电力现货市场的概念是相对中长期交易而来的,由于发电燃料价格、电力供需关系、电网运行方式等影响,现货价格存在一定的波动风险。一般来说,市场主体通过中长期合同提前锁定大部分电量的交易价格,满足较为确定的发用电需求,只在现货市场出售或购买不确定的发用电需求。

电力现货市场主要开展电能量交易和备用、调频等辅助服务交易。其中,跟电价关系最大的是电能量交易,包括以下几种。

(1) 日前市场,通过集中市场竞争,决定次日的机组开机组合,以及每台机组每 15 分钟的发电出力曲线,实现电力电量平衡、电网安全管理和资源优化配置,发现电力价格。

(2) 日内市场,滚动调整未来 2 至 4 小时的机组出力或制订燃气、水电、抽蓄等快速机组的启停计划,保障系统运行的安全性与可靠性。

(3) 实时市场,实现电力实时平衡的市场化调节、电网安全约束的市场化调整,在满足安全约束的条件下对发电机组进行最优经济调度,实现全系统发电成本最优,同时发现实时电力价格。

一方面,现货市场可真实反映电力商品在时间和空间上的供需关系,与中长期市场共同发挥着电力商品价格发现的作用。另一方面,有助于形成与电力系统物理运行相适应、体现市场成员意愿的交易计划,为电力短期供需平衡提供市场化手段;同时,现货市场中分区、节点电价能够有效引导电源、电网的合理规划,为建设投资提供量化决策依据。

在新一轮电力体制改革背景下,现货市场作为连接中长期交易与实时运行的关键环节,能充分还原电力的商品属性,真正起到价格发现和资源优化配置的作用。目前,我国首批八家现货试点单位已全部进入结算试运行,第二批六家现货试点单位均已进入模拟试运行,现货市场建设取得阶段性成就。

随着国内外环境变化,我国能源革命面临历史性挑战:① 新型能源消费方式、新业态的涌现,推动能源消费革命继续向前,而能源需求增长总体趋缓,继续深入推进节能减排存在难度加大、不确定性增加等困难;② 能源供给安全压力日趋增大,能源跨区输送与供需协同面临更多挑战;③ 新能源技术与信息通信技术的深度融合,为能源技术革命带来突破机会,而我国能源技术水平仍与绿色发展要求存在差距,关键核心技术面临瓶颈制约;④ 能源体制机制改革进入深水区,市场化改革阻力仍然较大;⑤ 新冠肺炎疫情后不稳定性风险加剧,能源国际合作困难犹在[7]。数字信息技术的应用有助于解决能源革命面临的上述挑战,推动电力数字化转型有助于实现能源与数字的融合,从而推动能源革命。

我国正逐步健全多层次统一电力市场体系,推进国家电力市场建设,引导全国、省(区、市)、区域各层次电力市场协同运行、融合发展,规范统一的交易规则和技术标准,推动形成多元竞争的电力市场格局;通过完善煤电价格市场化形成机制,完善电价传导机制,有效平衡电力供需;通过加强电力统筹规划、政策法规、科学监测等工作,做好基本公共服务供给的兜底,确保居民、农业、公用事业等用电价格相对稳定[9];推进适应能源结构转型的电力市场机制建设,有序推动新能源参与市场交易,科学指导电力规划和有效投资,发挥电力市场对能源清洁低碳转型的支撑作用。"碳达峰、碳中和"目标将推动各环节的能源绿色转型,对全国电力市场的长远发展产生重要影响,因此,对新型电力市场体系应提前谋划布局。

5.2　城市环境权益市场

以排污权、碳排放权、水权、绿色电力证书等环境权益交易制度为代表的市场化机制已成为各国解决资源环境和气候变化问题的重要政策工具。党的二十大报告提出,要完善碳排放统计核算制度,健全碳排放权市场交易制度。近年来,我国环境权益交易制度体系建设取得了显著进展,国家在不断强化行政手段和完善资源环境领域政策法规的同时,大力推进以碳排放权、排污权交易为代表的环境权益交易制度体系建设,通过多样化制度安排,在资源节约、污染物和温室气体减排领域做出巨大努力,持续推动自身及全球生态文明建设进程,已基本形成了覆盖资源利用、主要污染物以及温室气体减排等领域的制度框架格局。

5.2.1　能源-环境权益市场范畴

近年来,我国环境权益交易制度体系逐步完善,其内部制度种类不断丰富。现阶段,其内部共有排污权、碳排放权、用能权、用水权、节能量交易和绿色电力证书等六套并行制度,这六套制度在建设目标、规制对象、规制手段上既存在共性,也有差异性。根据环境权益类型和建设目标的不同,可将以上六套制度划分为两种类型:一种是基于排放权益管理控制的制度,主要包括排污权和碳排放权交易制度;另一种是基于资源开发利用权益管理控制的制度,主要包括用能权、用水权、节能量和绿色电力证书交易制度等(见表5-1)。

表 5-1　中国环境权益交易制度体系内部各项制度的比较

制度类型	制度名称	规制对象	规制手段	建设目标	国外实践情况
基于排放权益管理控制的制度	排污权交易	所有排污单位	总量控制＋配额交易	控制主要污染物排放量	美国、澳大利亚、加拿大、德国等国家
	碳排放权交易	重点温室气体排放单位	总量控制＋配额交易	控制温室气体排放量	欧盟、美国、加拿大、新西兰、澳大利亚等国家和地区
基于资源开发利用权益管理控制的制度	用能权交易	重点用能单位	总量控制＋配额交易	控制能源消耗量	国外无相关实践,由中国率先提出并实践
	用水权交易	区域、部门(产业)、个人等用水主体	总量控制＋权益交易	控制水资源消耗量	美国、澳大利亚和智利等国家
	节能量交易	重点用能单位	基于项目产生	控制能源消耗增量	美国、欧盟和印度等国家和地区
	绿色电力证书交易	电网企业、发电企业或售电企业	"证书＋配额"的强制约束交易	提升非水可再生能源发电比重	美国、日本、德国、英国、法国、荷兰、瑞典等20多个国家

1) 碳排放权市场

碳排放权交易市场,通过碳排放权的交易达到控制碳排放总量的目的,即把二氧化碳的排放权当作商品来买卖,需要减排的企业会获得一定的碳排放配额,成功减排可以出售多余的配额,超额排放则要在碳市场上购买配额。碳排放权交易是基于市场化机制控制温室气体排放的政策工具。政府为落实国家或地区应对气候变化政策和温室气体排放控制目标,设定一定时限内的碳排放总量控制目标,并以配额的形式分配给重点排放企业,获得配额的企业可以在二级市场上开展交易。以"总量-交易"方式构建碳排放权定价机制,形成市场价格。

碳排放交易机制最初是由联合国为应对气候变化、减少以二氧化碳为代表的温室气体排放而设计的一种新型的国际贸易机制。作为联合国气候变化框架公约(UNFCCC)的补充条款,1997 年各缔约国签署的《京都议定书》确立了国际排放贸易机制(ET)、联合履约机制(JI)和清洁发展机制(CDM)三种基于碳交易的灵活减排机制。

2）用能权市场

用能权是指在能源消费总量控制的背景下，用能单位经核定或交易取得的、允许其使用和投入生产的年度能源消费总量指标。用能权有偿使用和交易是指用能单位在缴纳使用费后获得用能权，或通过交易获得用能权。用能单位在规定期限内对用能权拥有使用、转让和抵押等权利。用能权交易是在区域用能总量控制的前提下，区域内各企业对依法取得的用能总量指标未用或超用的部分进行交易的行为。

随着社会经济的迅速发展，人造资本生产的日益繁荣让自然资本存量不断下降，环境资源供给日益短缺。作为世界能源结构中的主导能源，各类化石能源的供应愈发紧张，世界各国纷纷制定各类制度方案来促进能源节约、提高能源效率。由于传统的命令控制型制度方案在制度绩效上存在缺陷，新兴的经济激励型制度方案受到了普遍青睐，用能权交易即为我国节能领域具有代表性的经济激励型制度。这一制度以能源消费总量控制为基础，以产权激励为基本原理，将能源消费总量目标层层分解，下发给各用能主体形成用能权，并允许各类交易主体在交易市场自由进行用能权交易。同时，这一制度还通过权利审核管理机制、市场监管机制等机制维护着交易市场的有序平稳运行。

从总体上看，用能权交易制度以总量控制保障了能源节约制度目标的实现，依靠市场交易机制促使交易主体自主配置资源，实现了资源的优化配置，显现出自身特有的制度优势。

3）排污权市场

排污权是指排放者在环境保护监督管理部门分配的额度内，并在确保该权利的行使不损害其他公众环境权益的前提下，依法享有的向环境排放污染物的权利。

排污权交易在美、英、德等国广泛实施，已成为解决外部性环境问题的有效措施之一。1976 年美国开始实行排污权交易政策，促进排污单位自觉治污、自觉减排，提前三年完成酸雨治理任务。澳大利亚、加拿大、德国等发达国家也相继开展了排污权交易实践，国内外有关排污权交易的研究成果不断涌现，主要研究内容包括排污权交易制度设计、排污权交易成本效益的合理性、排污权交易市场、排污权交易市场中的政府职能等。

我国对排污权交易探索时间早，但进展缓慢。20 世纪 80 年代，我国引入排污权交易制度。1999 年 9 月，国家环境保护总局与美国环保协会签署协议，在中美合作框架下开展总量控制与排放权交易的研究与试点工作，推动了排污权交易的发展。2001 年 9 月，在项目框架下，江苏省南通市成功实现了我国首例二氧化硫排放权交易。从 2007 年开始，财政部、环保部和国家发改委批复了天津、河北、山西、内蒙古、江苏、浙江、河南、湖北、湖南、重庆和陕西共 11 个省区市开展排污权交易试点。2014 年 12 月,又将青岛市纳入试点范围。除上述 12 个政府批复的试点外,另有 16 个省份自行开展了排污权交易工作[10]。

5.2.2 碳排放权交易市场的实践

碳排放交易机制最初是由联合国为应对气候变化、减少以二氧化碳为代表的温室气体排放而设计的一种新型的国际贸易机制,作为一项有效的减排手段,正在全球范围内广泛运用。目前,全球已有 36 个国家、17 个省和州以及 5 个城市建立了不同形式的碳排放交易体系,全球碳排放的涵盖范围从 2005 年的 5% 增长到了 2021 年的 21.5%。最有代表性的碳市场是欧盟排放交易体系(European Union Emissions Trading Scheme,EU - ETS)、我国的全国碳排放权交易体系和八个区域碳排放交易体系以及美国的区域温室气体倡议(Regional Greenhouse Gas Initiative,RGGI)。

5.2.2.1 国外碳排放权交易市场发展

纵观全球碳交易市场当前发展情况,欧盟、美国和韩国的碳市场发展都走在世界前沿,这些市场的碳减排以及碳市场交易经验也各有特色。

1)欧盟:建立了跨国家的碳排放交易体系

EU - ETS 从 2005 年开始试运行,涵盖了 5 大类工业部门及 1 万多个工业设施。是全球首个主要的碳排放权交易系统,也是全球最大的碳交易市场。从市场规模上看,根据路孚特对全球碳交易量和碳价格的评估,欧盟碳交易体系的碳交易额达到 1 690 亿欧元左右,占全球碳市场份额的 87%。从减排效果上来看,截至 2019 年,欧盟碳排放量相对 1990 年减少了 23%。

在碳定价方面,欧盟采用总量控制模式来调节价格。欧盟排放交易体系允许被纳入排放交易体系的企业在一定限度内使用欧盟外的减排信用——《京都议定书》规定的通过 CDM 或 JI 机制获得的减排信用,即核证减排量或减排单位。该条规则使欧盟排放交易体系可以与其他国家的排放交易体系实现兼容。但供给越多,价格越低。2008—2012 年,欧盟引入 CDM 和 JI 过多,又恰逢全球金融危机和欧债危机,能源相关行业产出减少,供过于求,交易价格一度跌至 2.81 欧元/吨。2018 年欧盟引入市场稳定储备制度,将往年结余配额转入下一年,并按一定比例减少下一年新拍卖配额,以此消化积攒的大量未使用配额。从 2016 年中到 2021 年 4 月,政府通过推进落实市场配额总量逐年收缩、配额折量延迟拍卖、提升超额排放惩罚力度等政策,碳价从大约 4 欧元/吨升至超 44 欧元/吨,目前在 56 欧元/吨左右,创下历史新高。

除碳排放权外,欧盟碳交易体系的标的还有基于碳排放权的碳现货、碳期货、碳互换等碳衍生品,根据欧洲能源交易所(EEX)数据,2018 年碳衍生品合约交易量为现货交易量的 6 倍左右。其中,碳现货交易主要是为了满足排放企业或政府调节排放配额,或为核定减排凭证的余缺提供服务。碳期货交易是将各种碳排放配额设计成相关的标准化期货合约,为企业提供套期保值、对冲碳价波动风险的工具。碳互换即交易双方通过合约达成协议,在未来的一定时期内交换约定数量的不同内容或不同性质的碳排放权客体或债务,利用不同市场或者不同类别的碳资产价格差别进行买卖,从而获取价差收益。碳互换的使用连接了不同区域、不同类型的碳实践,为减缓气候变化的国际合作打下了基础。在法律制度方面,欧盟现行的《碳排放权交易框架指令》中明确规定了监管主体、监管方式、报告时间与方式、核查的具体步骤以及对未遵守法定制度或未按时履约主体的处罚措施。

欧盟碳交易市场已经历三个发展阶段,正处在第四阶段,随着时间推移,各项政策日趋严格,该阶段中一级市场中碳配额分配方式从第一阶段的免费分配过渡到 50%以上进行拍卖,并计划于 2027 年实现全部配额的有偿分配。

2）美国：体现出较强的区域性特点

美国在国家层面上的节能减排发展较为缓慢,州政府层面的碳交易制度更具借鉴意义。其中,RGGI 是美国最有代表性的区域碳市场。RGGI 市场的初始配额总量设置是由各州的配额总量之和确定,各成员州采用历史法,根据过去历史碳排放情况,设定各自的初始配额总量。在首个履约控制期间,面临碳配额严重供过于求、碳价持续低迷和碳市场活跃度不高等问题,RGGI 对初始配额总量设置进行了动态调整,并出台清除储备配额,建立成本控制储备机制,并设置过渡履约控制期等若干配套机制以稳定碳市场。通过以上动态调整机制,RGGI 一级市场碳配额拍卖价格和竞拍主体数量双双稳步回升,二级市场活跃度也明显提高。

在配额分配机制方面,RGGI 配额基本上均以拍卖形式进行分配,一方面降低拍卖定价,以减轻企业压力,另一方面通过设置成本控制储备机制(当二氧化碳配额超出某一阈值时,该机制便会启动)来稳定价格。

RGGI 市场采用监测(monitoring)、报告(reporting)与核查(verification)监管机制(简称 MRV),控排企业需安装污染物排放连续监测系统,并按规定时间向相关部门提交相关数据报告,审查控排企业二氧化碳排放数据。RGGI 碳市场的监管由 RGGI 公司、各成员州环保部门和第三方机构共同组成。

3）韩国：绿色新政数十载

2015 年,韩国启动全国性碳排放权交易市场(KETS),是目前仅次于欧盟碳市场的世界第二大国家级碳市场。

KETS 配额分配机制采用总量控制交易制度以及"量体裁衣"的分配方式,根据不同交易期和不同行业,制定不同标准。从免费过渡到以免费分配为主、有偿拍卖为辅。配额设置调整按"事先分配、多退少补"的原则,采用早期减排业绩、配额异议申请、配额调整、配额取消、配额新增、排放权收授等方式进行配额调整。除配额外,政府鼓励利用信用抵消机制来冲抵部分排放额度。

在法律制度方面,韩国碳排放交易制度在该国控制温室气体排放法律制度体系中处于核心地位,其最终目的并非为控制温室气体排放,而是实现经济社会发展的低碳转型。在具体法律条款上规定详细、可操作性较强,对碳排放报告数据真实性、碳排放交易二级市场监管、被监管实体正当权益保护和碳排放交易市场违法行为的法律责任部分都做了较为充分的规定。

此外,韩国碳市场还推行碳基金制度,对减少温室排放相关产业或排放权进行交易投资,设立碳金融股份有限公司。

5.2.2.2 国内试点地区碳排放权交易市场发展

我国的碳排放市场从 2011 年开始正式运行,第一阶段为 2011—2020 年,属于地方试点阶段,分别在深圳、上海、北京、广东、天津、湖北、重庆和福建八个省市进行碳排放权交易试点;第二阶段则是从 2021 年 7 月开始,全国统一碳排放权交易市场正式启动。此外,自愿减排市场作为补充机制,也在我国的碳排放权交易体系内。

2011 年,国家首次明确碳市场交易规则。碳排放权交易把二氧化碳排放权作为商品进行买卖,纳入碳减排的企业会分配到一定的碳排放配额,企业实际碳排放小于配额的结余部分,可作为碳排放权在碳市场出售;企业实际碳排放大于配额的超排部分,则需购入相应的碳排放权或国家核证自愿减排量(Chinese certified emission reduction,CCER)。试点碳市场建设以来,电力、钢铁、水泥等 20 余个行业近 3 000 家重点排放企业参与碳市场,累计成交量约为 4.3 亿吨,成交额近 100 亿元。在试点基础上,2017 年 12 月,全国碳市场启动建设,2021 年 7 月正式上线交易。发电行业作为全国碳排放最大的行业(碳排放占比超过 40%),纳入全国碳市场首批名单,后续钢铁、水泥、电解铝等高耗能行业也将逐步纳入,碳市场覆盖范围不断扩大。

试点地区碳交易情况如表 5-2 所示,试点成效如下。

(1)运行机制类似,体系细节略有差异。各试点地区开展的碳交易在体系框架和运行机制上基本类似,都是基于总量控制下的分配和交易制度,基本都涵盖碳报告、碳核查、配额清缴、配额交易、市场监管等主要内容,但在参与主体、分配细节、交易制度上略有差异。

表 5-2 试点地区碳交易情况[8]

地 区	参 与 主 体	纳管行业范围	分 配 方 法
北京	纳管企业、投资机构	工业和服务业	基准线法、历史强度法、历史排放法
天津	纳管企业、投资机构、个人	工业	基准线法、历史法

地 区	参 与 主 体	纳管行业范围	分 配 方 法
上海	纳管企业、投资机构	工业、航空、港口等	基准线法、历史强度法、历史排放法
深圳	纳管企业、投资机构、个人	工业、大型公共建筑	基准线法、历史强度法
广东	纳管企业、投资机构、个人	工业	基准线法、历史强度下降法、历史排放法
重庆	纳管企业、投资机构、个人	工业	排放总量下降法
湖北	纳管企业、投资机构、个人	工业	基准线法、历史强度法、历史排放法

由于七个试点地区横跨了我国东、中、西部地区,区域经济差异较大,制度设计体现出一定的区域特征:深圳的制度设计以市场化为导向;湖北注重市场流动性;北京和上海注重履约管理;广东重视一级市场;重庆采用企业配额自主申报的配发模式。这些都为建立全国碳市场提供了丰富的经验和教训。

(2) 各地区均形成了较为完善的规章制度。各地结合本地经济发展和地区特色,逐步建立了地方性规章制度,为地方碳交易市场的有序开展提供了重要的制度支撑。其中,地方性规章包括碳交易管理办法等;规范性文件包括碳排放第三方核查机构管理、碳排放配额登记管理等内容。同时,随着各地试点工作的不断推进,地方根据试点情况适时对规范性文件进行修订,在技术文件层面予以补充和完善,有序、有力推动了碳交易工作的开展。

(3) 结合地区特点不断创新配额分配方式。随着碳交易工作的不断深入,各试点地区持续优化配额分配方法。各试点地区结合地区因素对配额分配做了积极的创新和尝试,在企业历史数据波动较大,或发放的配额与企业实际排放量存在较大差异时,通过不同方法对基准年份或配额量进行调整。一种是按照最接近企业目前实际情况的原则,事前调整。例如,对于因产能调整或产品类型调整导致企业碳排放强度或总量发生重大变化的情况,按发生变化后年份的数据作为历史基数取值范围。另一种是根据企业配额实际余缺情况,事后调整。例如,对于配额富余/缺口超过一定条件的情况,对超出部分的配额予以收缴或追加。

5.2.2.3　全国碳排放权交易市场发展

从 2013 年全国碳市场准备阶段开始算起,全国碳市场的建设发展已经历了准备、建设、模拟和完善,进入了逐步成熟阶段。2021 年是全国碳排放权交易市场的运行元年,7 月 16 日,全国碳排放权交易市场正式启动,首批参与主体包括 2 162 家发电行业重点排放单位。2021 年 12 月 31 日,顺利完成首个履约周期,年内运行 114 个交易日,累计成交量为 1.79 亿吨,收盘价为 54.22 元/吨,较首日开盘上涨 12.96%[11]。

1)运行现状

全国碳市场第一个履约周期为 2021 年全年,发电行业中纳入的重点排放单位共 2 162 家,覆盖配额规模约为 45 亿吨二氧化碳排放量。一经启动,便取代欧洲,成为全球规模最大的碳市场。在全国碳市场启动交易的首日,中石油、中石化、华能集团、大唐集团、华电集团、国电投、国家能源、申能集团、浙能集团、华润电力等企业参与了交易,开盘价为 48.00 元/吨,收盘价为 51.23 元/吨,首日总成交量为 410.40 万吨,总成交额为 21 023.01 万元。其中,最高价为 52.80 元/吨,最低价为 48.00 元/吨,成交均价为 51.23 元/吨。

在市场结构方面,全国碳市场采用了"双中心"的模式,即把全国碳市场的注册登记系统交由湖北负责建设维护,而碳交易系统由上海环境能源交易所负责建设运行,两地共同承担起全国碳市场的支柱作用。其中,注册登记系统是存放碳资产及资金的"仓库",承担了碳排放权的确权登记、结算和注销服务,实现配额分配、清缴及履约等业务,并对注册登记系统及其管理机构实施监管。每日交易开始前,注册登记系统将资金结算账户中的配额和资金数据同步至交易账户,而交易结束后,交易系统将当日的交易结果发送至注册登记系统,由注册登记系统完成注册登记账户的配额变更。

此外,北京绿色交易所承建的全国自愿减排交易中心,是负责未来 CCER 交易的全国平台,鼓励不承担强制性减排义务的企业主动开发林业碳汇、甲烷回收利用以及太阳能、风能利用等温室气体减排项目,而参与全国碳市场的控排企业亦可将 CCER 作为补充履约手段,抵销比例不超过实际排放量的 5%。目前系统开发、规则制定等建设工作正在有序推进中,致力于服务 CCER 市场重启、服务引导社会资本流向清洁能源,服务国家"碳达峰、碳中和"的愿景。

在全国碳市场的运行中,并不是只有 3 个先行试点城市的参与,一些系统运营及其他相关工作由剩余区域碳市场所在省区市共同承担。在未完成向全国碳市场过渡之前,剔除了发电行业的地方试点市场仍将继续运行,加强对重点纳入企业的管理,积极配合历史数据核查、配额分配及履约工作等,在其他行业继续探索经验。

在纳入行业方面,全国碳市场以发电行业为突破口,首批参与市场交易的电厂主要分布在江苏、山东、内蒙古等中东部地区,涵盖了火电、水电、风电、太阳能等项目。其中,火电厂占 46%。此外,鞍钢集团、哈药集团等 818 家大型企业,虽然可能隶属于钢铁、化工、造纸、医药等非电力行业,但由于自身自备电厂规模较大,基本与独立电厂无异,也被纳入全国碳市场首批名单。这些自备电厂的纳入,确保了发电厂中的碳排放"大户"都已处于重点管控范围中。

目前,全国碳市场准入门槛是 2013—2018 年中任一年度的二氧化碳排放量超过 2.6 万吨当量,共纳入 2 162 家发电企业作为重点排放单位,配额的分配则由碳市场主管部门参照电厂发电量及对应的行业基准线后进行划定。

在发电行业的基础上,重点排放单位范围将逐步扩大。目前,全国碳市场涵盖8 个高排放行业,在初期发电行业稳定运行、表现良好的前提下,再逐步扩大全国碳市场可交易行业的范围,包括逐步引入石化、化工、建材、钢铁、有色金属、造纸、航空等重点行业,并持续对交易品种和交易方式进行补充和完善。

剩下的 7 个高排放行业已开展温室气体排放数据报告与核查,在发电行业的碳市场健康运行的大前提下,于"十四五"期间按照"成熟一个,批准发布一个"的原则,持续扩大全国碳市场覆盖行业范围,这也就意味着上述 7 个高排放行业在 2025 年之前都有望被纳入。

目前尚未纳入全国碳市场行业的企业将继续在区域试点市场进行交易,而纳入全国碳排放权交易市场的重点排放单位不再参与地方碳排放权交易试点市场。

在温室气体定义方面,为了切实落实我国温室气体领域的"碳中和",此次全国碳市场对于温室气体排放控制要求、温室气体排放报告与核查中覆盖的温室气体种类做出了规定,明确指出温室气体是大气中吸收和重新放出红外辐射的自然和人为的气态成分,共包括二氧化碳、甲烷、氧化亚氮、氢氟碳化物、全氟化碳(PFCs)、六氟化硫和三氟化氮 7 类气体。

在配额分配方面,目前全国碳市场的碳排放配额分配以免费分配为主,并按照国家有关要求适时引入有偿分配。在全国碳市场建立初期,碳排放配额分配应以无偿分配与有偿分配相结合、无偿分配为主的形式开展。随着成熟程度的提高,会过渡到无偿分配与有偿分配相结合、以有偿分配为主的方式。在这一前提下,碳价会随着配额稀缺程度的提高而进一步升高,促使控排企业实行技术改造,减少排放。

在交易运行情况方面,2021 年是全国碳市场首个履约期。截至 2021 年 12 月31 日,全国碳排放权交易市场第一个履约周期顺利结束,履约完成率为 99.5%。

自 2021 年 7 月 16 日全国碳市场启动至 2021 年 12 月 31 日,全国碳排放权交易市场共运行 114 个交易日,碳排放配额(Chinese emission allowance, CEA)累计成交量为 1.79 亿吨,累计成交额为 76.61 亿元。其中,挂牌协议交易累计成交量为 3 077.46 万吨,累计成交额为 14.51 亿元;大宗协议交易累计成交量为 14 801.48万吨,累计成交额为 62.10 亿元[11]。由于年底临近履约期,全国碳市场的成交量和成交总额双双走高,屡创新高。

2021 年 12 月 31 日,收盘价为 54.22 元/吨,较首日开盘价上涨 12.96%。截至 2021 年 12 月 31 日,CEA 均价为 45.37 元/吨,最高价为 58.70 元/吨,最低价为30.92 元/吨[11]。超过半数重点排放单位积极参与了市场交易,总体而言,市场运行健康有序,交易价格稳中有升,促进企业减排温室气体和加快绿色低碳转型的作用初步显现。

2）运行特征

全国碳排放权交易市场的首年交易基本符合碳市场初期阶段特征，主要体现在以下四方面。

一是价格稳中有升，整体走势"两边高、中间低"。2021 年 7 月开市以来，CEA 价格（挂牌价）整体在 40～60 元/吨范围内波动。开市首周，价格快速上涨短暂突破 60 元/吨，随后 1 个月内价格逐渐下行；9 月初始，交易热度退去，价格在 44 元/吨上下横盘波动近三个月；12 月履约截止日逼近，成交放量，价格迅速抬升。下半年平均挂牌价格达 47.16 元/吨。

二是大宗交易为主，市场活跃度不足，挂牌价高估。碳市场协议转让方式主要包括挂牌协议交易和大宗协议交易，其中，大宗协议交易单笔数量需在 10 万吨以上。2020 年 1.79 亿吨总成交量中，大宗交易量达 1.48 亿吨，占比高达 82.68%。由此推算，碳市场发生总交易笔数不多，市场活跃度不足。同时，大宗交易价格一般相对挂牌成交价折价，2021 年所有交易中，大宗交易平均成交价仅为 41.95 元/吨，较挂牌价折价 11%。

三是交易集中趋势明显，流动性不稳定。总量上，2021 年碳市场碳排放配额成交量达 1.79 亿吨，成交额为 76.61 亿元，已是全球最大碳现货交易市场。结构上，交易非常集中，流动性不稳定。交易明显放量的三个时点（时段）分别为 7 月 16 日、9 月 30 日和 12 月：7 月 16 日为开市交易首日，成交量达 410.40 万吨；9 月 30 日，碳排放配额分配最终核定，与预分配之间的差额引发一波交易需求，当日成交量突破首日记录，达 847.44 万吨；12 月则临近履约期，成交量明显抬升，单月成交量占年内总量的 76%。此外的交易日，碳排放配额交易低迷，市场流动性差。

四是配额价格与交易量均显著低于成熟的国际市场。EU－UST 是国际上最成熟和活跃的碳交易市场，当前已进入第四个履约周期。欧盟碳市场绝大部分成交量在期货市场，其交易价格和交易量都明显高于我国。

从目前全国碳市场所处发展阶段来看，当前较为突出的问题在于控排企业节能减碳的意愿和管理碳资产的意识都还不够强烈，缺乏主动性，参与碳交易的动机仅仅停留在初级的履约层面，且总体上碳市场还不具备反映市场规律的功能，价格发现功能缺失，也尚未能够有效发挥资源优化配置的作用。为了活跃市场交易，适度提高流动性，形成合理价格，引导企业有效减排，应当在实现减排政策目标与活跃市场交易中寻求平衡，丰富市场参与者，推出包括期货、期权在内的多样化碳衍生产品。目前全国碳市场是一个现货市场，期货的上市交易正待广州期货交易所探索和研究中。全国碳市场正式启动后，我国试点碳市场仍在同步运行中，发电以外各行业的大型排放企业仍受到各地区碳市场的监管与制约。随着全国碳市场的进一步发展壮大，将会有越来越多的控排企业从地区试点转向全国碳市场，试点碳市场的作用将逐渐减弱。展望未来，随着碳市场的进一步系统化和制度化，"双碳"工作也将进一步深化，推动我国经济发展全面绿色转型。

5.2.3　用能权交易市场的实践

用能权是指在能源消费总量和强度"双控"目标及煤炭消费总量控制目标下，用能单位经核定或交易取得、允许其使用的年度综合能源消费量的权利。从总体上看，用能权交易制度以总量控制保障能源节约制度目标的实现，依靠市场交易机制促使交易主体自主配置资源，实现资源的最优配置，显现出自身特有的制度优势。我国自 2016 年 9 月启动用能权交易的试点工作，2018 年 2 月各试点省市陆续开市交易，目前仍然处于地方试点阶段，暂未建立起全国用能权交易市场。

5.2.3.1　国外用能权市场发展

国外没有用能权的提法，欧盟的白色证书制度与用能权交易制度相似。2006年，欧盟发布了"终端能效和能源服务指令"，以推进能效政策和发展能源服务市场，该指令引进了"白色认证"机制作为新的节能量认证机制[12]。某企业获得白色证书则表示该企业在能源使用阶段实施了节能工程，采用了节能技术且符合法定的节能标准，并在规定的时间内完成额定标准的节能量。

目前，国际上的交易用能权/节能量交易制度主要是白色证书制度，意大利、英国、法国以及美国都已经实施白色证书制度。白色证书制度实施的前提是政府部门为特定的责任主体制定节能目标，责任主体要在规定期限内完成，否则会受到相应惩罚。白色证书代表了实施节能项目所获得的经过测量和认证的节能量。不同责任主体完成节能目标的边际成本不同，对边际成本较高的责任主体，如果购买白色证书的费用低于其边际成本，则更愿意通过购买白色证书完成节能目标。而边际成本较低的责任主体可以通过出售超额完成的节能量获取经济利益。

就白色证书制度的基本概念和制度架构来说，主要是利用市场机制与法律义务的相互配合，在提供能源服务的公司间形成竞争，让这些公司在实现其目标时可以高效利用并节约能源。在这一方案实施过程中，能效义务的落实、企业用能的监测和认证非常关键，市场交易和执行机制相对比较灵活。可交易的白色证书通常包括五项关键要素：需求的创造，交易证书和交易规则，管理计划和交易市场支持机制（认证措施、评估手段、证书发放规则、数据管理系统和证书跟踪注册系统等），某些情况下的成本补偿机制以及执行和责任机制。从节能减排的宏观政策分析视角出发，交易制度共同构成了综合性的政策框架。其中，政府通过税收或法令等外在压力手段诱使或者强制义务主体通过各种手段减少能源消费量和污染的方式属于传统工具，而自愿协议和白色证书交易制度则利用相关主体追逐利润的属性，依靠主体的自我约束来实现能源节约与环境保护。

在欧盟用能权的白色认证交易市场中,交易主体主要包括电力和天然气供应商、节能服务公司、用户和经济主体。由于法律规定,电力和天然气供应商需承担一定的节能义务目标,难以完成节能任务的供应商可以通过市场购买节能量以符合政策规定;超额完成节能任务的供应商可以通过市场卖出节能量以获利。欧盟的节能服务公司已参与意大利和法国的白色认证体系。其他大宗的用户,即能源消费者、经济主体及一些投融资机构,可以通过节能量交易市场进行投融资活动,这种情况在英国和法国的白色认证体系中比较多见。

世界上诸多国家都进行过类似白色证书交易的制度实验,但发展程度却各不相同。在意大利、法国和澳大利亚等国家,白色证书取得了蓬勃发展,交易量很大,其中澳大利亚维多利亚州和新南威尔士州经过精心设计的白色证书交易制度,为国家节能做出了重大贡献。而与之相对比,美国的白色证书交易尚未起飞,丹麦、英国和法国虽有白色证书交易计划,但交易量和价格仍远低于意大利,且信息公示也不透明。总体来看,纵观世界范围内,白色证书计划正在变得更加严格,因为更严格的节能目标可以提高白色证书的价格,促使成本最低廉的节能模式出现。

5.2.3.2 国内用能权市场试点

2016 年,国家发改委发布《关于开展用能权有偿使用和交易试点工作的函》,在浙江省、福建省、河南省、四川省四个省份开展制度试点。同时发布《用能权有偿使用和交易制度试点方案》,明确了具体的试点内容,有序推进用能权有偿使用和交易工作。

1)试点成效

交易范围多为试点开展,试点范围不同。如表 5-3 所示,各试点地区均根据实际发展情况,明确了开展用能权交易的行业及企业,主要推进方式为试点开展。河南、福建、四川等省明确纳入范围多以行业划分,将部分重点用能行业内达到一定用能规模门槛的企业纳入交易主体。市场暂未区分存量和增量,但浙江省目前实施的为增量部分,在用能权交易试点初期,将探索建立以增量带动存量的模式。

表 5-3 用能权试点地区交易范围

省份	交易范围
浙江省	1. 第一步自 2018 年 12 月起实施增量交易,申购方为 2019 年 1 月 1 日起单位工业增加值能耗高于全省"十三五"控制目标(0.6 吨标准煤/万元)且未纳入高耗能行业缓批限批范围的新建、改建、扩建新增用能项目;出让方为 2018 年 8 月 21 日后规模以上企业通过淘汰落后产能、压减过剩产能腾出的用能空间;企业通过节能技术改造产生的节能量;行政区域内不超过 50%的当年新增用能指标 2. 第二步自 2020 年 1 月起,启动存量交易 3. 第三步从 2020 年 9 月起,实施租赁交易

续　表

省　份	交　易　范　围
河南省	1. 选择郑州市、平顶山市、鹤壁市、济源市四市开展试点工作 2. 2018 年,将四市有色、化工、钢铁、建材等重点行业年耗能 5 000 吨标准煤以上的用能企业纳入试点范围 3. 2020 年,根据试点实施效果,逐步将试点范围扩展到全省年耗能 5 000 吨标准煤以上的用能单位
福建省	覆盖发电(燃煤和燃气,不包含自备电厂)、水泥制造、炼钢、原油加工、合成氨、玻璃、铁合金、电解铝、铜冶炼九个行业年综合能源消费量达 5 000 吨标准煤及以上的用能单位
四川省	初期纳入水泥、陶瓷、造纸、白酒和钢铁五大行业,交易产品包括用能权指标、经备案的基于项目的核证节能量、经核发的水电和分布式光伏发电绿色证书、经核发的非水可再生能源电力绿色证书。交易主体为用能单位(重点用能单位、非重点用能单位)、投资机构与其他市场主体

　　确权方法类似,但区分免费和有偿。试点地区均根据地区能源消费总量和强度“双控”目标、煤炭消费减量目标等因素,主要采用历史强度法或者行业基准值法综合确定用能权配额总量。福建、河南等地区分配用能权时采用免费与有偿相结合的方式,试点初期以免费分配方式为主,适时引入有偿分配方式,并逐步提高有偿分配的比例,而浙江省明确单位工业增加值能耗高于 0.6 吨标准煤/万元的新增用能量均需通过用能权交易有偿获得用能权指标(见表 5-4)。

表 5-4　用能权试点地区分配方法

地　区	分　配　方　法
浙江省	(1) 新增用能量按照节能审查意见确定 (2) 鼓励使用可再生能源,新增用能企业自产自用的可再生能源量,经第三方核定后可抵扣新增用能指标 (3) 淘汰落后产能和压减过剩产能的规模以上企业用能权,在不高于有关部门核定的用能指标前提下,通过近 3 年统计部门公布的企业实际用能量等方式确定 (4) 通过节能技术改造等方式产生的节能量,采用第三方机构审核等方式确定
河南省	(1) 配额总量由实发配额和预留配额两部分组成。实发配额是采用历史总量法或产量基准线法,对稳定运行一年以上的重点用能单位分配的配额;预留配额是用于新增产能和市场调节的配额 (2) 用能权初始配额分配,试点初期以免费分配方式为主;根据用能权试点工作情况,适时引入有偿分配方式,并逐步提高有偿分配的比例

地 区	分 配 方 法
福建省	(1) 区分总量控制行业和非总量控制行业、既有产能和新增产能;分配既有产能指标时,对于产品单一、单位产品能源消费量横向可比的行业,优先使用行业基准法分配用能权指标;对于产品和生产工艺流程较复杂的行业,基于企业历史能源消费总量分配其用能权指标 (2) 对于新增产能,在采用历史法与基准法的基础上,综合考虑固定资产投资项目节能审查意见中的设计产能以及行业实际平均产能利用率分配其用能权指标 (3) 率先在水泥等市场化程度高、新增产能少的行业实行总量控制,对于暂不具备总量控制条件的行业,基于纳入企业履约年度实际产量分配用能权指标
四川省	在初期试点阶段,采用基准值法和历史强度下降法用于用能权确权。以中国 106 项产品单位产品能源消耗限额标准与行业"能效领跑者"的能耗指标为基础,结合能源消费量核查结果,研究制定相关行业的单位产品能耗的基准值。根据每年企业的产品产量和单位产品能耗基准值确定企业年度用能权指标。对于产能过剩行业以及新增产能(或企业),用能权指标可以过紧,采用行业先进值。对于需要扶持的行业,用能权指标适中,采用行业准入值

交易均委托第三方机构,履约机制不同。为了保障工作的正常开展,各试点地区均委托专业机构开展用能权交易工作,浙江省、四川省、福建省、河南省分别依托浙江省经济信息中心平台、四川联合环境交易所平台、福建省节能监察中心平台、中原股权交易中心平台等开展工作,保障了交易的有效开展。福建、河南等试点地区规定了用能单位的履约机制,即每年应足额缴纳与用能权交易主管部门审定的上一年度用能量等额的用能权指标,并履行清缴义务。而浙江省用能权交易试点的初期交易双方为企业与政府,且不涉及存量确权和用能权指标免费分配等问题,因此不存在清缴情况。交易方式为单位工业增加值能耗高于 0.6 吨标准煤/万元的新增用能企业原则上在交易后 1 个月内履行费用支付和指标划转等义务。

各试点的交易进展及效果略有差异。

浙江省在部分市、县试点基础上,于 2018 年底正式启动了全省用能权交易工作。启动当日,共完成交易项目 5 个,申购用能指标 8.6 万吨标准煤,涉及交易金额 3 037 万元。

河南省于 2018 年基本建立了用能权交易制度体系和数据报送、注册登记、交易系统平台,初步完成了顶层设计和基础支撑。2019 年启动用能权交易,规范完善用能权交易市场,提升交易活跃度;2020 年推动试点履约,开展试点交易效果评估,总结提炼经验,适时扩大实施范围。

福建省重点开展历史数据的核查工作。2017 年开展了火力发电行业和水泥制造行业历史年份（2014—2016 年）数据的核查，2018 年开展了水泥制造行业2017 年度数据的核查，以及炼钢、原油加工、合成氨、玻璃、铁合金、电解铝及铜冶炼行业历史年份（2015—2017 年）数据的核查。2018 年底，福建省用能权交易试点正式启动，标志着福建省用能权有偿使用和交易工作进入全面实施阶段。

四川省先后确定钢铁、水泥、造纸、白酒、建筑陶瓷、合成氨六个行业纳入用能权交易，公布了两批纳入用能权交易的重点用能单位名单。研究制定了用能权交易第三方审核指南、审核机构管理办法，制定了钢铁、水泥、造纸三个行业生产企业综合能源消费量核算方法和报告指南（试行）。结合碳排放权核查，对重点用能单位进行能源消费量核查，根据核查结果，完成了 2019 年度用能权指标分配工作。

2）存在的问题

一是与其他市场机制存在交叉。与用能权交易并行的节能减排机制还包括节能量交易和碳排放权交易。用能权交易与节能量交易的规制对象、规制手段、制度设计目的和约束功能相近，两者存在制度重复建设问题；用能权和碳排放权交易都是基于市场机制的节能减排激励机制，两者在基础数据、交易对象和政策手段上存在着重叠和交叉的地方，但用能权指标和碳排放指标在初始分配、履约等方面并未形成有效互通与衔接。

二是缺乏法律支撑。用能权交易目前仍依托地方性的规章制度推行，缺少法律法规层面的支撑，推行用能权交易制度的法律法规依据不足。同时，用能权交易在确权及执行方面因缺乏统一的规范而难度较大。

5.3　能源市场与权益市场的联动机制

当前我国电力市场和碳市场仍处于独立运行状态，两者促进"碳达峰、碳中和"目标实现的协同合力尚未形成。"电-碳"市场在参与主体、价格影响、交易品种等方面存在关联，但两大市场在市场建设进程、配额考核目标等方面协同性不足，需要相应完善"电-碳"市场相关机制。

5.3.1　碳市场和能源市场的发展状况

"十三五"期间，我国在经济社会快速发展的同时，也加快推进绿色低碳转型，积极参与全球气候治理并取得了突出成效。2019 年我国碳排放强度比 2005 年下降 48.1%，提前完成了向国际社会承诺的 2020 年前降低 40%～45% 的目标[12]。2020 年，我国全社会碳排放约为 106 亿吨，其中电力行业碳排放约为 46 亿吨，工业领域碳排放约为43亿吨。因此,要实现"碳达峰、碳中和"目标,电力行业是重中之重[13]。我国碳排放与能源消耗发展情况如图5-1所示。

发展目标

指标	现状			没有"双碳"场景		"双碳"目标	
全社会碳排放量	93亿吨	105亿吨	106亿吨	121亿吨	95亿吨	102亿吨	净零排放
	2015年	2019年	2020年	2030年	2060年	2030年	2060年
一次能源消耗量（折合标准煤）	43亿吨	49亿吨	50亿吨	62亿吨	65亿吨	60亿吨	59亿吨
	2015年	2019年	2020年	2030年	2060年	2030年	2060年
清洁能源消费占一次能源消费比例	18%	23%	24%	121亿吨	95亿吨	41%	90%
	2015年	2019年	2020年	2030年	2060年	2030年	2060年

图5-1 我国碳排放与能源消耗发展情况

从能源消费结构来看,2020年,我国一次能源消费总量达50亿吨标准煤,其中碳强度最大的煤炭消费占能源消费总量的57%。相比之下,水电、核电、风电、太阳能发电等清洁能源消费量(不包含天然气消费)较小,占能源消费总量的比例仅为16%(见图5-2)。2005—2030年我国一次能源结构变化趋势如图5-3所示。

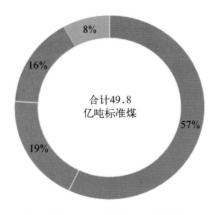

8%
16%
合计49.8
亿吨标准煤
57%
19%

■ 煤 ■ 石油 ■ 天然气 ■ 清洁能源

图5-2 2020年中国一次能源结构图(单位:亿吨标准煤)[4]

从"十四五"开始,我国致力于构建国内、国际双循环,相互促进的新发展格局,推动实现"碳达峰、碳中和"目标,能源消费结构将进一步变化。

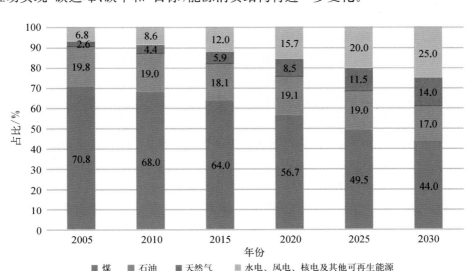

图 5 - 3　2005—2030 年我国一次能源结构变化趋势[4]

5.3.2　发挥碳市场与电力市场的联动机制

电力市场和碳市场同样作为能源资源配置的有效手段,其目的都是促进我国能源以较低的成本实现清洁低碳转型,两者具有强一致性关系且通过互相作用而彼此影响。对电力行业而言,火力发电必然伴随着碳排放,需要统筹考虑碳排放约束与电力需求约束。同时,低碳发展需要更高比例的可再生能源,进而产生可再生能源的消纳和定价问题,进一步影响碳市场和电力市场的交易机制[14]。

1)"电-碳"市场相互关联

碳交易市场运行后,碳价会与发电成本耦合,促进我国能源结构向清洁化、低碳化转型[15]。

从参与主体看,当前电力市场参与主体包括发电行业、电力用户以及售电公司。碳市场参与主体仅包括发电行业,后续钢铁、水泥、电解铝等高耗能行业也将陆续进入,电力市场和碳市场覆盖主体范围日趋重叠。

从价格影响看,在供给侧,火电企业在碳市场购买碳排放权将增加生产成本,并通过电力市场将成本向电力用户传导,最终反映在电价上;在需求侧,绿电具有零碳特征,用户在电力市场购入绿电后,其碳排放量将减少,从而降低碳排放权购买需求,抑制碳价上涨。

从交易品种看,在供给侧,风、光等新能源发电企业既可以选择在电力市场参与绿电交易,出售绿色电量,也可以选择在碳市场参与 CCER 交易,出售碳减排量,而绿色电量与碳减排量具有换算关系,出售绿色电量就相当于出售了碳减排量。在需求侧,不论用户在电力市场购入绿色电量还是在碳市场购入 CCER 碳减排量,均能达到碳减排目的,电、碳两大市场通过新能源相关品种可实现交易互通。

2)"电-碳"市场协同发展主要问题

根据国外能源转型实践经验,"电-碳"市场协同发展在推动能源清洁发展、应对气候治理、优化资源配置等方面作用显著。加快实现"碳达峰、碳中和"目标背景下,我国电力市场和碳市场协同推动能源清洁低碳转型的需要日益迫切,然而当前电力市场和碳市场仍相对独立运行,发展协同性亟待提高,凸显以下几个主要问题。

一是市场建设模式及进程不一致。一方面,碳市场采用全国统一市场模式,而电力市场采用"统一市场、两级运作"模式,且各省级电力市场在建设进程、实施方式上有所差异,导致电力市场与碳市场衔接存在壁垒。另一方面,电力市场主体涉及发电、用电等多个行业,还包括售电公司等主体;而碳市场参与主体仅包括发电行业以及钢铁、水泥等高耗能行业,电力市场中的其他行业、售电公司等主体能否参与碳市场尚未明确。

二是市场配额考核目标不衔接。当前碳市场和电力市场分别由不同的政府机构负责管理,电、碳两大市场配额考核目标衔接性不足。主要表现在以下两方面:① 碳市场配额主要依据历史排放量、实际产出水平以及技术进步带来的排放强度变化等因素确定;② 电力市场参与主体承担的可再生能源电力消纳责任权重主要依据新能源发展规模、电网消纳水平、电源结构等因素确定。同时,碳市场配额对各市场主体进行差异化考核,而可再生能源电力消纳责任权重设定暂未考虑各主体差异性,不利于推动高耗能高排放等主体承担更高的消纳责任权重。

三是电力碳排放核算方法有待完善。按照现行温室气体排放核算方法,行业碳排放包括化石燃料燃烧排放,工业生产过程排放,购入使用的电力、热力排放以及固碳产品隐含排放。其中,用户购入电力按照省级电网统一碳排放因子核算碳排放量,由于未考虑用户购入电量中绿电比例差异,采用统一折算因子无法真实反映用户碳排放水平。以华东某外向型企业为例,其年购入电量为 1 亿千瓦时,为增强国际竞争力,其绿电购入比例达 30%,明显高于当地可再生能源电力消纳责任权重,按统一折算因子核算,该企业购入电力对应的碳排放量为 7.92 万吨/年,而该企业由于购入高比例绿电,其购入电力对应的实际碳排放量仅为 5.97 万吨/年。

四是碳价向电价传导难度大。火电企业通过技术改造或在碳市场购买碳排放权,均将带来碳减排成本。当前全国碳市场碳价水平在 40～50 元/吨(折算为度电成本约为 0.05 元/千瓦时),明显低于国际水平。随着碳市场配额分配日趋收紧,全国碳价将呈上涨趋势。欧盟碳市场碳价向电力市场的传递率为 0～1，我国电力市场化程度不及欧美，且碳市场刚刚起步，碳价向电价传导更为困难。电力富余时，火电企业通常采用报低价策略，电价难以反映碳价成本；电力紧缺时，火电企业通常报高价来传导碳减排成本，从而推动电力用户更倾向于购买绿电。火电企业难以向居民、农业等保障性电力用户传导碳价。面对碳价传导困难，火电经营效益将进一步下滑，从而降低系统发电容量充裕性，电力供应保障面临更大挑战。

五是绿电和 CCER 交易衔接机制不健全。电力市场中的绿电交易与碳市场中的 CCER 交易相对独立，风、光等新能源发电企业既可参与绿电交易，也可参与 CCER 交易，而当前绿电交易和 CCER 交易衔接关系尚未明确，新能源发电企业可在两大市场同时获利。同时，《碳排放权交易管理办法（试行）》将 CCER 交易的碳减排抵消比例限制在 5%，抵消比例过低，不利于提高用户消费绿电的积极性。

3）"电－碳"市场协同发展构建

立足实现"碳达峰、碳中和"目标，加快"电－碳"市场协同发展，需要政府层面持续完善"电－碳"市场相关机制，不断夯实"电－碳"市场协同发展、同向发力的政策基础。

在"电－碳"市场建设进程上，充分考虑电力市场建设进度和模式差异，强化碳市场顶层设计，持续完善市场覆盖范围、总量目标和配额分配等制度。逐步将高耗能、交通运输等行业以及售电公司等主体纳入碳市场，确保电、碳两大市场参与主体范围更加一致。加强碳市场与电力市场交易平台的互联互通和信息共享，支撑电、碳市场协同运转。

在"电－碳"市场配额目标上，健全碳排放配额和可再生能源消纳责任权重总量设定方法，既要充分考虑产业结构升级和节能技术进步带来的碳排放强度变化，又要精准考量绿电消费增加带来的碳减排贡献。加快推动各市场主体承担的可再生能源电力消纳责任权重差异化设定，对高耗能、高排放等主体设置更高权重，依托两大市场共同推进能源电力清洁化发展。

在"电－碳"市场考核规则上，加快建立统一规范的碳排放统计核算体系，依托电力市场交易区分用户的绿电消费量和化石能源电力消费量，充分体现绿电零碳特征，确保碳排放考核更加精准。明确绿电对应的碳减排量全额纳入碳市场配额核减，促进市场主体积极参与电力市场绿电交易、加大绿色电力消费，通过电力市场中的绿电交易建立"电－碳"市场相互促进的纽带关系。

在"电－碳"市场价格机制上，健全以新能源为主体的新型电力市场体系，探索和建立体现容量备用价值的电力容量市场，形成容量补偿机制；新增转动惯量、爬坡等辅助服务新品种，依托绿电在两大市场中的环境价值，探索能源转型成本疏导新路径。健全碳价发现机制和价格传导机制，推动保障性用户承担的碳减排成本，通过电价附加等方式向用户合理传导,确保全社会碳减排成本传导范围覆盖全部用户。

在"电-碳"市场交易品种上,明确风、光等新能源发电企业参与电力市场中绿电交易和碳市场中 CCER 交易的衔接关系,取消绿电和 CCER 交易碳减排抵消比例限制,合理设计绿电和 CCER 交易的互认抵扣机制,推动电力市场中绿电交易的碳减排信号向碳市场传导,实现碳价和绿电环境价值互动互促、均衡发展。

5.4 对市场机制提出新的要求

根据"碳达峰、碳中和"目标要求,经济社会发展对能源电力安全和能源电力技术的要求主要体现在一次能源消费总量下降、非化石能源消费占比提升等方面。要实现该目标,能源是主战场,电力是主力军,电网是排头兵,大力发展风能、太阳能等新能源是关键,需要通过打造新型电力系统来构建清洁低碳、安全高效的能源体系及新能源供给消纳体系。

5.4.1 创新市场机制

面对我国能源禀赋与资源分布的客观事实,以及人民对优质生活和电力供应的基本需求,城市能源市场发展面临新的挑战,能源消费转型、电力市场建设是实现多元融合高弹性电网建设战略目标的有力措施和重要保障。完善的市场机制能够通过供需水平、安全要求和弹性需求识别弹性资源的内在价值,唤醒沉睡资源,实现优化配置。

1)中国电力市场化改革在能源低碳转型中面临的问题

近年来,我国清洁能源发展步伐加快,水电装机持续增加,风电、光伏发电新增装机量双双位列世界第一。但是随着可再生能源的快速发展,弃水、弃风、弃光问题开始出现,虽然近阶段有所改善,但在局部地区仍呈现出不少困难。各地出现的清洁能源消纳困难局面,直接原因是风电、光伏发电等具有间歇性、波动性的新特点,以及局部地区输电通道不足,全国电力需求增速下降等,但深层次的原因还在于我国大部分地区电力系统运行灵活性不足、清洁能源开发与市场需求不匹配、输电通道规划不合理、配套消纳机制不健全、市场机制不健全等问题[12]。从长期来看,这些问题将成为我国进一步推动清洁能源开发利用和能源低碳转型的重大挑战。从能源需求侧看,电力终端价格还未实现真正的市场调节,用能终端灵活定价机制不完善,缺乏对"再电气化"的支持,缺乏对用户在脱碳、降碳用能方面的价格引导机制。通过对促进清洁能源消纳政策和市场机制的梳理,以及对清洁能源消纳现状的分析,我国电力市场化改革在促进低碳转型方面所面临的主要问题和挑战可总结如下。

（1）缺乏激励系统灵活性资源的市场交易机制。目前我国电源结构中火电机组占比高,其他电源本身占比较小,由于长期缺乏对提供灵活性服务电源的市场激励机制,系统灵活调节能力、调节意愿都严重不足,亟需一种能有效激励系统灵活性资源的机制。火电作为"三北(东北、华北和西北地区)"新能源富集地区最主要、最基础的灵活性资源,在传统管理体制下,却没有太大动力主动提供调峰服务。传统对火电机组提供的调峰服务补偿,采用政府统一定补偿价格、电力调度机构按需调用的模式,这种模式激励效果有限,原因在于:① 补偿标准一刀切,难以准确反映调峰在系统不同运行态势下的真实价值;② 定价无参考,政府与发电企业的信息不对称容易造成欠补偿或过补偿,大多数情况下火电机组回收的补偿费用难以弥补其少发电的机会成本;③ 调度机构难以及时、全面掌握机组运行状态和供热情况,无明确原则调用火电调峰资源可能造成机组不经济运行或影响供热质量。

（2）涉及清洁能源的电力规划缺乏价格信号引导。我国风电、光伏发电等新能源装机主要集中在"三北"地区,在新能源大发展时期,其规划建设往往更多考虑风、光等自然资源禀赋情况,较少考虑投资效益和电力送出问题,不少地区出现过已有风电长期大量弃风而新的风电场还在不断建设的情况。受经济发展水平影响,"三北"地区负荷需求小,增长乏力,因此清洁能源往往需要通过输电通道跨省区消纳。由于缺乏市场交易价格等信号的引导,我国目前消纳清洁能源的输电通道规划和建设缺乏系统性优化,特别是缺乏与低碳电源规划的协同。由于风、光等新能源发电具有随机性、波动性的特点,其可信容量较低,外送通道的建设需要考虑经济性。如果按照清洁能源装机容量配套建设输电通道,则会造成电网资源的严重浪费,增加输配电费用;而按照清洁能源保障出力建设输电线路,则会造成清洁能源资源丰沛时期出现严重的窝电现象,且不利于清洁能源电站的扩展。

（3）跨省区消纳清洁能源的机制不完善。在当前用电增速放缓、产能过剩的情况下,出于对本省发电企业利益保护,各省消纳包括清洁能源在内的外省电力的意愿普遍不强,省间壁垒逐渐显现。受限于省间壁垒,调度能采取有限的手段,只能通过跨省互济支援等措施来最大限度消纳清洁能源,而且跨省区消纳可再生能源的经济性也无法评价。

（4）用能终端灵活定价机制不完善,缺乏对"再电气化"的支持。当前我国电力现货市场建设尚在探索阶段,电能量市场普遍缺乏灵活的定价机制,无法反映发、用双侧供求关系的实时变化,不利于发挥风电、光伏、径流式水电等清洁能源低边际成本优势。特别针对某些特定时期和时段,当前电力市场化交易无法支撑面向清洁能源消纳的灵活性定价,导致用电侧无法感知实际电力系统运行中的供需变化,进而丧失某些支撑终端需求侧电能替代的用电价格优势,以致阻碍能源消费终端"再电气化"的进展。

　　2）市场化机制是解决低碳转型的重要抓手

低碳转型与市场化机制创新有着重大的关联性，由于低碳转型涉及风险管理、预期引导、宏观政策、投资观念等金融体系的方方面面，市场化机制在低碳转型过程中起到至关重要的作用。

例如，在所有减少碳排放的方式中，碳排放权交易是最有效的市场化方式。目前，全球减少碳排放的实践有三种方式：碳排放配额、碳税和部分国家实行的补贴政策。碳排放配额是采用最广泛的"定价方式"，碳税与补贴高效发挥作用需要市场化交易形成合适的价格作为参考，否则在实践中难以收到成效。碳排放权交易可以很好地引导全社会的资源分配，是一种长期可持续的方式。碳排放配额下，企业可以采用更先进的低排放设备或对现有设备进行低排放改造，也可以从碳排放配额富余的企业购买碳排放额。碳排放权价格体现了产出增长、排放配额和技术进步等多种因素的综合作用。在价格信号的引导下，企业自主选择主动减排或购买排放权额度，进行碳减排融资。碳减排融资包括企业自己开展碳减排的融资问题以及低碳技术的投融资问题。

在推进我国新型能源市场发展的过程中，国际经验可作为很好的借鉴。按照金融市场发展规律来建设能源市场，同时发挥好能源市场化机制在稳定预期及风险应对方面的作用，需要重点关注以下几方面。

一是低碳转型需要金融体系管理好风险。低碳转型过程中，大量高碳资产加速折旧，在正常使用寿命前不再产生经济效益，成为"搁浅资产"，造成金融机构风险敞口。在很短的时间内完成这一转型，必然要求协调好金融系统的吸收损失能力与转型速度。此外，低碳转型可能会形成一些区域性、行业性风险，要有一定的压力测试与应对预案。

二是低碳转型需要引导好预期。低碳转型影响很大，社会各行各业需要形成稳定的风险预期，在此基础上才能不干扰各类信用定价和产品定价。应对气候变化、实现"碳中和"需要大规模的资金支持，应着重考虑如何引导好全社会的金融资源配置、高效解决低碳发展中最为关键的投融资问题。

三是低碳转型对宏观政策有潜在的重要影响。低碳转型的政策手段可能导致特定商品的价格指数上升，影响通胀水平，对潜在增长率也有一定影响，要纳入未来的货币政策框架中。

四是低碳转型需要全社会转变投资理念。低碳转型需要改变投资风格，可持续投资应成为被市场认可的理念，环境、社会与治理（ESG）投资的基金将逐渐增多。因此，国内低碳转型需要相关部门在政策支持工具、金融监管政策等方面加大引导力度。

5.4.2　完善电力市场

新能源发电具有间歇性、随机性、波动性的特征。高比例新能源接入,将对电力系统安全稳定运行、电力市场建设带来挑战。完善电力市场是应对新能源高速增长的重要举措,国外在推动清洁低碳转型过程中出现过若干问题,其相应措施对于"碳达峰、碳中和"背景下我国电力市场建设具有很好的借鉴意义。

1) 完善区域电力市场体系,防控极端价格信号

随着西欧国家近年来新能源高比例接入,在风力、光伏电力供应高峰时期负电价频发。负电价平均小时数由 2018 年的 511 小时翻倍至 2019 年的 925 小时,2020 年上半年西欧各国也有 100～200 个小时出现负电价。负电价将导致化石能源发电企业的经营风险加大,短期极端价格信号误导电源远期投资建设,不利于电力市场健康可持续发展,不利于稳定可靠供电。

欧洲应对负电价主要有以下三种有效措施[14]。

一是加大西北欧(包括法国、德国、荷兰、比利时、卢森堡、英国、北欧地区和波罗的海国家)的市场耦合,2012 年实现了日前电力市场耦合,2018 年实现了日内电力市场耦合,利用跨境交易能力汇总实现更大范围供需,缓冲局部地区、局部时段的极端供需情况。

二是完善健全电力金融市场,推进电力市场与期货市场联动,一方面将电价波动风险转移给金融市场主体,另一方面通过远期合约交易发现未来 5～10 年的电力价格,引导发电投资和产业布局。

三是优化市场设计,负电价持续一定时间后,可再生能源发电方将不再享受补贴,引导理性报价。

2) 优化源、网、荷、储一体化发展,保障退煤、退核后的电力可靠供应

德国将在 2022 年底停止本土核电项目运行,并决定于 2038 年完全退出煤电。与此同时,2020 年德国可再生能源发电占比已经达到了 45%,并规划到 2030 年可再生能源发电占比将提升至 65% 以上。这将给德国电网安全稳定性和供电可靠性带来巨大的挑战。

应对措施包括以下方面:一是加大电网互联,增强系统灵活互济能力,包括建设跨国输电线路和国内南北输电线;二是加大氢能应用;三是增加电储能以及需求侧响应容量;四是发展燃气电厂和抽水蓄能电站;五是提升新能源功率预测精度。

3) 挖掘系统调节能力和需求侧响应能力,平抑新能源发电波动性与间歇性

由于可再生能源快速增长,美国加州一天当中电力净负荷情况从过去的"驼峰曲线"变为"鸭子曲线"。加州可再生能源发电比例预计将在 2030 年达到 50%,届时"鸭子曲线"的"背部"会更低,"脖子"会更长,对加州电网安全稳定运行提出更大挑战。

主要应对措施包括以下几种：① 鼓励更多包括气电、抽水蓄能电站在内的灵活性电源建设；② 扩大平衡市场的范围，依靠区域网络容量加强调节性资源互济；③ 部署大量"太阳能＋储能"项目，同时拓展其他储能方式；④ 建设开放式自动需求响应项目；⑤ 设计更加精密的峰谷电价结构（如分时电价和实时电价），鼓励移峰填谷。

5.4.3 创新电力市场机制

构建清洁、低碳、安全、高效的能源体系，需要推进适应其需求的电力市场机制创新，以此推动多种能源方式互联互济、源网荷储深度融合，实现清洁低碳、安全可靠、智慧灵活、经济高效等目标。

1）构建新型电力市场体系

与传统电力系统相比，新型电力系统的"新"主要体现在以下四个方面。

（1）从供给侧看，体现为新能源逐渐成为装机和电量主体。

（2）从需求侧看，体现为终端能源消费高度电气化和电力"产消者"大量涌现。电能是优质、清洁的二次能源，在现代社会得到广泛应用。随着新型电力系统建设，电能应用范围将进一步扩大，并延伸拓展到许多以前不用电的领域。

（3）从电网侧看，体现为电网发展将形成以大电网为主导、多种电网形态融并存的格局。新的电网发展格局，将为新能源高效开发利用和各类负荷友好接入提供有力支撑。

（4）从系统整体看，体现为电力系统运行机理将发生深刻变化。在新型电力系统中，由于新能源发电具有随机性、波动性，无法通过调节自身发电出力来适应用电需求的变化，必须通过储能技术的发展和需求侧响应等措施，依靠源网荷储协调互动，实现电力供需动态平衡。

为助力建设新型电力系统，应加快构建配套新型电力市场体系。通过完善电力市场体系，优化市场资源配置作用，协同政府职能作用，推动新型电力系统稳步建设，保障能源消费结构持续健康转型。具体实施需要考虑如下方面。

（1）着力构建适应大规模新能源发展的电力产供储销体系，保障电力安全可靠。构建新型电力系统必须坚守的底线就是要确保安全供应，另外，还应具有以下作用：① 发挥电网资源配置的平台作用；② 推动坚强局部电网建设；③ 合理推动支撑性电源建设、基础性电源建设；④ 构建规模合理、分层分区、安全可靠的电力系统，强化电力安全和抗灾能力，扎实提升电力工业本质安全水平。

（2）着力提升电力系统的灵活调节能力。通过电源、电网、需求、储能等方方面面来推动电力系统灵活调节能力的提升，适应大规模新能源并网后的要求。新能源并网后，不能出现大量弃风、弃光问题，也不能出现缺电问题，要保障供电安全,将波动性、间歇性的新能源特点,通过系统的灵活调节,变成友好的、确保用户供应的新型系统特征。

（3）着力推动源网荷储的互动融合,提升系统运行效率,满足各类用户多样化用能需求。引导电力新模式、新业态持续健康发展,供给侧要实现多能互补优化,需求侧要电热冷气多元深度融合,不断提高获得电力的服务水平,实现高比例新能源充分利用与多种能源和谐互济。推动电力系统与先进信息通信控制技术的耦合发展,培育新型商业模式,提升电力的综合能源服务水平。

（4）着力加大新型电力系统关键技术的集中攻关、试验示范、推广应用。促进人工智能、大数据、物联网先进信息通信等技术与电力技术的深度融合,形成具有我国自主知识产权的新型电力系统关键技术体系。要组织攻关一些"卡脖子"的关键技术,加快关键技术的研发应用等,开展一批新型电力系统的创新性工程示范。

（5）着力推进电力市场建设和体制机制创新,构建新型电力系统的市场体系。通过电力市场机制、运行机制、价格机制的不断完善,发挥好市场配置资源的决定性作用,更好地发挥政府作用,加快建设适应新能源快速发展的统一开放、竞争有序的电力市场体系[16]。

2）建立煤炭市场价格长效机制

在现行的电价机制下,煤电企业主要靠电量收入。随着新能源发电占比提高,煤电功能逐步由"基础保障电源"转变为"基荷与调峰并重",发电小时数将会显著下降,机组长时间处于待命状态,电量收入明显减少,长期来看无法覆盖机组成本。要统筹考虑煤炭行业合理成本、正常利润和市场变化,研究建立"基准价＋上下浮动"的煤炭市场价格长效机制,并加强与燃煤发电市场化电价机制的衔接,同时完善配套措施、着力强化监管。对不严格执行市场价格机制的行为,将依法依规严厉查处,引导煤炭市场回归理性,引导煤炭价格回归合理区间,推动煤、电行业持续协调健康发展。同时,应进一步统筹支持现役煤电机组节能降碳改造、灵活性改造、供热改造这"三改联动",逐步完善煤电机组最小出力技术标准,科学核定煤电机组深度调峰能力,完善支持灵活性煤电机组的价格补偿机制,提高企业投资运营煤电机组,发挥煤电机组调节能力的积极性。

推动建立长期稳定供需关系,有利于保证能源供应安全。煤炭和煤电是我国的基础能源和基础电源,承担着保障能源安全、保持国民经济稳定运行的重要作用。煤炭与发电存在唇齿相依的关系,将继续发挥其能源安全稳定供应的"压舱石"和支撑可再生能源快速发展的"稳定器"作用。作为紧密联系的上下游产业,应在市场竞争中自发形成"风险共担、利益共享"的长期稳定合作关系。因此,应重视研究建立煤炭价格区间调控长协机制,通过保障煤炭价格在合理区间运行,维持煤炭生产、流通、消费等基本平稳,推动煤、电上下游产业建立长期稳定的协同发展和战略合作关系,有效保障国家能源安全底线。

逐步形成稳定的市场预期和价格水平,有利于促进煤炭、电力等上下游行业的健康持续发展。近年来,电煤价格持续在高位,煤电企业大面积亏损的情况持续出现,电煤市场机制失灵。这不但给电力企业的生产带来压力,更严重影响电力供应安全。将煤炭(尤其是电煤)价格稳定在合理区间,不仅是保证煤炭、电力等上下游行业持续健康发展的根本需要,也是稳定市场预期、稳定市场有序运行的基本要求,将有利于保障整个产业链安全、健康、和谐、稳定、有序发展。

逐步形成完善电煤价格形成机制,充分发挥有效市场和有为政府的作用。从历史数据看,煤炭价格在大趋势上维持稳定,短周期内存在较大幅度波动。因此,煤炭中长期合同价格限定在一定范围内,有助于加强煤炭市场调控,保障市场秩序。2021年保供降价的实践表明,在市场失灵、煤炭价格出现不正常上涨的情况下,只有更好发挥有为政府作用,加强对煤炭价格的调控,才能引导煤炭价格回归合理区间。但从长期来看,在稳定中长期合同煤炭价格的基础上,进一步完善电煤价格形成机制,充分发挥市场的调节作用,才能保障健康发展。

进一步理顺价格关系,有利于电力市场化改革的深入推进,破解多年来煤炭电力价格形成机制不匹配带来的政策梗阻。在加强煤炭市场价格区间调控的同时,还应鼓励煤炭企业与燃煤发电企业在合理区间内开展中长期交易,鼓励燃煤发电企业与电力用户在中长期交易合同中明确煤炭、电力价格联动机制。一方面,可以将燃料采购成本的波动有效向外传导,缓解煤电企业的经营压力;另一方面,有助于进一步还原电力的商品属性,建立价格对成本、供需的反应和传导机制,有效平衡电力供需,充分发挥市场机制的资源配置作用。

3) 设计服务绿色电力全生命周期的市场体系

在新型电力系统的构建中,新能源参与电力市场将成为必然趋势,电力市场设计需要研究如何适应新能源的物理特性。

当前电力市场规则的设计更多是从常规电厂的特点出发,比较适合常规电厂规模大、出力稳定、易于控制等特点,不能适应新能源发电的预测困难、波动性大、单体规模小、比较分散等物理特性,市场机制需要主动适应新能源的发电特性。从生产特性来看,新能源发电具有波动性、随机性、间歇性特点。从系统平衡视角来看,新能源发电在远期是概率性有效容量平衡,在中期和近期是电量总体平衡,在实时体现为可预测的新能源电力与调节性电力共同平衡。从利用一次能源来看,新能源发电与传统能源发电最大的不同点在于一次能源难以储存。

电力市场模式下,常规火电可以获得容量、电量和辅助服务收入,而新能源在容量和辅助服务方面则没有优势。如果要求新能源参与电力市场,一方面要形成社会对新能源电量的稳定需求,另一方面要对新能源绿色价值的部分给予正确定价,如此才能促进新能源的投资、生产、交易和消纳。考虑未来的电源结构,需要建立中远期权益类市场与平衡市场的复合市场体系,以及反映电能量、发电容量、辅助服务价值的全交易品种。

综合分析,新型电力市场体系需要结合新能源特性,依托新型电力系统,坚持顶层设计、循序渐进、安全稳定、公平竞争、绿色发展的原则,做好"规划交易执行"全时序统筹、"上下内外"全方位衔接,实现"源网荷储"全生命周期价值覆盖[17]。

(1)"规划交易执行"全时序统筹。

结合新能源电力电量平衡特性,从规划、交易、执行三个维度,提出从中长期到实时阶段、省内到省间的市场框架设计。

在规划维度(5~20 年及以上阶段),市场设计需要以保障远期电力供给为前提,为新能源发电项目提供稳定的预期收益,满足"碳达峰、碳中和"目标下新能源用能需求。相比于化石能源发电,用电企业更注重获得绿色电力的独有性和全生命周期的环境价值。随着补贴退坡,新能源发电企业也需要预期稳定的现金流支撑贷款投资、建设运营。因此,规划维度的市场空间需要根据有效容量概率确定新能源装机规模,框定多电源类型发电互补的总体布局。交易主体主要为新能源发电企业、用电企业以及电网公司。

市场关键机制包括中长期购售电合同(PPA)、容量市场/容量补偿机制。发电、用电企业通过签订 PPA,满足发电企业的项目融资需要,为用电企业提供独有性、全生命周期的绿电所有权。发电企业与电网公司签订保障性收购合同也可以满足项目投资需要。电价机制方面,PPA 价格需要体现电能量价值、环保价值,可以灵活设计价格联动机制以及期权等工具。

由于新能源发电特性难以完全匹配用电需求,发、用电企业通常选择签订中长期差价合约,合约仅作为结算依据,可以约定分时结算曲线;发电、用电企业仍需要参与其他中长期交易或现货市场,或者与电网签订购售电合同。当火电利用小时数预期低于盈亏平衡小时数(通常为 4 000~5 000 小时,与电煤价格和上网电价有关)之后,需要引入年度及以上的容量市场或容量补偿机制,合理量化并补偿火电减发电保容量的贡献。

在交易维度(多日至 5 年),市场设计需要满足新能源总体电量平衡需要,结合新能源电量预测技术开展电能量交易,满足用电侧灵活购买绿色电力的需求。现有中长期市场机制下,以年度、月度市场化交易计划为基础开展新能源优先消纳、常规电源三公调度。通过月度长周期结算抵消新能源发电波动性、随机性,控制执行偏差。当新能源发电占比不断提高、月度偏差较大且难以实现公允的偏差结算时,则需要引入月度以内的短期市场,提供频次高、流动强的调整手段。

市场关键机制主要是面向全体电源的分时段电能量交易,以及面向调节电源的中长期备用容量、黑启动等辅助服务交易。分时段合约设计应注重流动性,考虑各方最大公约数,按照"远粗近细"的原则划分时段,例如年基荷合约、月或周峰平谷合约、单日分时合约等。集中式现货市场启动后,中长期市场可以交易到$(D-1)$日,使交易精准贴近实际生产,减少风险敞口。根据市场发展,积极探索电力期货、期权、金融输电权等在内的金融衍生品交易,进一步增加市场流动性,完善风险规避、价格发现功能。

在执行维度(日前—实时阶段),市场设计需要实现发电能力平衡和调节能力平衡。关键机制包括现货电能量市场,调频、调峰等辅助服务市场,以及需求响应机制。电能量现货市场主要包括日前、日内市场和实时市场,通过集中优化调用各类调节资源,不断贴近实时供需平衡。依托调频、调峰等市场价格信号,激励具有灵活调节能力的机组参与实时电力平衡。通过需求响应机制,挖掘用电负荷、储能、电动汽车等用户侧资源灵活调节能力。依托新型电力系统的控制、计量、通信等技术,聚合各类分布式资源、虚拟电厂协调优化运行。

(2)"源、网、荷、储"全生命周期价值覆盖。

考虑电源、电网、负荷各类主体及储能的可持续发展,新兴市场体系需要支撑项目投资、项目建设、生产运行、监测评估全环节,反映市场价值和社会贡献并获得合理收益。

在投资环节,通过中长期购售电合同、新能源友好型市场服务、优惠支持政策等方式激励新能源发电企业投资,保障新能源发电项目发展。在项目建设环节,结合可再生能源电力消纳监测评估,根据新能源发电交易及结算情况滚动发布消纳指标并提出预警,引导风、电、光伏项目优化配置、合理安排装机增速。

在生产运行环节,建立适应高比例新能源接入的灵活调节机制,合理发挥传统能源发电的调节能力价值,实现新能源优先消纳。在监测评估环节,聚焦碳足迹耦合碳排放全过程监测。基于企业用能数据开展碳排放数据监测,追踪碳足迹,推演未来碳趋势,助力企业优化运营策略、科学实现用能达峰。

5.5　本章小结

能源市场的体制机制创新一直是城市能源转型中最难突破的一个环节。近年来,国家出台了诸如能耗"双控"及碳排放"双控"政策、可再生能源消纳保障机制、绿电交易、绿色电力证书交易、碳排放权交易、用能权交易等多类政策,为不同时期的能源转型问题提供解决方案,分别涉及一次能源市场、电力市场、碳排放权交易市场、用能权交易市场等多个市场,多个市场之间相互影响,存在着复杂的依存关系。实现"碳达峰、碳中和"目标,需要进一步完善能源领域相关体制机制,切实解决各项政策在实际推动过程中存在交叉重叠的问题。

参 考 文 献

［1］英国石油公司(BP).BP 世界能源统计年鉴[R].伦敦:英国石油公司,2021.

［2］黄晓勇,崔民选.世界能源蓝皮书:世界能源发展报告(2021)[M].北京:社会科学文献出版社,2021.

［3］葛连昆.国家石油储备稳定市场机制大有可为[N].中国能源报,2021 - 09 - 30.

［4］中华人民共和国国家统计局.中国统计年鉴[M].北京:中国统计出版社,2021.

［5］李蕾.引入市场机制 完善中国石油储备体系[J].债券,2020(12):86 - 89.

［6］全球能源互联网发展合作组织.中国 2030 年前碳达峰研究报告[R].北京:全球能源互联网发展合作组织,2021.

［7］陈政.重构电力市场体系必要又迫切[N].中国能源,2021 - 08 - 19.

［8］崔晓利.中国电力发展与改革形势分析(2021)[R].北京:中能传媒研究院,2021.

［9］钟声.以新能源为主体的新型电力市场体系前瞻[N].中国能源报,2021 - 07 - 22.

［10］奉椿千.排污权交易市场 2020 年进展及政策建议[R].北京:中央财经大学绿色金融国际研究院,2021.

［11］Slater H, de Boer D,钱国强,等.2021 年中国碳价调查报告[R].北京:ICF,2021.

［12］中华人民共和国国务院新闻办公室.新时代的中国能源发展[R].北京:中华人民共和国国务院新闻办公室,2022.

［13］陈志峰.论碳中和背景下我国用能权交易市场规则之完善[J].北方法学,2022,16(2):37 - 48.

［14］国网上海市电力公司企业智库(创新发展研究中心).上海市电力发展分析与展望(2011)[M].北京:中国电力出版社,2022.

［15］南方电网公司.数字电网推动构建以新能源为主体的新型电力系统白皮书[R].广州:南方电网公司,2022.

［16］江郑星.中国国际电视台(CGTN)专访中国国家电网有限公司董事长辛保安[N].潇湘晨报,2021 - 09 - 18.

［17］赵云灏."3060"目标下电力数字化发展路径思考[R].北京:中国能源网,2021.

党的二十大报告提出,要推动能源清洁低碳高效利用,推进工业、建筑、交通等领域低碳转型。在"碳达峰、碳中和"目标的大环境下,能源革命与数字革命加速融合、"大云物移智链"等先进技术广泛应用,未来城市的能源基础设施建设必将着力于新型电力系统建设,在能源领域构建物理信息社会融合系统,以综合性智慧管理打造新型能源体系。

6.1 新型电力系统概念内涵与框架体系

"碳达峰、碳中和"目标下的城市能源转型需要解决当前能源系统存在的各种问题,推动整个能源系统变革,提高可再生能源比重,促进化石能源清洁高效利用,提升能源综合效率。

2021 年召开的中央财经委员会第九次会议指出,"要构建清洁低碳安全高效的能源体系,控制化石能源总量,着力提高利用效能,实施可再生能源替代行动,深化电力体制改革,构建以新能源为主体的新型电力系统"。这是党中央以新发展理念为引领,对新发展阶段我国能源电力事业发展方向作出的重大战略部署,为能源电力发展明确了行动纲领和方向指引。

6.1.1 特征内涵

国家电网有限公司董事长辛保安[1]在《加快构建新型电力系统,携手走好绿色发展之路》中指出,新型电力系统是以新能源为供给主体,以坚强智能电网为枢纽平台,以源网荷储互动和多能互补为支撑,具有清洁低碳、安全可控、灵活高效、智能友好、开放互动基本特征的电力系统。新型电力系统与能源互联网在基本内涵上具有高度一致性,都指明了电网转型发展的方向。

在"碳达峰、碳中和"目标下,高比例新能源接入将对电力可靠供应、系统安全稳定运行产生深刻的影响,电力系统"源、网、荷、储"各环节将深度调整,统筹考虑电网发展、安全电力供应与清洁转型、电力资产存量和增量的关系,研判电力系统重大问题发展趋势,制定电力系统演进路线,明确电力系统发展方向,构建有更强新能源消纳能力的新型电力系统。

新型电力系统是贯通清洁能源供给和需求的桥梁。随着新能源大规模开发、高比例并网,并逐步成为电力供应的主体,系统电力电量平衡、安全稳定控制等将面临前所未有的挑战,传统的电力系统难以有效适应。因此,构建功能更加强大、运行更加灵活、更加具有韧性的新型电力系统,打通能源供需各个环节,实现源、网、荷、储高效互动成为迫切需求。

新型电力系统是释放电能绿色价值的有效途径。能源行业碳排放占全国总量的 80% 以上,电力行业碳排放在能源行业中的占比超过 40%。通过绿色电力能源中介,引导能源生产和消费产业链的绿色转型,实现电能绿色价值顺利传导至终端用户。以终端用能电气化推动能源利用节能提效,增强绿色发展内生动力,推动能源产业链转型升级。

1) 运行特性

新型电力系统包含发、输、变、配、用、储等各环节高度耦合的物理系统和与之相适应的信息系统,通过科学化、制度化、规范化的管理来实现系统的稳定高效运行。随着"碳达峰、碳中和"进程加快推进,能源生产加速清洁化,能源消费高度电气化,能源配置日趋平台化,能源利用日益高效化。

能源格局的深刻调整,必将给电力系统带来深刻变化。电源结构由可控连续出力的煤电装机占主导,向强不确定性、弱可控出力的新能源发电装机占主导转变。负荷特性由传统的刚性、纯消费型向柔性、生产与消费兼具型转变。电网形态由单向逐级输电为主的传统电网向包括交直流混联大电网、微电网、局部直流电网和可调节负荷的能源互联网转变。技术基础由同步发电机为主导的机械电磁系统,向由电力电子设备和同步机共同主导的混合系统转变。新能源、电动汽车、电解铝、硅等接入电网本质上都依赖电力电子设备,规模化的接入导致电网的转动惯量下降,抗扰动性能变弱,大大降低全系统抵御故障冲击的能力。

运行特性由源随荷动的实时平衡模式、大电网一体化控制模式,向源网荷储协同互动的非完全实时平衡模式、大电网与微电网协同控制模式转变。传统电力系统运行逻辑是"源随荷动",需求侧用电多少无法自由控制,需要用可控的发电来匹配用电的变化,并在实际运行过程中滚动调节,实现电力系统安全可靠运行。这一特性决定了必须要有充足、符合电网运行条件的电源。然而,以风电、光伏为代表的新能源具有波动性、随机性、间歇性的特点,无法适应"源随荷动"的基本要求,打破了传统的稳定运行机制。尤其是高占比新能源的装机容量,对于电力系统而言是史无前例的,传统的运行模式已经无法适应高占比新能源电网的运行需求,需要多种要素共同参与互动。

新能源发电系统、储能等采用集中式或分布式的方式接入电网的源、网、荷各端,使得"电源"和"负荷"的概念与传统发生了很大变化,各元素之间相互耦合。随着电力系统组成元素增加,元素之间的交互耦合以及特性的变化,使得电网的规划、设计、运行、控制变得更为复杂。

2)内涵特征

新型电力系统的内涵特征可以从供给侧、需求侧、电网侧以及系统整体等多个维度来认识。

从供给侧看,新能源将逐步成为装机和电量主体。截至 2020 年底,我国风电、太阳能发电装机约为 5.3 亿千瓦,占总装机容量的 24%。随着能源转型步伐持续加快,预计 2030 年风电和太阳能发电装机将超过 12 亿千瓦,规模超过煤电,成为第一大电源;到 2060 年前,新能源发电量占比有望超过 50%,成为电量主体。在此消彼长中,煤电将从目前的装机和电量主体,逐步演变为调节性和保障性电源。

从需求侧看,发电、用电一体的"产消者"大量涌现。随着分布式电源、多元负荷和储能快速发展,很多需求侧主体兼具发电和用电双重属性,既是电能消费者,也是电能生产者,终端负荷特性由传统的刚性、纯消费型,向柔性、生产与消费兼具型转变,网、荷互动能力和需求响应能力将不断提升。

从电网侧看,呈现以大电网为主导、多种电网形态相融并存的格局。交直流混联大电网依然是能源资源优化配置的主导力量,配电网成为有源网,微电网、分布式能源系统、电网侧储能、局部直流电网等将快速发展,与大电网互通互济、协调运行,电网的枢纽平台作用进一步凸显,有效支撑各种新能源开发利用和高比例并网,实现各类能源设施便捷接入、即插即用。

从系统整体看,运行机理和平衡模式出现深刻变化。随着新能源发电大量替代常规电源,以及储能等可调节负荷广泛应用,电力系统的技术基础、控制基础和运行机理将发生深刻变化,平衡模式由源随荷动的实时平衡,逐步向源、网、荷、储协调互动的非完全实时平衡转变,气候因素的影响显著增大,电力系统与天然气等其他能源系统日益成为协调互动的整体。

6.1.2 框架体系

在全球新一轮科技革命和产业变革中,互联网、先进信息技术与能源产业深度融合,持续推动能源行业的变革。能源互联网作为一种将互联网与能源生产、传输、储存、消费以及能源市场深度融合的能源产业发展新形态被提出和发展。这项技术打破了不同类型能源相对独立的界限,形成了以电力系统为核心、多种类型能源网络和多种形式交通运输网络高度整合的新型能源供给和利用体系。

在 2022 年第二十七届联合国气候变化大会的活动上,辛保安[2]提出,构建全球能源互联网,将推动能源生产向清洁主导转变,能源配置向广域互联转变,能源消费向高效清洁转变,能够有力促进全球清洁能源大规模开发利用,为加快世界能源转型与碳减排提供有效路径。在全球能源互联网发展合作组织二届一次理事会上再一次指出建设全球能源互联网的过程,就是能源结构更低碳、能源供应更安全、能源利用更高效、各方协作更有力、技术创新更活跃、国际合作更深入的过程。

能源互联网是促进能源可持续发展的重要手段,而新型电力系统是现阶段"碳达峰、碳中和"目标下能源互联网发展的核心形态,是能源转型的关键环节,是新型能源体系的发展方向。现阶段推动电网向能源互联网升级的过程,就是推动构建新型电力系统的过程,因此能源互联网的框架体系在推动新型电力系统建设上基本可以适用。本小节依据《国家电网战略目标深化研究报告(2020 年)》,结合上海落地实践的相关情况,对能源互联网的框架体系进行了阐述。

能源互联网是以电为中心,以坚强智能电网为基础平台的城市能源系统-交通系统-信息系统-社会系统广域内嵌的新型基础设施,是具有多能源柔性互联、多主体弹性互济、多形态韧性互保等技术特征,以及具有钻石型配电网的物理形态、韧性电网的协同机制和数字孪生电网的数字生态等结构特征的智慧能源系统。能源互联网是电网发展的更高阶段。

能源互联网框架体系主要包括一个目标、两个支柱、三大体系、四大功能和五个特征。

1)建设目标

建设能源互联网的目标是推动电网技术、形态、功能全面创新发展,形成共享共赢的能源生态圈,服务和支撑敏捷智控的安全韧性城市以及绿色智慧的城市能源系统建设。

2)先进能源技术与先进信息融合技术

先进能源技术是能源互联网的新引擎。能源技术的进步是提升能源系统整体效率、多能转换效率和可再生能源消纳能力的关键,是能源革命的重要推手,是重塑能源经济结构的先导,为经济社会发展提供新动能。

先进信息融合技术是能源互联网的新基因。以新一代信息通信技术为代表的技术革命正在兴起,5G、新能源汽车充电桩、大数据中心、人工智能、工业互联网等"新基建"正在重构数字经济时代的关键基础设施,在与传统基础设施的深度融合中赋能经济社会发展。

3)能源网架体系、信息支撑体系与价值创造体系

如图 6-1 所示,能源互联网的内涵可概括为能源网架体系、信息支撑体系、价值创造体系,这三大体系互相支撑、有机融合。以能源网架为基础,以先进的信息

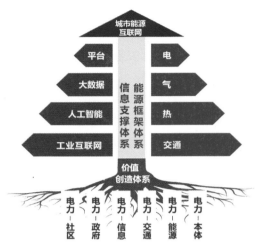

图 6-1 新型电力体系价值体系映射图

技术为支撑,便捷多元主体灵活接入,服务能源清洁低碳转型,提升能源综合利用效率,从而实现能源互联网的价值创造。

能源网架体系是能源互联网的物质基础,承载能源流,支撑电网成为能源综合利用枢纽和资源优化配置平台。信息支撑体系是能源互联网的神经中枢,承载信息流,以互联网为技术手段,提升能源网络的资源配置、安全保障和智能互动能力。价值创造体系是能源互联网的价值实现载体,承载业务流,以赋能传统业务、催生新的业态、构建行业生态为重点实现价值的共创共享。总体来看,能源网架体系和信息支撑体系共同构成"物理平台＋数字镜像",形成物数融合、虚实映射、软硬兼备的数字源头、信息基础和价值土壤。以此为基础,价值创造体系成为能源互联网战略的动力系统,是增量价值和创新价值,三者共同构成智慧能源系统。

4)能源互联网实现的四大功能

深化能源网架体系、信息支撑体系和价值创造体系"三大体系"建设,重点是要实现"夯实新基础、培育新动能、推进新治理、打造新生态"四大功能。

(1)夯实新基础,消除物理设施"竖井",促进能源互联互通。构建微能源网加虚拟电厂的能源耦合节点,与综合能源交通站、韧性配电网共同构成清洁低碳、互联互通的能源互联网架,构建能源供需系统、各类能源储存设施共同参与的高效城市能源网络,实现以电为中心的多种能源耦合互补、多元聚合互动。

(2)培育新动能,消除业务数据"烟囱",促进信息融通赋能。推进数据资产汇聚中心、转化中心、价值发掘中心建设,形成电网数据中台、运营中台,实现企业多维海量数据资产的盘点、整合、分析,打通"规建运营配调服"业务链、"变输配缆物"设备链、"源网荷储售"能源链,满足横向跨专业、纵向跨层级的信息共享、分析挖掘和融通需求。

(3)推进新治理,消除物理信息"断面",加快数字企业和数字电网建设。以使能技术和赋能平台为要素,构建"源网荷储售服＋大云物移智链"的物理信息双螺旋,坚持能源转型和数字化技术相融并进,坚持新旧基础设施深度融合,打造面向政府、企业、客户、市场的新型数据共享开放机制,形成新型信息保障体系,构建新型数字服务生态,全力支撑智慧城市、韧性城市发展。

（4）打造新生态，消除政策机制"壁垒"，促进业态迭代创新。构建矩阵式价值创造体系（见图6-2），横向上推动电力-本体、电力-交通、电力-能源、电力-信息强力耦合，纵向上实现基础设施建设、能源数据增值、能源服务提升，充分满足各类主体个性化、综合化、智能化的服务需求和用能体验。

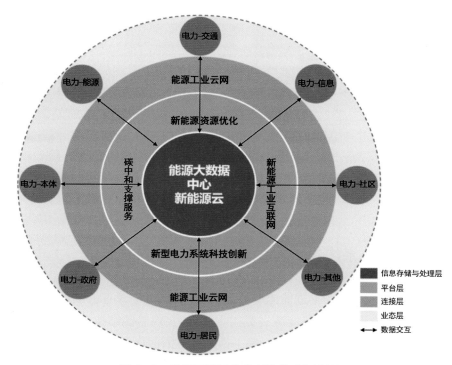

图6-2　能源互联网价值创造体系矩阵图

5）能源互联网的五个特征

能源互联网具有清洁低碳、安全可靠、泛在互联、高效互动、智能开放等核心特征（见图6-3）。

清洁低碳是指能源生产、传输、消费等各环节绿色环保，清洁能源充分消纳。安全可靠是指能源系统结构坚强，数据信息安全可靠，预防抵御事故风险能力和自愈能力强。泛在互联是指能源网络分布广泛，集中式、分布式能源设施及主体广泛接入，跨地域、跨品种能源互通互济，能源系统、信息系统和社会系统融合发展。高效互动是指能源配置和综合利用效率高，经济效益好，多能互补，源、网、荷、储协调，各类主体友好互动。智能开放是指具备灵敏感知、智慧决策、精准控制等能力，各类设施"即插即用"，服务用户多元需求，打破能源鸿沟和市场壁垒，推动市场开发，打造共赢生态。

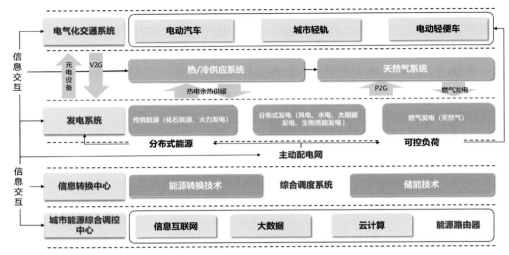

V2G—电动汽车向电网送电(vehicle to grid);P2G—电转气技术(power to gas)。

图 6 - 3 新型电力系统框架体系示意图

6.2 新型电力系统在城市的落地路径

新型电力系统已成为推进能源绿色低碳发展、保障能源可持续供应的重要解决途径,通过更大范围的城市能源资源优化配置,实现能源结构由高碳到低碳、能源利用由低效到高效、资源配置由局部平衡到大范围优化配置、能源服务由单向供给到智能互动的转变,最终有力推动城市能源发展向绿色低碳持续变革。

6.2.1 "碳达峰、碳中和"目标下的新型电力系统建设路径

推动电网向新型电力系统升级,服务国家"碳达峰、碳中和"目标实现,必须统筹好发展与安全,统筹好电力供应和能源转型,确保经济社会平稳发展,坚持以清洁低碳为方向、能源保供为基础、能源安全为关键、能源独立为根本、能源创新为动力,统筹把握好"五个推动",聚焦主要建设路径,打造清洁低碳、安全可控、灵活高效、智能友好、开放互动的新型电力系统,开辟绿色、低碳、可持续的能源发展新道路。

按照国家"双碳"目标和电力发展规划,预计到 2035 年,基本建成新型电力系统,到 2050 年全面建成新型电力系统。2021—2035 年是新型电力系统建设期。新能源装机逐步成为第一大电源,常规电源逐步转变为调节性和保障性电源。电力系统总体维持较高转动惯量和交流同步运行特点,交流与直流、大电网与微电网协调发展。系统储能、需求响应等规模不断扩大,发电机组出力和用电负荷初步实

现解耦。2036—2060 年是新型电力系统成熟期。新能源逐步成为电力电量供应主体,火电通过 CCUS 技术逐步实现净零排放,成为长周期调节电源。分布式电源、微电网、交直流组网与大电网融合发展。系统储能全面应用、负荷全面深入参与调节,发电机组出力和用电负荷逐步实现全面解耦。

6.2.2　城市能源变革路径

新型电力系统的建设运营需要在充分考虑各能源品种间相互融合的同时,考虑能源系统与城市其他子系统的协调互济。此外,从城市群的角度来看,城市群内各城市间的能源系统也存在紧密关系,如环境治理与生态保护联防联治等。因此,新型电力系统在城市中应用落地时也需要考虑城市间能源的统筹协调。

从世界范围内来看,智慧城市发展存在多方面的探索,但就能源角度来看,基本都停留在智慧能源城市即"新能源"城市的认识层面,更深入的新型电力系统在城市中的研究与设计基本处于空白。从国内来看,智慧城市建设偏重城市的信息化升级,而忽略了作为城市发展核心基础的能源子系统的规划建设,同时也缺少从城市整体角度去综合考虑城市能源系统的发展视角。从城市智慧能源系统建设推进细节来看,整体架构、信息化平台、新业态新模式等关键要素间的关系尚不明确,这在一定程度上阻碍了能源互联网的建设推进。探索城市能源变革时,应重点解决城市能源系统自身发展,以及能源系统与生态环境之间、能源系统与城市升级之间协调发展存在的系列问题。

不同的城市在建设新型电力系统前,应明确城市的建设基础和建设条件:① 明确当前城市能源系统发展现状,包括对城市供能的能源骨干网传输能力,能源品种、规模、供应方式,本地资源开发及区外供应潜力,用户用能品种比例、规模、特征;② 明确城市其他系统发展情况,智慧城市各子系统功能升级需求,能源系统与其他系统的融合程度;③ 分析城市特点,包括居民生产生活方式、环保理念、文化特点等。

结合国际经验和我国发展实际,推进城市能源变革应当从以下八个方面着手:

一是加强能源、生态环境与城市协同发展。将能源规划、生态环境规划充分纳入城市发展规划当中,以统一发展视角确立城市发展的目标、模式、路径等。

二是重视能源系统顶层规划与设计,实现有序发展。通过专业资源评估、规划等形成科学发展基础,引导可再生能源资源有序开发,推进源、网、荷、储协调发展。

三是加快能源体制改革,促进互补增效。通过推行公共事业民营化(PPP)、混合所有制等方式,打破能源系统条块分割局面,以多能互补促进综合能效提升。

四是积极发挥市场的高效配置作用,降低需求波动,并提升灵活性资源利用水平。建立多层次能源市场,通过灵活的价格实现需求侧高效管理,有效引导灵活性资源参与系统调节;建立污染权/碳交易市场,实现生态环境约束下的经济高效发展。

五是以电为核心、电网为平台,促进可再生能源开发利用和经济高质量发展。通过科技、管理、业态等创新,提升电网对可再生能源广泛、高效配置能力;以电气化增强终端能源的能量密度和稳定性,支撑经济持续增长。

六是重视信息基础设施建设,将综合能源服务平台作为城市能源系统的重要建设内容。通过加强能源数据的采集、分析和共享,打通各方参与通道,共同提升能源服务水平。

七是推行多样化管理模式,破除发展惯性。以政策法律为保障,形成合理发展预期;以财税、价格等经济激励手段打破发展惯性,加速能源转型;建立和实行强制性/自愿性能效标准,挖掘各方优化潜力。

八是创新合作模式,建立能源产业大生态。以政府或龙头企业为核心,推进政、产、学、研、金深度合作,促进技术、业态等创新。

6.2.3　新型电力系统下城市能源治理体系设计

新型电力系统在城市中实施应用的一个重要功能是有效支撑城市治理,推动城市健康快速发展。因此,新型电力系统的关键要素选取要以解决当前及未来城市存在的一系列问题为根本出发点。

基于此出发点,新型电力系统下的城市能源治理体系设计如下。

1) 以"清洁替代、电能替代"实现城市能源绿色化和高效化发展

供给侧清洁替代,以城市分布式可再生能源就地开发及远距离大规模可再生能源输入为主,以天然气、地热、生物质等其他能源形式开发为辅,清洁能源逐步替代其他能源形式;需求侧电能替代,以电代油、以电代煤,电能逐步替代其他能源形式。

2) 能源系统各类元素深度融合互动

结合区域能源资源及能源需求情况,将分布式可再生能源发电/制热、小型冷热电三联供、小型地热、燃料电池、电转气(P2G)、储热/储冷/储气/储电、智能家居、智能建筑、充电桩等各要素有机结合,形成微网并统一控制,实现网内电、气、热、冷等多种能源形式间的按需转换和协调互济。

3) 跨领域技术深度集成融合

在多能协同领域,重点开展能源路由器、虚拟发电厂、基于新理论和新材料的储能及可再生能源发电技术、多能流能量管理、柔性直流、交直流混联等技术研究;在物理信息融合领域,重点开展窄带物联网(narrow band Internet of thing, NB-IoT)、远距离无线电(LoRa)等低功耗、低成本物联网技术、软件定义网络、确定性网络等网络安全与智能传感等技术研究;在系统运营领域,重点开展人工智能、机

器人、大云物移、多能交易、区块链等技术研究。

4）链接能源与城市其他子系统

依托已有电网设施,建立与城市其他子系统间的紧密联系,实现能源调度、数据共享、能源交易、应用接口、集中展示等功能。升级电网已有设施,实现数据采集源、网、荷、储全覆盖和安全可靠传输,基于海量数据资源池实现数据共享、集中展示功能,通过人工智能和大数据分析,实现能源优化调度。

5）形成城市能源商业系统

以用户为中心,激发新业态、新模式、新应用,形成城市能源商业生态系统。以市场为导向,广聚参与主体,开展商业模式创新,形成涵盖能源生产、输送、交易、利用全链条,包含系统优化与运维、综合解决方案提供、数据管理、应用开发、金融服务等关键业态的城市能源商业生态系统。

在我国能源革命战略的指导下,新型电力系统通过能量流、信息流、价值流的高度融合,实现能源产业全链条的协同优化和价值再造,将互联网技术与能源的生产、传输、储存、消费以及市场深度交叉,已成为推动我国能源转型、实现可持续发展的重要战略支撑之一。

6.3　新型电力系统未来研究方向

新型电力系统具备联通多品类低碳能源生产网络、畅通多时空尺度能源传输网络、贯通电热气冷能源供应网络等诸多优势,是当前我国能源行业低碳转型发展的方向。未来,随着新的能源技术和商业模式逐渐发展和完善,新型电力系统研究将围绕源、网、荷、储协同,政策及商业模式转型等方向开展。

6.3.1　源、网、荷协同转型发展

实现"碳达峰、碳中和"目标,需要对能源结构进行清洁替代、电能替代两个转型,并构建新型电力系统。电力将变为基础能源,电网将成为能源供应、消费以及传输转换的关键环节。供给侧、需求侧、电网侧应当协同转型发展。对于供给侧,应当在推进清洁能源开发与利用的同时做好煤炭消费减量工作,向清洁低碳化发展;对于需求侧,应当扩展电能替代的领域,提高电能替代的比例,强化需求响应能力,完善电动汽车充电服务体系,向电气化与高效化发展;电网侧应推动新型电力系统的转型升级,利用电网互济互助的优势,提升电网运行的灵活性,加强电网系统的节能管理与减排力度,向智慧灵活化发展。

1）供给侧清洁低碳化

首先,要做好新能源并网工作。光伏、风电等新能源发电技术是传统化石能源

的极佳替代品,有利于解决传统化石能源带来的环境污染问题,高渗透率新能源发电已成为必然趋势。但是高渗透率也使得电力系统产生了一系列新的问题,比如弃风弃光现象、电网故障现象等,新能源发电的间歇性、随机性和出力的波动性使其并网难度和调度难度大大增加,给电力系统工作者带来严峻的挑战。为了建设安全稳定的新能源并网系统,电力电子技术广泛应用,并网逆变器的控制设计问题得到了学者的广泛研究。张兴等对高渗透率新能源并网逆变器的现有控制问题进行归纳与分析,介绍了电流源和电压源两种典型的并网逆变控制模式,以及由此发展得到的双模式控制策略。

其次,应当做好跨省电力交易的组织。提前谋划好外来清洁电,合理利用开发西南水电、西北新能源。跨区跨省的电力交易建设是有必要的,因为供给侧的市场会限制各省市场的进一步开放,省间的制度性差异会产生交易壁垒。这将阻碍新能源在更大的范围内以市场的方式消纳,对于新能源大省来说,具有随机性、反调峰性的新能源,会进一步加剧省内净负荷曲线的恶化,为省内电网的运行增加负担。因此,仅通过省内现货市场的建设不足以满足新能源消纳的需求,需要在更大范围内进行互相补偿。此外,阻碍大水电、大核电等对外的电力输送,不利于其在更大的市场消纳,因此,迫切需要建设以大水电、大火电、大核电为供给,以各省用电为需求的跨区跨省市场。综上所述,谋划外来电的交易是清洁能源开发与利用不可缺少的配套措施。

最后,要做好煤炭消费减量工作。一方面是完善辅助服务市场的建设,辅助服务市场的实施可以有效缓解新能源高比例消纳的风险。发展调峰辅助服务市场是促进新能源消纳利用的重要手段,Du 等[3]研究了备用辅助服务市场的交易机制,Prakash 等[4]设计了火电提供调频辅助服务市场的实施策略,通过市场与调度的手段达到促进新能源消纳的目的。另一方面,要做好控煤替代方案,提前研判市内外发用电形势变化,动态调整购电策略,优化省间清洁购电交易。全力争取市外清洁能源,确保能用尽用。高志远等[5]从清洁能源的全面价值分析出发,介绍了清洁能源消纳框架,并给出了省间清洁能源交易品种的建议。

2) 需求侧电气高效化

需求侧用户应当拓展电能替代范围,以配合"碳达峰、碳中和"目标的达成。电能替代的领域涉及农业、制造工业、建筑工业、交通航空等。对于农业生产,应当大力推广粮食等农产品电烘干、冷链物流技术,在休闲农业领域探索推广全电乡村民宿、全电休闲观光景区等电气化试点工作。对于制造工业,应当推广使用电锅炉、电窑炉、电制蒸汽、电能加热等技术替代原有的化石燃料加热技术。对于建筑工业,应当推广绿色建筑,重点在医院、酒店、商场、写字楼、商业综合体等大型公共建筑,加强推广热泵、电锅炉、电蓄冷技术,高效满足建筑用热(冷)需求。对于交通航空领域,深入推进长江经济带港口岸电建设,推广普及船岸接插件国家标准,深度参与固定航线、水上景区、港口公务等场景下的纯电动船推广应用。杨颖等[6]对电能替代进行了定量的数学模型建立,具体为电替热负荷模型、电替冷负荷模型、电替油负荷模型,后又建立了冷热电负荷需求响应模型和电能替代下的风光储双层配置模型,将电能替代与电网运行有机结合起来。

需求侧要提升其需求响应能力。要扩大需求侧响应的规模,可调节的负荷资源库要达到电力系统中时间尺度上最大负荷的 3%～5%。对于需求响应应用于经济运行、阻塞管理以及频率调节等方面,国内外已从多个角度对策略以及机制进行了研究[7-9]。程浩原等[10]依托图论和缺电调度合约,建立需求侧相互支援的多微电网虚拟备用模型,同时将不确定性变量融入激励性需求响应模型中。吴海江等[11]利用云边融合技术,将配电网云数据库中心、边缘节点和边缘域数据进行了融合,后续将配电网负荷进行了分类,并设置配电网储能配置目标与约束条件,最后利用粒子群算法求解配电网储能配置目标函数,构建配电网负荷需求侧响应模型。艾欣等[12]以面向主动需求响应的荷源二重性建模方法为主题,从需求侧灵活性资源参与电网调度的角度分析了国内外在荷源二重性建模方面的研究成果,并按照研究对象进行了划分,负荷跟随电源模型分为一般负荷、储能设备、分布式能源及其组合,对负荷响应建模、优化目标、约束条件、调度方法、控制方式等进行阐述,阐述了负荷跟随发电的模式能够实现主动需求响应,优化负荷曲线,缓解供给侧调度压力,促进可再生能源消纳。安佳坤等[13]提出了基于强化学习的建筑集群需求侧能量管理方法,将人工智能领域应用到需求侧管理中。

完善电动汽车的充电服务体系是需求侧配合清洁能源消纳的关键部分。从规划层面,要加快电动汽车充换电站的网络建设,加快形成适度超前,快充为主、慢充为辅的公共充电网络。所丽等[14]根据规划区各类型电动汽车日行驶距离概率分布,建立了电动汽车日换电需求模型,并以此为基础,将集中型充电站的规划与配电网调度相结合,建立了考虑削峰填谷作用的集中型充电站选址定容二层规划模型。舒隽等[15]将道路网络的因素考虑在内,对电动汽车充电需求进行了模拟,并提出了充电站最优规划的两阶段方法。Chen 等[16]建立了充电站的站址和容量的规划模型,其目标函数综合考虑了充电站建设的投资成本和用户的运行成本,并以容量、服务范围和用户方便性为约束,最后通过改进的遗传算法确定充电站的站址和容量。从优化层面,要推广电动汽车有序充电,推动出台智能有序充电技术标准和政策支持。侯慧等[17]研究了电动汽车负荷聚集商的调度策略,最后归为了优化问题。首先考虑每个调度周期内电动汽车用户对充电方案的选择,同样以收益最大化和负荷波动最小化为目标进行优化,其次考虑了不同签约策略的影响,最后得到了固定、灵活签约均能提高聚合商效益且灵活签约可以降低充电成本的结论。电动汽车的无序充电可能会给电网带来很多安全问题,如电压下降、线路潮流越线、能量损耗增大等[18]。设置合理的控制策略对其进行有序充放电控制,不仅可以降低电动汽车大规模接入对电网的不利影响,还可以显著改善电网的经济效益和运行情况[19-20]。此外,要创新车网互动的应用,形成规模化的车网双向互动能力。车网双向互动模式可以分为无序充电、有序充电和有序充放电三种。实现有序模式的关键是 V2G 技术,利用 V2G 技术,电动汽车既可以作为需求侧的柔性负荷,也可以作为供给侧的分布式储能设备,可以缓解电网削峰填谷的压力,促进可再生能源和清洁能源的消纳,有助于"碳达峰、碳中和"目标的达成。

3)电网侧智慧灵活化

电网侧应从转型升级、灵活运行、节能减排管理等方面努力。电网侧应推动电网向新型电力系统进行转型升级。完善电网主网架结构,提升互联互通的水平。新型电力系统以电网为基础,将智能化技术、互联网技术和可再生能源技术结合,并多方面考虑电力网、天然气网等多能源网络因素,使得多种能源联络互通、高效利用,形成一个多主体参与的能源互联共享网络。从参与主体来看,新型电力系统除了供给侧的集中式的能源开发基地外,还包括分布式能源、需求侧的灵活调节负荷等。从新型电力系统的运行过程来看,可以总结为在传统的电力发、输、配、用的基础上加入信息和业务的因素,包括电力系统的智能调度与控制、电力市场化交易、新能源预测与控制、电动汽车充放电优化的运营信息和电能交易、新能源配额交易、电动汽车充放电以及需求响应等互动业务。

新型电力系统的实质不仅仅是电能与互联网的结合,其内涵还在于各类能源以商品的形式通过互联网平台进行交易、分配、利用[21]。电力服务于工业、交通、商业及居民等各行各业,电力系统在能源活动及全社会实现"碳中和"的过程中发挥关键作用。建设新型电力系统,大力推进电能替代,能够减少化石能源消费,促进全社会快速减排。

对于电网灵活性的提升,在高比例新能源接入的电力系统背景下,由于新能源出力的随机性、波动性、不确定性,对电网的深度调峰能力有更高的要求。提高调峰能力要从以下四个方面进行工作。

(1)调峰辅助服务市场机制的完善。

我国的电力辅助服务市场处于初级发展阶段,产品分类以及交易补偿规则需要更加完善健全。我国电力辅助服务发展经历了从无偿提供向计划补偿方式转变,继而向市场化方向转变的过程。在市场品种方面,主要为调峰辅助服务,部分省区市开展了调频辅助服务和备用辅助服务。在市场主体方面,大部分省区市辅助服务提供主体主要是火电、水电等,部分地区纳入核电、可中断负荷、储能等。在组织方式方面,均采用日前卖方单向报价、集中竞争、日内按需调用的原则。在出清价格方面,主要采用边际价格出清,仅有少量省区市在调峰辅助服务市场中采用申报价格出清。在出清方式方面,主要采用独立出清方式,仅有少量省区市考虑辅助服务市场与电能量市场的联合出清。省间和省内辅助服务市场的衔接方面,各省区市均通过省内辅助服务市场优先调用本省辅助服务资源。

在国外成熟电力市场中,为保证电力辅助服务的充足和经济供应,均设立了相对完善的辅助服务市场交易及补偿机制。美国 PJM(Pennsylvania-New Jersey-Maryland)公司电力辅助服务市场主要包含调频、备用、黑启动、无功电压控制和不平衡电量 5 个品种。市场化运营的辅助服务产品主要包含调频、初级备用、黑启动 3 类。英国电力辅助服务主要包括频率响应服务、备用服务、无功服务等品种。此外,还包括运营平衡机制来实现电力供需的短时平衡[22]。

国外电力辅助服务市场的经验主要可以总结为以下几个方面:① 辅助服务的采购和交易组织通常由系统调度运行机构负责;② 辅助服务的提供方式通常为义务提供与有偿提供相结合;③ 辅助服务市场组织方式可以采用集中竞争或长期合约等多种方式;④ 多数国家将辅助服务成本按照一定机制分摊给终端用户;⑤ 适应能源结构调整,不断优化辅助服务机制。

(2) 节能减排的管理。

从标准层面,应当加强线损的管理,对其数值进行定量的规定管理,深入分析电力系统线损要求。从技术层面,要加快老旧变压器的改造,加快推进运行 20 年以上的 S9 变压器改造,六氟化硫是优良的灭弧剂,被广泛用于变压器、开关等绝缘要求高的电力系统器件,应加强六氟化硫气体回收处理、循环再利用和电网废弃物环境无害化处置[23-24]。六氟化硫的温室效应潜在值大约是二氧化碳的 23 900 倍[25-26]。因此,很多学者致力于寻找可以替代六氟化硫的气体以及降解六氟化硫气体的方法。例如,张晓星等[27]研究表明,在特定环境下,混合比为 25%～30% 的三氟碘甲烷/二氧化碳混合气体更适合作为六氟化硫气体的绝缘替代物,用于低中压电气设备中;张铭等[28]对介质阻挡放电等离子体降解六氟化硫进行了实验和研究,为研究介质阻挡放电等离子体降解六氟化硫机制提供理论基础。此外,还应提高新建变电站新材料的使用率,不断推动电网建设技术、功能、形态创新升级。加快推进电网建设技术革新,不断提高工程效率,提高机械化使用率,降低能耗水平。积极参与提高新能源汽车占有率的建设,并且做到新能源汽车与电力系统安全协同发展。

(3) 关于可靠性提升的实践研究。

以上海电网为例。针对大城市电网"双侧随机、双高双峰"的特点,"钻石型"配电网、韧性电网、超导电缆等电网侧安全可靠技术值得系统性的研究。

"钻石型"配电网是国网上海市电力公司深化配网可靠性建设的一项研究成

果,其接线示意图如图6-4所示。"钻石型"配电网主要指以开关站为核心、双侧电源供电、双环网连接、配置自愈功能的10千伏配网,具有"全互联、全自愈、全电缆"的特征。"钻石型"配电网采用分层分级的结构,因其拓扑结构与钻石极为相似而得名。陈启鑫等[29]结合"钻石型"配电网的网架结构和10千伏用户的特性,提出了10千伏普通用户及重要用户接入"钻石型"配电网的典型模式及相关原则要求,构建了"钻石型"配电网一个"不停电"的网架结构,最后对"钻石型"配电网在用户接入方面的优势、"钻石型"配电网对业扩技术原则的影响以及开关站双环网接入用户容量进行了分析。

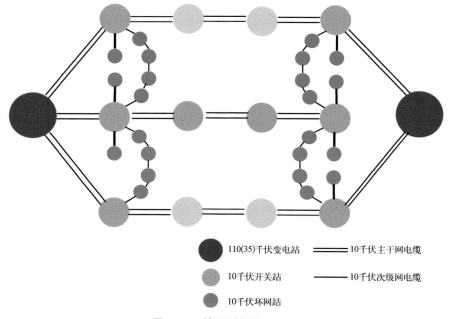

图6-4 钻石型接线示意图

（4）关于韧性电网的实践研究。

韧性电网是国网上海市电力公司匹配上海"韧性城市"建设要求提出的另一项重要概念。韧性电网是指能够全面、快速、准确感知电网运行态势,协同电网内外部资源,对各类扰动做出主动预判与积极预备,主动防御,快速恢复,并能自我学习和持续提升的电网。韧性电网具有六大能力,如图6-5所示。其中,应变力、防御力和恢复力是韧性电网的核心特征,分别描述电网在扰动事件前、中、后的应对能力。感知力和协同力贯穿扰动事件全过程,为提升电网应变力、防御力和恢复力提供支撑,同时也贯穿于电网正常运行状态。学习力是韧性电网在长时间尺度中自我完善和提升的机制,能够实现对另外五个关键特征的提升。

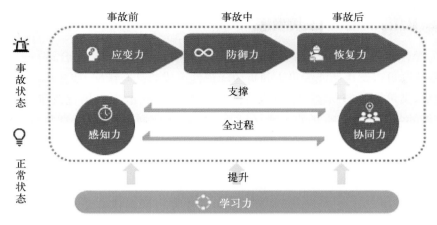

图6‑5　韧性电网示意图

　　超导电缆技术被认为是21世纪最有潜力的电工技术,在城市电网改造和狭窄空间的电力扩容方面,可以充分发挥载流量大、体积小的优势,解决新型电力系统建设背景下负荷不断增长而通道有限的现实问题。超导电缆几乎没有电磁辐射,并且系统可靠性高、节能环保,可以缓解居民对变电站、变压器、输变电线路等电力基础设施的抵触心理,有助于构建"载流量大、零损耗、零磁场"的输配电新模式。国网上海市电力公司于2021年12月投运一回35千伏、1.2千米长、额定载流为2 200安培的超导电缆示范工程,是国内首个千米级高温超导电缆工程(见图6‑6)。在不新增管廊基础上,提升了3倍以上的电网输送容量,成功解决电力管廊紧张造成区域负荷缺口的问题。

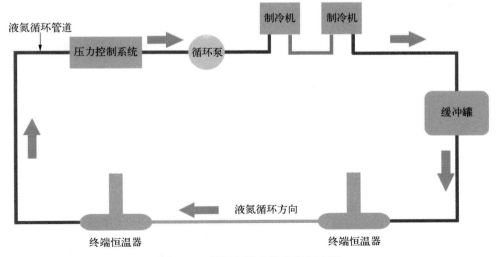

图6‑6　高温超导电缆工程示意图

6.3.2　政策及商业模式转型发展

为配合清洁能源消纳，需要积极推动发展风电、光伏、储能联合运行的应用。储能系统既可以解决新能源出力与负荷随机性造成的高峰错配，如光伏的"鸭形曲线"现象，又可以缓解新能源接入带来的频率问题。在电力市场化改革的大背景下，储能的参与将改变市场的出清结果与系统运行计划，对市场的竞争、价格信号的产生、市场成员的收益等都将产生重要的影响[29]。

1）储能与市场机制、商业模式

Schick 等[30]根据市场出清的模型，得出储能可以有效削减尖峰负荷和价格；Larsen 等[31]研究了独立系统运营商（ISO）储能投资的最优容量和运行的最优策略；Dvorkin 等[32]进一步考虑输电、储能的联合优化，由 ISO 统一运营；Taylor[33]将储能投资权下放给了市场主体，但运营权掌握在 ISO 手中，即储能投资方只能被动地获取利益。上述文章是站在系统运营商的角度对储能的投资以及调度方案进行研究。此外，也有部分学者是站在储能的角度研究投资和交易策略，如研究储能综合考虑能量市场、备用市场、调频市场的联合投标策略[34-35]，研究储能间的策略交互与博弈[36-37]，研究考虑容量市场的储能的策略[38]。总之要找到一套适配于储能系统的市场交易机制与政策。

2）完善并创新绿电交易机制

为了进一步激发新能源的消纳潜力和积极性，释放潜在的消纳需求，还要加快研究电力市场、碳市场、可再生能源消纳市场之间的联动关系，完善市场定价及传导机制研究，配合开展相关的成本疏导以及分摊机制研究。康重庆等[39]总结了国外可再生能源参与市场的交易模式和研究成果，对国内可再生能源发展政策、市场组织模式以及未来研究方向进行分析展望；史连军等[40]根据中国电力市场的发展状况，提出了近期以及中远期建设阶段为促进清洁能源消纳的市场机制设计和相关政策建议；裴哲义等[41]和葛睿等[42]关注并探索了可再生能源参与跨区的现货市场交易；樊宇琦等[43]梳理、归纳、总结了当前国外成熟电力系统现货市场促进可再生能源消纳的市场机制，并介绍了我国 8 个试点省份现货市场建设特点和促进可再生能源消纳的相关机制。

3）加快商业运营模式的研究

此外，还应加快虚拟电厂、电动汽车、能源互联、多站融合边缘计算等商业模式研究，通过对电量大数据的挖掘，主动发掘市场商机，提前布局增量市场，拓展服务对象和运营规模。

以上海为例，长期数据显示，上海市的终端能源消费在第一产业呈现下降趋势，第二产业保持平稳且用能结构在持续调整，第三产业的能源消费则逐年上升[44]。

年度用电量与生产总值之间存在较高的相关性,但行业间具有异质性,这些异质性可以为新商业模式的开发提供关键的前瞻导向。

综上所述,市场组织者应当不断认识现有市场机制的适应性与不足,根据自身参与方式和建设及运行方式的特点,调整相关的机制要素,运用更合理的商业运行模式,使得市场机制可以更适合各类主体参与且不失市场的公平性,更好地配置储能资源。

6.3.3　服务新型能源体系建设

面对当前全球能源体系日益突出的不稳定、不确定、不安全形势,未来新型电力系统建设将向更大范围扩展。党的二十大报告提出,要加快规划建设新型能源体系。新型能源体系是以能源安全为基本前提,强调通盘谋划能源发展新模式,将深刻重塑能源发展新模式,同时也将给电力系统带来深刻变化。

1) 电力保供与能源转型

新能源大规模高比例并网后,给系统安全稳定运行和电力供需平衡调节带来极大挑战,这是世界性难题。"常规电源保供应、新能源调结构"将是未来新型能源体系的常态,需要研究煤电与新能源优化组合,持续提升系统平衡调节能力,加快抽水蓄能建设,推动火电灵活性改造,支持供给侧和需求侧新型储能发展[45]。

2) 创新电网发展方式

立足我国能源禀赋与能源需求逆向分布的格局,提高电网大范围优化配置能力是一项长期任务。大力推进大型风光电基地、新进煤电、特高压通道"三位一体"的新能源供给消纳体系建设是保障新能源大规模高效利用的重要途径。能促进新能源推广利用的是分布式新能源的就近消纳,需要加快发展现代化智慧配电网,支撑微电网和分布式能源发展,满足各类电力设施便捷接入、即插即用。

3) 推动全社会节能提效

电气化水平是现代化文明进步的重要标志,提升需求侧电气化水平是推动能源消费结构持续优化的重要途径。工业、交通、建筑和居民生活等是节能减排的重点领域,稳步推进终端用户以电代煤、以电代油、以电代气,提高电能占终端能源消费比重是推动全社会节能的重要手段。面向高耗能及园区企业,需要研究用能监测、能效诊断、节能改造等"供电＋能效服务",推动低碳节能生产,助力提升全社会终端用能效率。

4) 革新能源颠覆性技术

规划建设新型能源体系,面临许多技术瓶颈和难题,颠覆性技术的突破与攻关对实现"碳中和"至关重要。需要凝聚各方,加大科技攻关,研究源、网、荷、储协同规划方法以及配电网未来形态和演变路径,打造新型电力系统示范性、标志性工程。

5）加快能源互联网建设

随着"大云物移智链"等技术的快速发展,能源业态持续数字化,数字技术将深刻赋能能源转型。构建新型能源体系,发、输、配、用各领域,源、网、荷、储各环节,电力与其他能源系统协调联动都需要率先完成数字化转型,同时需要加强能源产业链上下游合作,加快孕育能源数字经济新业态模式。

6）研究完善配套政策机制

运转高效的体制机制是推动能源转型、服务新型能源体系建成的重要保障。目前尚需进一步研究完善的机制主要包括能源转型成本合理疏导机制,优化电力市场体系,建立碳市场和电力市场协同发展机制,建立健全全国碳排放监测体系,完善国家碳排放统计核算工作,做好国家碳排放相关政策标准制定。

6.4　本章小结

随着"碳达峰、碳中和"进程加快推进,能源生产加速清洁化,能源消费高度电气化,能源配置日趋平台化,能源利用日益高效化。新型电力系统是具有清洁低碳、安全可控、灵活高效、智能友好、开放互动基本特征的电力系统,对提高可再生能源比重、促进化石能源清洁高效利用、提升能源综合效率具有重要意义,构建新型电力系统是解决当前环境问题,实现能源清洁、低碳、安全、高效转型的重要手段。

参 考 文 献

［1］辛保安.加快构建新型电力系统,携手走好绿色发展之路［N］.国家电网报,2021-09-11.

［2］辛保安.应对气候变化推动绿色转型,共创共建全球碳中和之路［N］.国家电网报,2022-11-17.

［3］Du E, Ning Z, Kang C, et al. Managing wind power uncertainty through strategic reserve purchasing［J］. IEEE Transactions on Power Systems, 2017, 32(4)：2547-2559.

［4］Prakash V, Sharma K C, Bhakar R, et al. Frequency response constrained modified interval scheduling under wind uncertainty［J］. IEEE Transactions on Sustainable Energy, 2018, 9(1)：302-310.

［5］高志远,徐亮,赵磊,等.基于清洁能源价值分析的消纳框架研究［J］.供用电,2021,38(2)：65-69.

［6］杨颖,刘友波,黄媛,等.电能替代下考虑需求响应的综合园区风光储配置方法［J］.电力建设,2021,42(10)：9-18.

［7］Xu Z W, Hu Z C, Song Y H, et al. Risk-averse optimal bidding strategy for demand-side resource aggregators in day-ahead electricity markets under uncertainty［J］. IEEE

Transactions on Smart Grid，2017，8(1)：96－105.

[8] Benysek G，Bojarski J，Smolenski R，et al. Application of stochastic decentralized active demand response（DADR）system for load frequency control[J]. IEEE Transactions on Smart Grid，2018，9(2)：1055－1062.

[9] Liu W J，Wu Q W，Wen F S，et al. Day-ahead congestion management in distribution systems through household demand response and distribution congestion prices[J]. IEEE Transactions on Smart Grid，2014，5(6)：2739－2747.

[10] 程浩原,艾芊,孙东磊,等.多微电网虚拟备用模型在计及不确定性的需求侧资源分配中的应用[J].电力自动化设备,2022(2)：210－216.

[11] 吴海江,陈锦荣.配电网电力负荷需求侧响应模型构建[J].电网与清洁能源,2021,37(9)：77－82.

[12] 艾欣,徐立敏,刘汇川,等.面向主动需求响应的需求侧荷源二重性建模方法[J].中国电力,2021,54(6)：183－190.

[13] 安佳坤,贺春光,刘洪,等.基于强化学习的建筑集群需求侧能量管理方法[J].电力建设,2021,42(5)：16－26.

[14] 所丽,唐巍,白牧可,等.考虑削峰填谷的配电网集中型充电站选址定容规划[J].中国电机工程学报,2014,34(7)：1052－1060.

[15] 舒隽,唐刚,韩冰.电动汽车充电站最优规划的两阶段方法[J].电工技术学报,2017,32(3)：10－17.

[16] Chen S S，Shi Y，Chen X Y，et al. Optimal location of electric vehicle charging stations using genetic algorithm[C]. The 17th Asia-Pacific Network Operations and Management Symposium（APNOMS），2015：372－375.

[17] 侯慧,王逸凡,赵波,等.价格与激励需求响应下电动汽车负荷聚集商调度策[J].电网技术,2022(4)：1259－1269.

[18] 王岱,管晓宏,吴江,等.基于车辆行驶行为特性建模的电动汽车充放电策略与分析[J].电网技术,2014,38(9)：2322－2327.

[19] 冷祥彪,孙成龙,袁太平,等.电动汽车有序充放电的控制与关键问题综述[J].广东电力,2020,33(11)：34－43.

[20] 季振亚.能源互联网包容下电动汽车储能及气电互联的市场化设计[D].南京：东南大学,2018.

[21] 徐拥军.碳中和战略下的能源互联网发展[J].张江科技评论,2021(4)：28－29.

[22] 何永秀,陈倩,费云志,等.国外典型辅助服务市场产品研究及对中国的启示[J].电网技术,2018,42(9)：2915－2922.

[23] Dervos C T，Vassiliou P. Sulfur hexafluoride（SF6）：global environmental effects and toxic byproduct formation[J]. Journal of the Air & Waste Management Association，2000，50(1)：137－141.

[24] 肖明亮.我国六氟化硫行业发展分析[J].化学推进剂与高分子材料,2010,8(4)：65－67.

[25] Hope C W. The marginal impacts of CO_2，CH_4 and SF_6 emissions[J]. SSRN Electronic Journal，2003,6(5)：537－544.

[26] Fang X K，Hu X，Greet J M，et al. Sulfur hexafluoride（SF_6）emission estimates for

China：an inventory for 1990 - 2010 and a projection to 2020[J]. Environmental Science & Technology，2013，47(8)：3848 - 3855.

[27] 张晓星,周君杰,唐炬,等.CF₃I/CO₂ 与 CF₃I/N₂ 两种混合气体局部放电绝缘特性的试验研究[J].中国电机工程学报,2014,34(12)：1948 - 1956.

[28] 张铭,张瀚舟,王晓晖,等.提高上海重点区域供电可靠性的思考和建议[J].上海节能,2021(7)：668 - 672.

[29] 陈启鑫,房曦晨,郭鸿业,等.储能参与电力市场机制：现状与展望[J].电力系统自动化,2021,45(16)：14 - 28.

[30] Schick C. Role and impact of prosumers in a sector-integrated energy system with high renewable shares[J]. IEEE Transactions on Power Systems，2022，37(4)：3286 - 3298.

[31] Larsen M，Sauma E. Economic and emission impacts of energy storage systems on power-system long-term expansion planning when considering multi-stage decision processes[J]. Journal of Energy Storage，2021，33：1 - 15.

[32] Dvorkin Y，Fernández-Blanco R，Kirschen D S，et al. Ensuring profitability of energy storage[J]. IEEE Transactions on Power Systems，2017，32(1)：611 - 623.

[33] Taylor J A. Financial storage rights[J]. IEEE Transactions on Power Systems，2015，30(2)：997 - 1005.

[34] Akhavan-hejazi H，Mohsenian-rad H. Optimal operation of independent storage systems in energy and reserve markets with high wind penetration[J]. IEEE Transactions on Smart Grid，2014，5(2)：1088 - 1097.

[35] Kazemi M，Zareipour H，Amjady N，et al. Operation scheduling of battery storage systems in joint energy and ancillary services markets[J]. IEEE Transactions on Sustainable Energy，2017，8(4)：1726 - 1735.

[36] Cruise J R，Flatley L，Zachary S. Impact of storage competition on energy markets[J]. European Journal of Operational Research，2018，269(3)：998 - 1012.

[37] Grübel J，Kleinert T，Krebs V，et al. On electricity market equilibria with storage：modeling,uniqueness，and a distributed ADMM[J]. Computers & Operations Research，2020，114：1 - 19.

[38] Magnus A，Stefan J，Magnus K. Equilibrium assessment of storage technologies in a power market with capacity remuneration[J]. Sustainable Energy Technologies and Assessments，2019，31：228 - 235.

[39] 康重庆,杜尔顺,张宁,等.可再生能源参与电力市场：综述与展望[J].南方电网技术,2016,10(3)：16 - 23.

[40] 史连军,周琳,庞博,等.中国促进清洁能源消纳的市场机制设计思路[J].电力系统自动化,2017,41(24)：83 - 89.

[41] 裴哲义,郭国梁,胡超凡.富余可再生能源跨区电力现货交易的探索与实践[J].中国电力,2018,51(1)：16 - 21.

[42] 葛睿,陈龙翔,汤俊,等.跨区域省间可再生能源增量现货市场设计与实践[J].电力建设,2019,40(1)：11 - 18.

[43] 樊宇琦,丁涛,孙瑜歌,等.国内外促进可再生能源消纳的电力现货市场发展综述与思考[J].

中国电机工程学报,2021,41(5)：1729－1752.

[44] 国网上海市电力公司企业智库(创新发展研究中心).上海市电力发展分析与展望(2011)
　　 [M].北京：中国电力出版社,2022.

[45] 梁旭.韧性电网[M].北京：中国电力出版社,2022.

第 7 章 上海新型电力系统服务"碳达峰、碳中和"目标的典型案例

党的二十大报告提出,要加快节能降碳先进技术研发和推广应用,倡导绿色消费,推动形成绿色低碳的生产方式和生活方式。在当前"碳达峰、碳中和"目标的大环境下,能源革命与数字革命加速融合,"大云物移智链"等先进技术广泛应用,未来城市的能源基础设施建设必将着力于综合性智慧管理、分布式能源体系发展以及能源领域物理信息社会融合系统构建。服务"碳达峰、碳中和"目标的新型电力系统的建设,既是降碳减污技术的现实应用,又是在生产生活方式上践行节约战略的重要推手。

本章列举了上海在综合性、供给侧和需求侧新型电力系统示范上的三类典型案例,展现了不同场景下以电为中心的城市新型电力系统的功能形态,以及未来城市能源基础设施及电网功能形态的主要演变方向,为实现城市能源清洁、低碳转型提供可行路径。

7.1 综合性新型电力系统示范

综合性新型电力系统示范是从整体上展现新型电力系统服务"碳达峰、碳中和"目标的经验,在城市宏观层面可以实现对能源与碳排放的综合治理。本节将分别介绍国网上海市电力公司关于智慧能源"双碳"云平台及长三角水乡客厅协同运营中心微电网建设的示范,并对新型电力系统服务城市能源低碳转型的典型案例经验进行总结。

7.1.1 上海智慧能源"双碳"云平台

上海智慧能源"双碳"云平台是国网上海市电力公司开发的一个智慧能源与碳排放管理平台,通过观"碳"、感"碳"和算"碳"为政府"碳达峰、碳中和"决策提供数据支撑,为产业链上下游提供能源碳排放趋势预测。

1)"碳监测、碳评估、碳预测"功能

对碳排放进行量化是实现碳排放管理的前提。上海智慧能源"双碳"云平台最

基础的功能是可以实现"碳监测、碳评估、碳预测"。

在能源"碳监测"功能中,平台依据《上海市温室气体排放核算与报告指南》构建碳监测算法,为政府提供能源碳排放热力图,使政府直观地了解区域能源碳排放情况。同时,平台根据历史能源碳排放数据,生成各区域、行业、企业(园区)的能源碳排放同比、环比增速信息,辅助政府科学、高效地开展区域规划、产业升级、高碳排放企业监管。平台为企业提供"碳查查"服务,企业通过输入自身能耗、行业类别等信息,自动生成企业能源碳排放信息,形成平台黏性。

在能源"碳评估"功能中,平台基于对区域、行业、企业的能源碳排放监测数据,通过大数据分析技术,根据各区域、行业、企业的能源碳排放增速,评估是否已经实现"碳达峰",并进行评级打分,为各区域、行业"碳达峰、碳中和"对标提供数据参考。

在能源"碳预测"功能中,平台基于区域历史 GDP、电量、清洁能源占比等数据,通过大数据分析预测技术,实现能源碳排放趋势预测,为政府提供决策支撑。

以服务园区客户为例,围绕某人工智能岛实现园区能源在线监控的需求,云平台为某人工智能岛定制开发了园区智慧能源监控系统,接入了园区二/三级能耗数据,实现了园区智慧能源管控的"一屏知天下"。云平台对能耗、碳排放情况进行了评估分析,发现园区绿色交通减排量有进一步提升空间,可通过光伏发电等综合能源项目进一步提升新能源发电减排量。整个园区可以依托智慧能源"双碳"云平台,加快建立能源"碳达峰、碳中和"标准体系,融合发挥上海优势,积极拓展"碳达峰、碳中和"评估、零碳园区、绿色金融等应用服务场景,为政府提供抓手、为企业提供支撑,营造"碳达峰、碳中和"生态圈,引导绿色低碳的生产和生活方式,构建新发展格局下的低碳产业生态集聚区[1]。

2)区域能源分析功能

城市能源云平台运用先进的数学算法进行网络节点数据估算,通过 GIS 技术和三维建模的可视化展示,为政府提供区域能流全景监控、区域能耗能效监测等功能,掌握区域能源供给和实时消费总量。

辅助政府实时掌控区域内的能源供需动态,实现对区域不同行业能源利用情况的全面监管,提升政府城市管理的精细化水平,支撑政府部门精准决策。

以个体能耗为基础,城市能源云平台还由点及面生成区域能耗监测热力图,实时展示孙桥科创中心、张江南区等 7 个分区的能源消费比例。同时以企业为对象,列出区域内能源消费比例最高的重点监控对象,同步展示 24 小时内重点监控对象的用能曲线,便于政府机构对区域能耗情况进行系统把控。而且,设定告警预警功能,当能耗比例超出历史极值时,自动发出预警,引起政府机构的关注。

区域能源分析主要的应用场景是挖掘能源和碳排放数据的潜在价值。城市能源云平台的区域能源分析模块可以为区域内能源的供给情况、消费情况、能源使用效率以及能源消耗的变化趋势等提供总体分析和预测；还能针对性地分析行业能耗状况、行业能源消费弹性以及单位能耗对 GDP 贡献度等指标；并针对重点行业，从能耗总量、发展趋势和阶段特性等方面展开分析，对能源消费的现状及趋势进行分析与研判，为政府提供能源供需情况，根据能源预测支撑政府开展能源规划、制定能源决策。加强政府多能供需管控手段，展现区域能源"一盘棋"的供需平衡体系，为智慧城市建设提供可靠支撑。能源分析模块还可以为政府提供能源碳排放热力图，使政府直观地了解区域能源碳排放情况。

7.1.2　长三角水乡客厅协同运营中心微电网示范

长三角区域一体化发展是国家重要区域战略之一。目前，长三角城市群已经成为我国产业体系最完备、城镇化基础最好、综合实力最强的城市群之一。城市群能源安全、清洁供应，优化能源结构、提升能源使用效率仍是长三角能源转型发展的主基调[2]。

长三角一体化示范区是长三角城市群发展的示范样板，区域包括上海市青浦区、江苏省苏州市吴江区、浙江省嘉兴市嘉善县，总面积接近 2 300 平方千米。2022年长三角一体化示范区将重点聚焦水乡客厅长三角原点周边项目重点建设，聚焦"一厅三片"（水乡客厅、青浦西岑科创中心、吴江高铁新城、嘉善祥符荡创新中心）[2]重点区域和互联互通、生态环保、产业创新、公共服务以及新一代基础设施建设等重点领域项目建设，为示范区高质量发展注入强劲动力。在首批能源互联网示范项目中，长三角地区共计 17 个（其中，上海、江苏、浙江、安徽分别有 4 个、6 个、3 个、4 个入选），占全国示范项目总数的 31%，充分体现出长三角在能源转型发展方面的先行和示范作用。

上海作为长三角地区的核心，是能源消费的最密集地区，推动长三角能源互联网的建设可以优化上海的能源结构，提高能效，推动经济发展，减少本地区的环境污染。上海地区作为经济中心，具有商业化高、人口密度高、资源匮乏的特点，其工业主要以国有企业为主，市民能源需求大，对能源互联网的建设有较高的需求。

长三角水乡客厅区域协同运营中心微电网示范项目是国网上海青浦供电公司在《长三角一体化能源互联网示范区青浦年度建设方案》和《长三角生态绿色一体化发展示范区电网专项规划》的基础上开展的，项目以清洁能源替代和电能替代"两个替代"为着力点，以微电网为抓手，开展新型电力系统示范工程，助力提升示范区社会治理能力，保障示范区产业经济高质量发展。长三角水乡客厅区域协同运营中心微电网示范项目致力于探索新型电力系统落地场景以及新型电力系统运营管理模式,如图7-1所示。

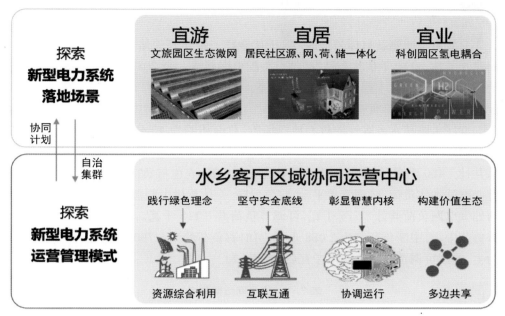

图7-1　长三角水乡客厅区域协同运营中心微电网示范项目整体思路

长三角水乡客厅区域协同运营中心位于长三角生态绿色一体化发展示范区水乡客厅核心区规划地块内,站址南侧为金湖路,东侧为罗田路,水乡站内建设一套微电网,部署数字孪生微网智慧管控平台。平台将位于水乡客厅区域内的方厅水院微电网一并纳入微电网集群,进行协同控制。

水乡客厅区域是长三角一体化示范的核心区域,但在落实国家战略和相关政策方面仍存在一些问题。在电网发展需求方面,区域内缺乏110千伏、35千伏电源点,供电能力不足、电网结构薄弱、用户可靠性低;在示范区规划需求方面,亟待提升新型电力系统驾驭能力,提升绿色低碳以及区域一体化的发展水平。

针对以上问题,水乡客厅协同运营中心微电网示范项目提出了"四个升级"解决思路:① 通过微网-公网协同,升级末端电网形态;② 通过地区微网集群支撑大电网,升级公网电网功能;③ 通过协同运行控制平台,升级电网信息技术;④ 通过电力设施与公共服务空间共建,探索升级整体电网的生态水平。

7.1.2.1　示范项目资源情况

项目依托的自然资源:水乡客厅区域位于上海市青浦区、江苏省苏州市吴江区、浙江省嘉兴市嘉善县交界处,多年平均太阳辐射量约为4 523兆焦/平方米,属于我国太阳能资源三类地区,较适合建设光伏项目;区域地势平坦,与周边其他区域相比,风资源较好,风功率密度等级主要为 D‑3 级,风能资源一般,为风资源可利用范围。国网上海青浦供电公司测算,三地可开发光伏容量约为 295 兆瓦[3]。

上海市青浦侧新目标是形成"35 千伏金泽—新建开关站—方厅水院开关站—新建开关站—110 千伏水乡站"的钻石型配电网接线。至 2035 年,三地将新建 110 千伏变电站 4 座,"十四五"期间新建 1 座。

7.1.2.2 示范项目负荷分析

方厅水院是水乡客厅的核心地标场所,总面积约为 40 公顷①,负荷合计 7 325 千瓦,其中展馆负荷为 2 100 千瓦,充电桩负荷为 5 000 千瓦。运营中心站内的负荷共计 1 450 千瓦,其中数据中心负荷为 400 千瓦,充电桩负荷为 720 千瓦,其余还有变电站本体负荷、微网管控平台、应急保障、一体化供电服务和市民客厅等负荷。两处微电网负荷共计 8 775 千瓦,可调节负荷共 8 115 千瓦,占比为 92.5%。可调节负荷中,可中断负荷约为 2 088 千瓦,可时移负荷约为 5 790 千瓦,以各类充电桩为主,连续可调负荷约为 237 千瓦(见表 7‑1)。

表 7‑1　微电网负荷分析

地　点	可调节负荷	可中断	可时移	连续可调	容量/千瓦	参考特性
方厅水院	展厅	√			2 048	参考商业
	照明			√	192	参考居民
	充电桩		√		5 025	参考充电桩
运营中心（水乡站内）	研创平台		√		15	参考充电桩
	数字展馆	√			20	参考充电桩
	动模试验室		√		10	稳定平线
	会议室			√	10	参考居民
	会客室			√	5	参考商业
	市民客厅			√	15	参考商业
	充电站		√		720	参考商业

---

① 公顷(hm²),1 公顷=10⁴平方米。

续　表

地　点	可调节负荷	可中断	可时移	连续可调	容量/千瓦	参考特性
运营中心（水乡站内）	地下车库		√		20	参考居民
	一体化供电服务中心			√	15	参考充电桩
	其他	√			20	参考居民
合计	—	2 088	5 790	237	8 115	—

7.1.2.3　示范项目建设运行情况

项目集成"源-网-荷-技术-运行-共生"六位一体示范，从水乡客厅协同运营中心、站内微网方案设计、数字孪生微网智慧管控平台三个方面深化促进项目落地，如图 7-2 所示。

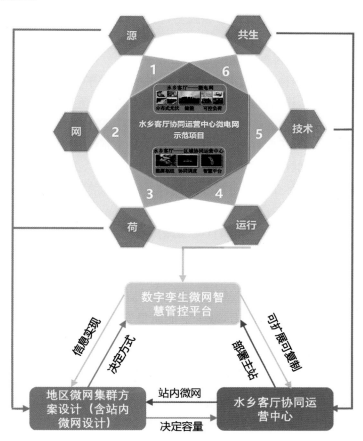

图 7-2　长三角水乡客厅区域协同运营中心微电网示范项目内容

1）水乡客厅协同运营中心

包括110千伏水乡变电站2×50兆伏安、架空-电缆混合线路2×19.5千米，同时通过场地共享、功能衍生，打造一体化供电服务、智慧城市公服空间和绿色低碳电力设施的融合共建。

项目基地用地为6 000平方米，分为南、北两部分。北区设变电站、储能站、边缘计算中心、数字孪生微网智慧管控平台、新型电力系统研创平台等；南区设地下停车场、应急保障基地、应急保电中心、能源数字展馆、一体化供电服务中心等。

其中，北区边缘计算中心采用智能微模块设备，为智慧交通、政务、工业物联网等产业提供基础设施服务；新型电力系统研创平台开展策略研究、算法论证、仿真分析；市民客厅提供无人营业、公共卫生等公共服务功能，结合开放空间，建造水乡特色的景观广场；预留通信设施场地，为"电力＋5G＋北斗"的业务融合发展做好铺垫。

整个运营中心结合建筑被动式、主动式技术措施，可再生能源利用，绿色电力设备，交直流混合微电网及固碳等多项技术，实现区域协同运营中心达成绿色低碳近零能耗的目标。

2）协同运营中心站内微电网

协同运营中心站内微电网是结合低压配电母线、基于多端口电能路由器建设的交直流混合微电网，将站区内的光伏、风力风电、储能、负荷接入微电网，实现微电网内部协调自治以及两台专用配变台区间的柔性互联与功率互济。电源建设方案包括屋顶光伏280.8千瓦峰值、车棚光伏22.68千瓦峰值、幕墙光伏27千瓦峰值、微风发电1千瓦；储能建设容量为1.5兆瓦/3兆瓦时，采用储能集装箱布置在西北侧围墙内；负荷包括变电站本体负荷、微电网智慧管控平台、应急保障、停车场充电桩、市民客厅等。

整个交直流微网的核心是多端口电能路由器，通过250千伏安背靠背变换器连接2台配变台区低压侧，实现柔性互联与功率互济。基于多端口电能路由器的柔性互联化交直流微网系统架构及构建方案，可实现源、网、荷、储多方互动的能量路由运行控制，提高配网的灵活可控能力、潮流交互能力以及供电可靠性，提高电力系统对新能源的消纳能力，减少电能质量安全隐患，削减不必要的电网建设投资。

基于多端口电能路由器的柔性互联化交直流微电网（见图7-3），可以在不同情境下实现源、网、荷、储互动。当屋顶光伏发电功率过剩时，可通过电能路由器转供相邻台区，避免功率倒送，实现低压配电网和分布式发电的友好互动，提升波动分布式新能源的消纳能力。当配变台区重载时，可通过电能路由器由相邻台区带部分负荷，提升直流快充桩等冲击负荷的接入能力，实现馈线负荷的实时平衡运行，

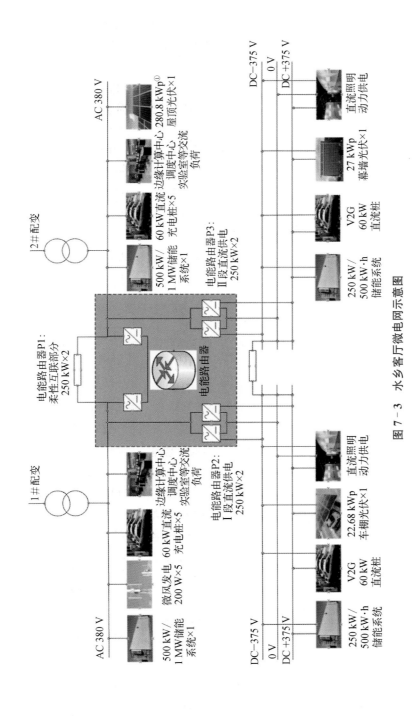

图 7 - 3　水乡客厅微电网示意图

① Wp 是太阳能电池峰值功率单位的缩写，下标 p 表示 peak。

并优化配电变压器容量和负荷利用率。当配变故障或检修时,可通过电能路由器及储能保供电,多条馈线间储能资源共享,降低所需配置的总储能容量和成本,提升储能利用的经济性,提升负荷转供能力及供电可靠性。

3) 数字孪生微网智慧管控平台

数字孪生微网智慧管控平台包含微网协同控制系统和数字孪生系统,在统一的硬件基础上依托平台层不同支撑模块实现数据层的互联互通,为应用层高级应用提供支撑,建立一体化在线运行的微电网数字孪生体,实现分布式光伏、微风发电、储能、充电桩、微模块数据中心、交直流供电等微电网发/用能设施的数字化管控(见图7-4)。

数字孪生微网智慧管控平台主要可以实现三大功能:① 实现基于三维数字孪生空间的微电网全景在线监控,利用智能物联网通信手段,实时采集各位分布式能源主体的运行监测数据,动态、直观地反映水乡微电网全生命周期运行过程,支撑微电网的数字化管理;② 实现基于图像分析技术的微电网在线智能巡检,基于视频终端设备,利用人工智能图像分析技术,实现各分布式设施运行状态的在线智能分析及巡检,并实时投射至数字孪生虚拟现实运行空间,运维人员在三维虚拟环境就能实时掌握微电网运行情况,可借助运行监控助手对异常情况进行分析和处置;③ 实现基于人工智能算法的微电网协同控制优化调度,实现单个微电网的综合经济调度,并通过研究微电网群协同优化调度支撑技术,结合可控负荷需求侧响应机制、运营交易规则,以年收益最大、碳排放最低、节点功率年峰谷差最小等为目标,为地区内微电网群提供运行决策依据,实现区域可再生能源的最大化消纳等。

在控制策略上,平台构建三层微电网协同控制策略。第一层为子微网级控制,控制对象包括微电网中风光储功率大小、开关合分位置、可控负荷大小等,设微网控制子站,保证单个微电网安全、高效运行,具备并网运行、离网运行、紧急备用三种场景。第二层为各省内微网群协同运行优化,设微网协同控制中心从站,通过先进的通信手段(电力系统光纤、5G等),使得周边地区微电网可以相互支持。此外,为地区内同一馈线或不同馈线的各微电网提供运行决策依据;给出信号指令,包括微电网整体出力曲线、并离网要求。第三层为水乡客厅区域微网群协同运行,设协同控制中心主站,基于微网集群与调度联合运行优化,三地调度与微网集群进行信息交互,就微网集群余量外送、电网需求响应和市电补充等需求优化调度。

微网协同控制系统与电网之间通过微网控制子站发生信息交互,微网控制子站与省内从站、从站与跨省主站、从站与各地的调度,主站与调度以及微网公共连接点与调度之间均可发生信息交互。各微网之间的协同优化指令由协同控制中心统一进行优化调度。各地调度若有需求响应,可将需求发送到微网协同控制中心,

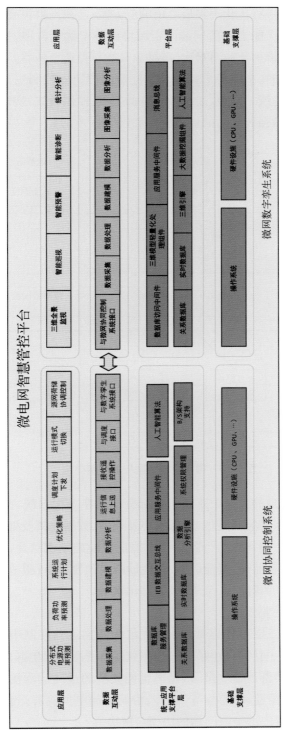

图 7 - 4　数字孪生微网智慧管控平台示意图

由微网协同控制中心进行优化决策后给出响应方案;若微网群需要市电补充,则依据各地调度提供的供应能力及微网群内资源协调确定优化方案,发送给调度。通过相互迭代实现微网群内年收益最大、碳排放最少以及调节峰谷差等目标。

在整个架构设计时,上海站承载水乡客厅微网群协同控制主站功能,江、浙为从站,接受上海主站的统一调控,通过微网群的主-从控制模式,实现水乡客厅微网群的能量跨省互济,增强彼此间的供电可靠性(见图7-5)。

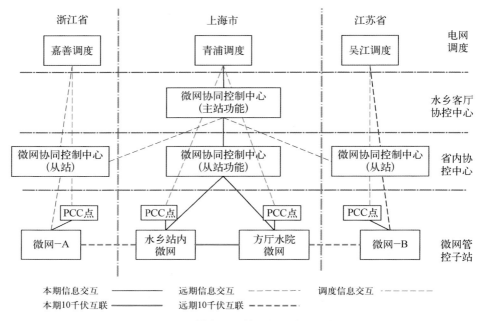

图7-5 微电网群协同控制应用架构

微网智慧管控平台的另一个重要组成部分是数字孪生系统,微电网数字孪生系统以三维引擎、数据采集及处理、图像采集及处理、数据建模及处理、告警管理等技术平台为依托,将物理实体运行数据与虚拟世界模型紧密结合,实现微电网源、网、荷、储各要素的全景监视,智能巡视,智能诊断及预警,统计报表等高级功能,将显著提高微电网运维的智能化、全景化、信息化水平。

7.1.2.4 示范项目运营方案

微电网集群采用三层市场运营架构:底层为微网运营控制中心,属于微电网单元的自调度机构;中间层为微网集群运营中心,负责微电网集群内部的电力交易与结算;顶层为微网集群运营委员会,是微电网集群的最高运营机构,由微电网集群投资运营主体出资组建,统筹指导、支持、协调各微电网集群运营中心的交易工作,并负责微电网集群内部争议问题的协商与解决。

　　微电网集群市场化运营,即分层管理模式,利用集群聚合形成的规模效应,为微电网投资提供广阔的盈利前景。将微电网单元作为交易单元和结算单元,能够规避灵活性资源在调度、结算方面的争议。通过设立仲裁机构来协调各微电网之间的利益,可有效缓解各投资主体由于利益诉求不一致对微电网集群运营带来的冲击,保证微电网集群有序运转。

　　微电网集群的可控负荷参与上海电力需求侧响应,主要是指通过虚拟电厂参与调峰交易,包括日前调峰、日内调峰和实时调峰。参与上海电力调峰辅助服务市场的虚拟电厂应符合电力市场准入相关规定,可调容量应为 1 兆瓦及以上,应实现发(用)电信息采集,并接入虚拟电厂运行管理与监控平台、调度控制平台等相关平台。调峰交易补偿费用的分摊阶段参照深度调峰补偿费用分摊方式。参与调峰市场的初期,暂不参与分摊和执行情况考核。待市场逐步成熟,相关分摊考核规则再行制定。

　　根据水乡客厅区域微电网能源系统规划情况,现阶段形成的商业模式包括配电网、可控负荷、不可控负荷、充电桩、储能、分布式风电、分布式光伏、电网、微电网运营控制中心、微电网集群运营中心、微电网集群运营委员会共 11 个基本单元,最终形成微电网集群的整体商业模式。常规模式下,微电网运营利润为终端用户用能费用、辅助服务费用与外部购电费用、能源系统投资成本及自身运营费用之间的差值。

　　长三角水乡客厅协同运营中心微电网示范项目包括协同运营中心、站内微网及微网智慧管控平台三个方面的建设内容。项目具有一定的社会效益和生态效益,其中,社会效益在于强化水乡站供电可靠性,避免检修情况 $N-1$ 时全站停电,探索了多微网系统间、多微网与大电网之间的信息交互与执行;生态效益在于预计利用约 370 000 千瓦时的风光发电量,二氧化碳年减排量约为 317 吨,支撑水乡客厅零碳发展愿景。

7.2　供给侧新型电力系统示范

　　能源系统的直接排放几乎全部来自对一次能源的使用,而绝大多数一次能源使用在电力系统的供给侧,因此控制供给侧的化石能源使用可以直接降低整个电力系统的碳排放。在"碳达峰、碳中和"目标下,供给侧新型电力系统示范主要是为了展示能源供给如何实现清洁低碳转型以及以电为中心的能源供给在节能减排与稳定用能之间是如何平衡的。本节分别介绍了上海市供给侧电源结构规划与崇明智能电网综合集成示范,总结了新型电力系统在供给侧落地方面的经验做法。

7.2.1 上海市供给侧电源结构规划

上海能源电力发展面临着加快清洁低碳转型和确保电网安全稳定运行的双重挑战。国家电网提出的"建设具有中国特色国际领先的能源互联网企业"战略目标,明确了上海电网转型发展方向,需加快推进智联化、数字化、精益化转型,抢占城市能源变革的制高点,争做推动能源转型的示范者,更好地助力城市能源转型发展。

如图7-6所示,目前上海的本地电源装机结构仍以火电为主体,但占比呈逐年下降趋势,2020年火电机组装机占比降至91.80%,其中燃煤机组装机占比呈现先升后降趋势,燃气机组装机占比呈现上涨趋势。"十三五"期间,新能源迎来迅猛发展,装机占比从3.51%增长至8.20%,其中风电增长主要来源于海上风电,光伏增长主要来自分布式光伏[3]。

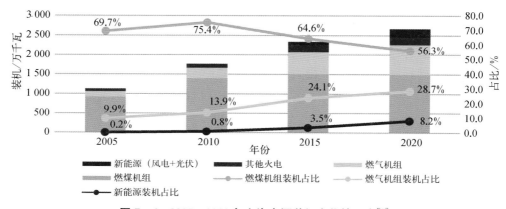

图7-6 2005—2020年上海电源装机变化情况表[3]

根据"碳达峰、碳中和"目标的要求,上海将大力推动分布式光伏和海上风电发展,预计"十四五"期间风电、光伏规模分别达到260万千瓦、400万千瓦。

推动风电规模化发展方面,加快近海风电开发建设,完善平价上网情况下的竞争配置政策,"十四五"期间将重点开发建设奉贤、南汇、金山等近海海上风电基地,至2025年全市近海风电建成规模力争超过160万千瓦。推进崇明、横沙岛场址水文观测等前期工作,做好后续项目开发的厂址储备。开展深远海海上风电示范,研究推进崇明到浦东可再生能源输电大通道建设,适应超大规模海上风电开发需要。推动分布式风能资源开发利用,充分利用风资源相对丰富的沿江沿海、工业、港口、旅游岸线等区域,在与土地利用性质、生态红线及水源地保护相兼容的前提下,实施分布式风电项目开发。

全面推广太阳能利用方面,实施"光伏+"专项工程,按照"新建设施应建尽建、已建设施分步改造"原则,加快推动光伏在民生、工商业、农业、基础设施等领域应用,实施"光伏＋"住宅、园区、农业、交通、校园、水厂、公共机构七大阳光工程。创新光伏发展运营模式,结合新建建筑幕墙、已建建筑外立面改造,重点在黄浦、徐汇、长宁、静安、普陀、虹口、杨浦以及浦东新区等中心城区,建设约 80 个光伏建筑一体化、幕墙光伏等创新示范项目。推动区域光伏高水平开发,整合资源、整体规划,推动整街道(镇、乡)屋顶分布式光伏开发,重点在闵行、宝山、嘉定、金山、松江、青浦、奉贤、崇明、浦东新区等打造约 180 个特色鲜明的光伏成片应用示范区[4]。

稳步推进生物质发电方面,有序推动生物质电厂建设,加强焚烧设施选址管理的要求,结合"无废城市"建设和生活垃圾处理需求,推动宝山再生能源利用中心、浦东海滨资源再生能源利用中心等项目高质量建设,探索生物质发电与 CCUS 相结合的发展潜力和示范研究。提升生物质发电综合效益,推广应用先进技术,严控工程建设质量和环保排放,提高设施运行水平要求,建设"邻利型"服务设施,结合供暖或工业园区用热需求,探索新建垃圾焚烧热电联产项目,因地制宜推动生物质发电向热电联产转型升级,探索建立以生物质发电运营商为主体的综合能源服务。

7.2.2 上海市延安高架屏障光伏应用试点

上海市政府印发的《上海市能源发展"十四五"规划》《上海市碳达峰实施方案》要求,实施能源绿色低碳转型行动,坚持集中式与分布式并重,分领域摸排全市光伏可开发资源,实施交通等领域"光伏＋"专项行动,新建交通设施等建筑屋顶安装光伏面积不低于 50%,新建全影形隔音棚实现光伏全覆盖,结合交通场站、交通枢纽、停车场、音屏障建设分布式光伏发电设施,建设光储充一体化充电站,"十四五"期间新增装机超过 20 万千瓦。

为配合实施交通领域"光伏＋"专项行动,国网上海市电力公司市区供电公司2022 年投运了"4.736 千瓦延安路(铜仁路)高架分布式光伏项目"。作为全国首个全容量并网的交通领域组合光伏发电(发电棒＋光伏音屏障)项目,该项目中光伏所发电量实现了全额上网、就近消纳,可以满足道路情报板、路灯、道路指引牌等电力需求,成功塑造了"光伏＋"交通安全出行场景,助力交通领域减排降碳,为党的二十大胜利召开贡献绿色力量。

1)效益分析

目前,上海市约共建音屏障 660 千米(单侧),其中,高架快速路音屏障为 199.7千米,高速公路音屏障为 359.3 千米,其他干线及区属公路高架桥等有音屏障 100.7千米,理论上最大装机规模可达 55.4 万千瓦。以普通单晶硅光伏板在上海最佳倾角(20°～25°)安装的发电量为基准,不同类型光伏组件的发电效率为 50%～71%。

按年最大发电量测算,55.4 万千瓦光伏音屏障发电量可达 3.78 亿千瓦时,在全额上网的模式下年最大收益可达 2.71 亿元。以光伏发电每千瓦时减少 0.42 千克 CO_2 排放、节约 0.288 千克标准煤测算,3.78 亿千瓦时光伏发电可节约 10.90 万吨标煤,减少 15.89 万吨二氧化碳排放,具体数据列于表 7 - 2 中。

表 7 - 2　上海光伏音屏障基本情况对比

可选光伏类型	双玻组件	柔性光伏组件	发电棒	双玻＋光伏玻璃
参数/(千瓦/千米)	270	135	180	420
装机规模/万千瓦	35.6	17.8	23.8	55.4
发电效率/%	71	59	50	65
年发电量/亿千瓦时	2.66	1.1	1.25	3.78
年最大收益/亿元	1.9	0.79	0.89	2.71
年减少标准煤/万吨	7.65	3.18	3.59	10.9
年减少 CO_2/万吨	11.16	4.64	5.24	15.89

光伏音屏障实际使用仍有一些制约因素。因光伏板安装角度无法调整,与屋顶光伏相比,光伏音屏障发电效率明显下降仅有 $50\%\sim70\%$。此外,高架走向以及周边建筑遮挡对光伏音屏障的发电效率也有显著影响,光伏音屏障实际发电量比理论测算将有一定减少。考虑发电效率折损、经济效益不明显、维修养护不便捷等因素,光伏音屏障的市场推广商业模式还未形成,依托市场机制的推广模式仍不成熟。

2)试点方案确定

由于光伏音屏障附近除路灯、信号灯外,无其他常见用电设备,而路灯用电时段与光伏音屏障发电时段错开,需借助储能等技术手段方可实现分布式光伏发电就地消纳,因此光伏音屏障采用全额上网消纳方式。按现行分布式光伏价格政策①,光伏音屏障发电收益最高可达 0.715 5 元/千瓦时,与其他分布式光伏项目相比,度电收益较高。不同试点方案效益情况如表 7 - 3 所示。

在确保音屏障安全可靠、功能不减、使用方便的前提下,综合考虑项目建设条件、建设工期、项目收益等因素,光伏音屏障试点拟选在延安路高架南侧近铜仁路路段,采用组合光伏发电模式,在龙门架立柱安装 4 根发电棒,并以龙门架为起点向西设 30 米柔性光伏组件音屏障。

---

① 分布式光伏上网电价为 0.415 5 元/千瓦时,上海市补贴标准为 0.3 元/千瓦时。

表 7-3　试点方案效益分析

光伏类型	双玻组件	柔性光伏组件	发电棒	双玻＋发电玻璃
安装位置	音屏障单侧（支持双侧安装）	高架单侧音屏障（30 米）	龙门架立柱（4 根）	音屏障单侧（支持双侧安装）
装机规模/千瓦	4.32	4.253	0.483	8.82
年发电量/万千瓦时	0.372	0.264 5	0.035 5	0.696
投资（含工程、线缆、逆变器设备等）/万元	12.7	16.32	3.88	30.28
年收益/万元	0.264	0.189 2	0.024	0.498
工期	2 个月	1 个月	1 个月	2 个月
优点	整体性好，投资较少	改动小，施工进度快，安全性高	施工进度快，直接可应用	整体外观好，发电量大，创新性强
困难	研发周期较长	发电量相对偏低	发电量相对偏低，不够美观	研发周期较长

2022 年 10 月 13 日,项目成功投运,是全国首个合法合规全容量并网的交通领域组合光伏发电（发电棒＋光伏音屏障）项目,最终建设规模为 4.736 千瓦,包括 4 根发电棒（0.483 千瓦）和 30 米光伏音屏障（4.253 千瓦）,年发电量可达 3 000 千瓦时,年减排二氧化碳 1.26 吨,节约标准煤 0.864 吨。

7.2.3　崇明智能电网综合集成示范

2022 年发布的《上海市能源发展"十四五"规划》中指出,要在崇明区（简称崇明）布局低碳发展示范区,围绕清洁能源推广应用,建设零碳排放示范工程[4]。有关崇明能源清洁低碳发展的示范已有案例,早在 2015 年,国网上海市电力公司电力科学研究院（以下简称国网上海电科院）承接了国家科技支撑计划课题"以大规模可再生能源利用为特征的智能电网综合示范工程",与国网上海崇明供电公司共同开展建设。该示范工程为崇明建设新型电力系统奠定了基础。本节将详细介绍崇明智能电网综合集成示范工程,为崇明后续的低碳、零碳转型提供思路。

崇明智能电网综合集成示范工程以大规模可再生能源利用为特征,实现全区可再生能源的可控、可调、分层分区消纳和高效环保利用,支撑低碳化国际生态岛的建设。

7.2.3.1　崇明区可再生能源基本情况

2012 年,上海电网在崇明投产了 220 千伏堡北站后,崇明有 3 座 220 千伏变电站,分别为中双港站、堡北站和陈家镇站,总变电容量为 1 200 兆伏安。至 2012 年底,崇明共有 110(35)千伏电业变电站 29 座,主变有 57 台,总变电容量为 954 兆伏安。其中,110 千伏变电站有 6 座,分别为南门、红星、长江、新海、汲浜和竖河,均采用 110/35/10 千伏三卷变压器;35 千伏变电站有 23 座,主变有 45 台,为崇明接入大规模陆上风电场奠定了基础。

崇明的 4 座大型风电场分别为前卫一期风电场(总装机容量为 60 兆瓦)、前卫二期风电场(总装机容量为 48 兆瓦)、北堡港风电场(总装机容量为 47.5 兆瓦)、北沿风电场(总装机容量为 48 兆瓦)。

2015 年,崇明可再生能源装机容量超过了 235 兆瓦,其中风力为 223 兆瓦,生物质能为 9 兆瓦,集中式光伏为 1 兆瓦,小型分布式光伏为 2.8 兆瓦。燃机装机容量为 800 兆瓦,崇明的最高负荷为 345 兆瓦,其中可再生能源装机容量占最高负荷的 68.3%(见图 7 - 7)。2015 年,崇明可再生能源发电量为 3.36 亿千瓦,总供电量为 15.1 亿千瓦,可再生能源发电量占总供电量的 22.3%(见图 7 - 8)。

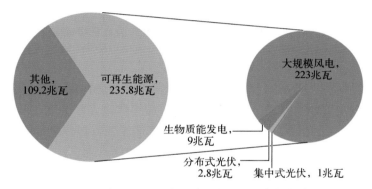

图 7 - 7　崇明可再生能源装机容量占最高负荷情况

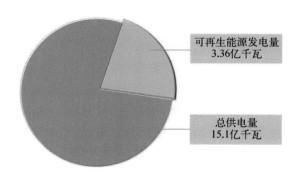

图 7 - 8　2015 年崇明可再生能源发电量占总供电量情况

根据崇明可再生能源特点,电网在宏观上采用"三层能源消纳架构"。这三层将分别以海岛绿色(清洁)能源送出基地、服务分布式电源发展的智能配电系统以及灵活可靠的智能用电系统作为示范目标。在三个层面之间利用多代理技术进行纵向互动,实现可再生能源的"分层消纳"以及高效利用,并提出"等效电厂"的概念。在全区大型可再生能源可调、可控的基础上,实现横向的"源网互动"。

(1) 在输电侧。接入了前卫一期、前卫二期、北堡港以及北沿等四座大型风电场群,总风电装机容量达 203 兆瓦;利用崇明具有大型燃机电厂(800 兆瓦,2 台 400 兆瓦)的优势,在上海市调度自动化系统(D5000 智能电网调度技术支持系统)基础上建设了风燃协调等效电厂控制模块,实现全区清洁能源的稳定送出以及可再生能源的可控、可调。

(2) 在配电侧。接入了 3.8 兆瓦光伏、9 兆瓦生物质能、东滩 19.5 兆瓦风电和 2 兆瓦锂电池储能;建设了风储一体化监控子系统,实现对东滩风电和储能的监测和协调控制。

(3) 在用电侧。建设了环岛电动汽车供能体系,其中包括 200 千瓦/1 兆瓦时用户侧钠硫电池储能示范电站,以此基础上,在崇明陈家镇生态实验社区开展用户与电网的互动技术示范以及微电网多样化负荷协调优化技术示范。

为了打通输、配、用电网能量流的纵向控制通道,崇明智能电网综合集成示范工程建设了全区综合能量管理系统,通过与其他监控子系统互动协作,实现全区—配网—片区—需求侧微网的能量优化协调控制。

7.2.3.2　风燃协调示范

崇明建设 2×400 兆瓦大型燃机机组,其电网将从目前的受端电网发展为绿色能源送出模式,需要解决绿色能源的平稳外送问题。大型燃机机组具有起停迅速、出力变化率大、环保特性好、发电效率高等优秀特性。根据崇明智能电网的特点,通过风燃协调控制实现规模化可再生能源的稳定输出及灵活调控,实现大规模、高比例清洁能源的拟常规电源调度,示范风-燃联合协调调度模块在 D5000 平台应用,为未来崇明成为绿色能源送出基地提供支撑。

7.2.3.3　风电场储能示范

大型风电场储能接入应用技术研究与集成示范是崇明生态岛新能源利用与智慧社区建设的核心内容之一。上海市电力公司结合崇明东滩风电场,开展 2 兆瓦/2 兆瓦时风储示范工程建设,并结合该工程开展所需的关键技术攻关、装置研发等,为储能技术在崇明智能电网中的大规模应用奠定基础。

东滩风电场位于崇明东旺沙"九二塘"东侧、东旺大道以北,在崇明东滩(东旺沙)风电场建设 2 兆瓦/2 兆瓦时电池储能系统示范工程,电池储能系统采用锂电池储能的方式。工程建设的储能装置集成于集装箱内,布置在前期工程已经建造完成的 35 千伏及 10 千伏变电站站区南侧 42 米×15.4 米的区域内。明东滩风电场目前共有 13 台 1 500 千瓦风力发电机组,装机容量达到 19.5 兆瓦。东滩风电场目前通过 2 回 35 千伏架空线路接入前哨站 35 千伏侧,东滩风电场设置升压站一座,站内主变规模为 2×20 兆伏安,电压等级为 10/35 千伏。

风电场储能联合监控系统的监控对象包括崇明东滩风电场、2 兆瓦储能电站以及东滩风电场 35 千伏升压站。2 兆瓦/2 兆瓦时储能系统主要由储能电池、储能变流器(power version system,PCS)及升压变组成。储能电池所发电量经过变流器逆变后,升压至 10 千伏接入站内升压变电站低压侧母线。变流器可实现电能的双向转换:在充电状态时,变流器作为整流器,将电能从交流变成直流储存到储能装置中;在放电状态时,变流器作为逆变器,将储能装置储存的电能从直流变为交流,输送到电网。

储能系统的电气方案如图 7-9 所示。PCS 一端连接电网,另一端连接汇流柜,汇流柜支持 4 组电池接入,独立总母线输出,每组电池容量为 125 千瓦时,4 组电池并联构成 500 千瓦时储能单元。

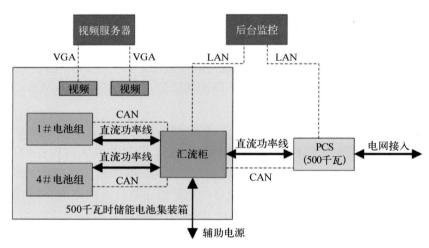

图 7-9 储能系统的电气方案

7.2.3.4 智能配电网示范

智能配电网示范设置在陈家镇地区。主动配电网以实际业务需求为导向,采用数据层、平台层、算法层和展现层相融合的四层架构体系。其中,基础支撑平台实现规划辅助所需的图形平台(图形浏览等图形基础操作、设备查询、设备定位等)、算法平台(算法调用、异常处理、算法输出等)和展示平台(所见即所得的图形与数据维护、电气分析计算人机交互、结果展示等)的功能。通过负荷与能源预测为变电站选址和定容决策提供总量数据;基于规划区域内各规划地块负荷值的已知条件,确定规划区域目标年待建变电站的地理位置和容量,实现分布式电源的最优接入容量和最优接入位置优化;根据电网现状分析结论和现状电网存在的问题,结合变电站与分布式发电装置(DG)布点规划结果,以综合年费用最小为目标函数,确定含 DG 的主动配电网最优化网络架构,最终提出满足电网的可靠性、经济性和运行可行性需求的规划方案。配电自动化建设从一次系统、二次系统、主站三个层面进行改造建设。规划区域预测总负荷为 118.4 兆瓦,全部光伏可利用资源为 36.7 兆瓦,全部风力可利用资源为 21.3 兆瓦。

分布式电源故障处理的重点为实现主动配电网故障的快速判断、定位、隔离,并形成包括故障恢复算法在内的主动配电网自愈控制策略,达到减少停电时间、增大故障状态下分布式电源利用率、提高主动配电网供电可靠性的目标。崇明综合能量管理系统部署含分布式电源的故障处理辅助决策模块,在主网无法实现故障情况下的负荷转供时,给出运用分布式电源、微电网等资源为因故障失电的负荷提供电能的策略及具体执行步骤,达到充分利用分布式能源资源、提高主动配电网供电可靠性的目的。故障处理辅助决策模块的功能包括故障综述、故障隔离、故障恢复和故障处理结束,对应故障分析及辅助策略的形成。

7.2.3.5 智能用电示范

智能用电示范建设内容分别包括用户互动示范工程、环岛电动汽车供能体系示范工程、1 兆瓦时钠硫储能电站示范工程等,以实现用户层资源互动,可再生能源就地消纳。

1) 用户互动示范

崇明智能电网用户互动示范工程包括生态社区微网、电动汽车充换储电站和典型的居民、商业、工业等互动用户。重点在于示范工程区域内的需求侧能效协调优化系统和用户能效智能控制终端。

需求侧能效协调优化系从上到下由 5 个子层和 2 个支撑模块组成。其中,5 个子层分别为数据源层、数据整合层、数据管理层、支撑层和业务应用层;2 个支撑模块分别为安全防护体系和系统标准规范。系统承担了综合展示、能效分析、能量管理及档案和系统管理等功能。

用户能效智能控制终端是实现用户侧各类用电信息的采集、处理和分析,并能够提供一定的智能控制和人机交互手段的关键设备,是实现用户侧互动业务的核心支撑平台。居民用户能效智能控制终端包括网关、手机 App、红外遥控器和智能插座四类关键交互设备,实现居民用户的信息采集、用能分析和优化;工商业用户能效智能控制终端主要包含用电监测、用电分析、智能控制及系统控制四大功能。

2) 环岛电动车供能体系示范

该供能体系包括崇明充换储电站 1 座,公交车充电站 2 座,快充站 2 座,离散交流充电桩 80 个。总体来看，崇明远离上海市中心，享受电动汽车免费沪牌的政策红利并不明显，故私家电动汽车的需求较为滞后，主要运营的是公共交通中的电动汽车。

3）1 兆瓦时钠硫储能电站示范

示范电站位于上海市崇明区堡镇发电厂内，总装机容量为 1 兆瓦时，主要由三部分组成：钠硫电池储能子系统、能量转换子系统及其监控系统。钠硫储能子系统主要有钠硫储能电池模块、电池管理系统和汇流柜、堆仓等电气设备，主要实现钠硫电池运行控制和在线检测。能量转换子系统包括双向直流变换（DC/DC）和双模式储能变流（AC/DC），实现电池储能系统直流电池与交流电网之间的双向能量传递。监控系统是以计算机为基础的过程控制与调度自动化系统，主要由现场工作站和服务器等组成。图 7-10 为示范电站外观图。

图 7-10　示范电站外观

4）社区微网示范

陈家镇国际生态社区微网外部电源为两路电源进线，分布式发电单元包括 1 台 125 千瓦光伏发电，2 台 30 千瓦光伏发电以及 1 台 4 千瓦的小型光伏发电。总容量为 189 千瓦，风电容量为 6 千瓦（6 台 1 千瓦风机），燃料电池容量为 10 千瓦/4 小时，2 个充放电桩（2×30 千瓦），同时配置了 100 千瓦/200 千瓦时的电池储能。微电网接入低压 380 伏系统。根据供电可靠性的要求，两路外部电源进线确保了微电网既可以并网运行，也可以离网运行。其中，V2G 装置主要由隔离变压器、功率单元和电动汽车车载电池组成。功率单元主要由 AC/DC 功率单元和 DC/DC

功率单元两部分组成,并提供人机操作界面及直流充放电接口,具备相应测控保护功能。微网二次系统采用三层体系架构,底层为各类采集及控制终端,包括集中式电能质量监控终端、保护测控终端、电能表及逆变器,中间层为微电网协调控制器,顶层为社区楼宇管理系统(微电网子模块系统),其中,电能质量监测终端接入电能质量监测主站后与社区楼宇管理系统实现互联。

7.2.3.6　智能电网统一信息支撑平台建设

智能电网统一信息支撑平台可支撑各个业务系统之间能量与信息双向流动和深度融合,以及多种高级应用(如源网协调控制、主动配电网能量优化、需求侧智能互动等)的高效运行,为能量管理系统基于信息融合的集成控制提供有力的保证。

1) 统一信息支撑平台建设

统一信息支撑平台包括平台服务器 2 台,工作站 1 台,正向隔离 1 台,反向隔离 1 台,防火墙 1 台,交换机 2 台。与统一信息支撑平台交互的信息来源于生产控制大区(一区、二区)、信息安全大区(三区、四区)。生产控制大区机柜放置在崇明供电公司 5 楼调度自动化机房,信息安全大区机柜放置在崇明南门变电站 2 楼,两栋楼之间用光纤网络连接。信息安全大区和生产控制大区之间采用正反向物理隔离装置实现数据的跨区安全传输,一区通过纵向加密装置接入市局一区的一、二平面网络,三区通过防火墙接入崇明信息网络(四区)。

接入生产控制大区的系统包括调度/配电自动化、风燃监控、风储一体化监控系统,接入信息安全大区的系统包括综合数据平台(IDP)、需求侧协调互动系统及全岛综合能量管理系统。信息安全大区的生产管理系统(PMS)、电网地理信息系统(GIS)、负荷控制系统都接入 IDP,再通过 IDP 接口适配器与统一信息支撑平台相连。钠硫微网、电动汽车充换储电站监控系统接入需求侧协调互动系统(内网部分),再通过需求侧协调互动系统接口适配器与统一信息支撑平台相连。外部网络涉及用户互动方面的系统接入需求侧协调互动系统(外网部分),再通过需求侧协调互动系统接口适配器与统一信息支撑平台相连。统一信息支撑平台硬件架构如图 7-11 所示。

2) 崇明全区综合能量管理体系建设

崇明全区综合能量管理系统的硬件架构如图 7-12 所示,设计为三区部署,包括应用服务器和数据库服务器,并配置一台维护工作站。三区部分实时同步一区的实时信息,并基于专门的接口服务器实现与 GIS、PMS 等三区系统的信息交互,为全区能量管理系统扩展统一的调配系统模型和各种新能源信息的接入服务。

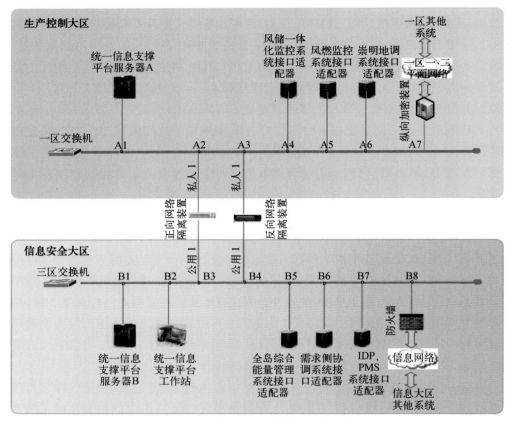

图 7-11　统一信息支撑平台硬件架构

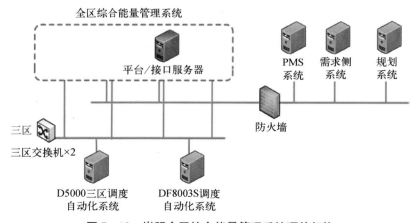

图 7-12　崇明全区综合能量管理系统硬件架构

7.3　需求侧新型电力系统示范

需求侧资源的调动在新型电力系统建设过程中非常重要,在未来新能源比例逐步攀高的情况下,相较于供给侧和电网侧大规模的调节手段,调整需求侧的解决方案不仅可以增加经济合理性,选择也更加多元化。完善需求侧资源调节功能是推动"源随荷动"向"源荷互动"的关键[5]。本节介绍了上海市充换电设施需求侧响应试点示范情况、上海交通大学智能电网楼与国网上海电科院零碳智慧园区的建设情况,并总结了新型电力系统在需求侧方面的经验做法。

7.3.1　上海市充换电设施需求响应试点示范

国网上海市电力公司于 2021 年 3 月全面启动车网互动平台建设及规模化资源接入工作,已初步建成上海市车网互动公共服务平台(依托上海市电力需求响应管理平台)。在功能建设方面,完成了资源管理、市场运营、运营商子系统和系统管理等功能研发,实现电动汽车充电负荷的可观、可测、可调、可控,以及上海市内充换电资源统一接入、统一管理、统一调控。

1) 车网互动资源建设总体情况

持续拓展充电负荷资源聚合,针对居住社区个人充电桩用户,加强线上、线下多种渠道宣传引导,通过运营商平台引导接入;对于社会充电桩,结合政府充电设施运营补贴评分要求、需求响应补贴激励政策,加强宣传引导,引导社会第三方运营平台充电桩数据接入,并依据地标及检测标准对新开发的接入资源进行检测,确认响应能力,分组聚类,适配各类别电网互动要求。目前已接入充电设施运营商 8 家,充电桩 4.1 万台,总装接容量 100 万千伏安,最大充电负荷为10 万千瓦。

2) 需求响应事件安排

当全市或局部地区供电出现紧张,进入用电有序管理状态时,充电运营平台企业应按国网上海市电力公司要求,对其运营管理的充电设施进行有序充电管理,根据紧急程度不同,检验中长期、日内、快速和实时响应资源调用能力,促进全市或局部地区供需平衡,保障电网安全稳定运行。

2021 年 7 月 26 日至 28 日,上海充换电设施需求侧响应试点启用需求侧资源调用场景,共计开展 8 次削峰需求响应(详见表 7 - 4):26 日午、晚峰,开展中长期峰需求响应;27 日午峰,开展实时削峰和快速削峰(30 分钟内调用)需求响应;27日晚峰,开展实时削峰、快速削峰(30 分钟内调用)和日内削峰需求响应;28 日晚峰,验证属 35 千伏杨泾站、胜利站供电范围用户的快速响应能力。

表 7-4　需求响应事件安排

序号	事件编号	响应时段	响应类型	响应方式
1	No. 220726 - 0045 - 17 - 01	2022/7/26 12:00—13:00 20:00—21:00	全网范围-削峰型	中长期响应
2	No. 220727 - 0046 - 18 - 01	2022/7/27 20:00—23:00	全网范围-削峰型	快速响应 (提前 30 分钟内调用、实时调用)、中长期响应
3	No. 220728 - 0047 - 19 - 01	2022/7/28 20:00—23:00	局部范围-削峰型	快速响应 (提前 30 分钟内调用)

3) 需求响应效果

本次需求侧响应效果良好,参与范围广泛。累计申报规模 11.46 万千瓦,涉及负荷集成商 12 家,涉及交流充电桩 3 369 个、直流充电桩 4 191 个。包含公共、公交场站和居民充电桩,最大参与用户为 576 户,累计 1 721 户次,涉及交流充电桩 3 369 个、直流充电桩 4 191 个,最大削峰负荷 1.44 万千瓦,累计响应电量 5.53 万千瓦时,相较于历史最大削峰(2021 年 5 月 6 日,响应负荷为 3 102 千瓦,参与户数为 16 户),最大削峰负荷创历史新高(详见图 7-13 和表 7-5)。

此次需求侧响应显示了新型电力系统在需求侧实践中的可行性。

一是响应场景多元化,分时分区提精度。时间维度方面,验证午峰与晚峰响应能力,午峰调用时间范围为 11:00—15:00,晚峰调用时间范围为 20:00—23:00,分时调用,提高响应精准度。空间维度方面,验证整体与局部响应能力,26 日和 27 日

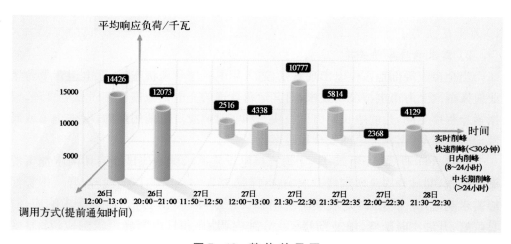

图 7-13　整 体 效 果 图

表 7 - 5　总体执行情况

响应日期	响应时段	响应类型	户数	平均响应负荷/千瓦	响应电量/千瓦时
26 日	12:00—13:00	中长期削峰	576	14 426	14 426
	20:00—21:00	中长期削峰	563	12 073	12 073
27 日	11:50—12:50	实时削峰	244	2 516	2 516
	12:00—13:00	快速削峰	42	4 338	4 338
	21:30—22:30	快速削峰	43	10 777	10 777
	21:35—22:35	实时削峰	246	5 814	5 814
	22:00—22:30	日内削峰	3	2 368	1 184
28 日	21:30—22:30	快速削峰	4	4 129	4 129
合　计			1 721	56 441	55 257

采用"线上调用＋线下组织",验证全量充换电资源响应能力,28 日首次尝试聚焦热点地区的局部削峰,验证属 35 千伏杨泾站、胜利站供电范围用户的快速响应能力,分区调用,提升响应精细度。

二是调用方式多样化,快速响应验速度。此次需求响应根据调用紧急程度,验证中长期、日内、快速(30 分钟内调用)、实时响应调用方式下的响应能力,重点验证资源的快速调节能力,27 日午晚峰和 28 日晚峰,30 分钟内调用资源,累计削减电量 1.92 万千瓦时。27 日午晚峰,通过实时调用,累计削减电量 0.83 万千瓦时。

三是执行过程智能化,邀约调用一网通。全部响应资源通过平台线上调用,对于接入需求响应车网互动平台的客户侧智能充电桩,自动接受需求响应调控指令,按照预置策略本地自动执行,事后按照预定计划自动恢复,实现无感调控和快速削峰。

7.3.2　上海交通大学智能电网楼

上海交通大学智能电网楼对新型电力系统进行了试点实践,搭建了能源互联网运维优化模拟平台(见图 7 - 14)。该平台采用信息接入与实物展示相结合的方式,融合上海交通大学已有的基础条件,构建包括基础技术、仿真规划、市场交易、优化配置、运行运维、高效利用、数据分析等全过程的能源互联网运维优化模拟平台,并为后期信息接入预留端口。

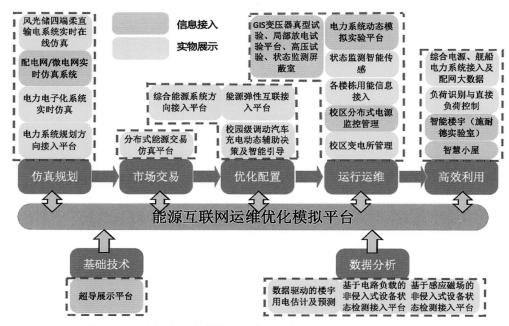

图 7 - 14　上海交通大学能源互联网试点运维优化模拟平台示意图

智能电网楼的实际试点改造应用场景如图 7 - 15 所示,融合了风机、光伏及新能源汽车充电桩等分布式能源新基建。

图 7 - 15　上海交通大学智能电网楼实际试点改造应用场景

1）风力发电

新建 10 千瓦垂直轴风力发电机组 1 套,逆变器柜等设备布置在现场,经过电缆通道接入智能电网中心楼。风机位置为智能电网中心楼东侧绿化带处原老旧风机位置。

2）光伏发电

鉴于目前单晶硅光伏组件发电效率高,选用 370 峰瓦的单晶硅电池组件。根据智能电网中心楼可利用屋顶面积估算,可安装 288 块 370 峰瓦的单晶硅电池组件,总容量约为 106.56 千瓦。

兼顾楼顶的安装环境,考虑太阳辐射量数据和经纬度,综合分析风速等环境因素,确定倾角为 18°。

3）光伏车棚

车棚计划安装在 5 个机动车停车位上,并将光伏建设在车棚上,形成光储充电站。系统由光伏电池组件、逆变器和交流汇流箱等组成。采用 45 块 320 峰瓦单晶组件,总容量为 14.4 千瓦峰值,接入一台 15 千瓦逆变器,输出到交流汇流箱,汇流箱输出 1 路交流电并入 400 伏,接入配电室/箱变低压母线。

4）储能——锂离子电池系统

系统选用的磷酸铁锂电池(40 安时/3.2 伏),电池电芯通过 2 并 20 串组成一个电池模组,1 个电池模组为一个电池箱,10 个电池箱构成一个电池组串,每个电池组串通过一个主控箱控制功率输出,组成 50 千瓦/51.2 千瓦时锂电池储能系统,采用电池柜形式,配备电池管理系统、监控系统、温控系统、消防系统、照明系统等辅助系统。该系统的特点是能量高,循环寿命大于 4 000 次,成本低,安全,无污染,且应用广泛。

5）充电桩模块

项目布置了 10 个 7 千瓦交流充电桩,其中 8 个是室外充电桩,2 个安装在智能电网中心楼 100 大厅。室外桩的其中 5 个布置在大楼外东偏南处,安装在光伏车棚中;另 3 个布置在东偏北停车位上。充电桩系统规模更大时,能通过充电桩计费终端接入智能电网楼能源互联网平台,接受电价等调度信号。

7.3.3　国网上海电科院低碳智慧园区示范

作为国网上海市电力公司的主要技术专业机构,国网上海电科院致力于满足社会、经济、环境协调可持续发展的目标,通过新能源发电、能量管理、绿植碳汇、建筑改造、设备改造、电能替代和碳排放配额核销等方式,成功实现 2020 年度园区"碳中和"。

该项目主要从低碳技术、要素建设和商业模式集成三个方面打造高效、低碳的绿色园区,瞄准未来双碳领域的核心技术方向,重点在低碳技术经济性等理论分析、碳排放综合管理、区块链碳足迹溯源、碳捕集与储存、多能互补、需求侧响应、储能、电动汽车有序充电等30项核心技术上开展创新研究,依据"理论研究+技术创新+示范应用"建设思路,以园区能源互联网为落点实施、融合、应用。低碳智慧园区实景如图7-16所示。

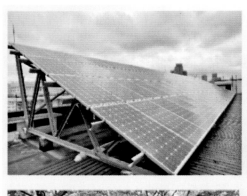

图 7-16 低碳智慧园区实景展示(光伏、储能、电动汽车充电桩)

7.3.3.1 构建微网能量管理系统

园区构建由风电、光伏、储能、充电桩组成的微网(见图7-16),以园区技术节能减碳为导向,考虑未来高渗透率清洁能源接入、大量电动汽车接入需求,建立低碳园区综合能量管理系统。通过各类新能源资源、储能与可响应负荷的协调控制,实现大量分布式光伏电源接入后用能负荷对新能源出力的追踪,促进新能源高效利用;创新电动汽车充电服务模式,以有序充电控制策略实现充电智能管控,扩大需求侧响应规模;研究应用储能技术,实现削峰填谷、光滑微网出力等用能调节。系统应用大幅提升了综合能源利用效率,为园区多能源优化调度、绿色低碳和优质能源服务提供支撑。

1) 建设全域分项计量系统，支撑园区精准节能降碳

项目全面开展能耗分项计量，根据建筑能耗科学选择计量点，在园区空调、电梯、食堂、实验室、电动汽车等重要能源消耗端口全覆盖安装了 103 块智能表计，完成对水、电、燃气等能耗的全域监测（见图 7 - 17）。数据依托分项计量系统信息化集成运用，实现用能实时监测和精准计量，为园区精细化管控、准确识别节能方向提供决策依据，全面挖掘降碳潜力，打造低能耗综合园区典范。

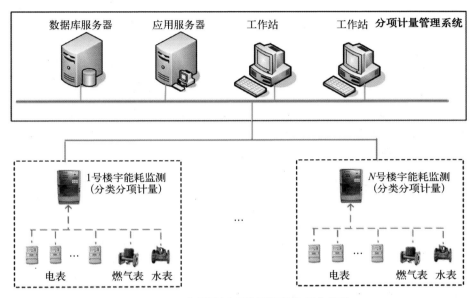

图 7 - 17　分项计量系统能源信息采集架构

2) 打造自动感知智慧楼宇，助推绿色建筑低碳节能园区

依托"双改造"着力打造可持续发展的绿色节能建筑，形成人、建筑、环境互为协调的整合体。主要包括两方面：① 楼宇改造，提升楼宇结构能效。针对特定建筑开展超低能耗建筑改造，墙体选择合适的隔热材料；新增屋面架空隔热板，减少其传热损失以及夏季的内表面温度波动；安装断桥铝合金中空低辐射（low-e）玻璃降低窗户的传感系数，实现窗体节能。② 设备改造，提升园区能效水平降低，降低碳排放量。重要能耗设备通过实时分析，自适应优化进入"低功耗模式"；对空调集中安装监控系统，通过摄像头进行人数捕捉，计算空调出力，实现智慧节能控制；车库试点智慧照明系统，通过自动感知完成开关控制，有效管理照明设备；电梯加装能量反馈系统，将机械能产生的交流电回馈至电网，实现剩余能量回收；园区非建筑面积绿植比例达到 90%，草地和树木每年可以通过固碳减排二氧化碳 2.74 吨。

3）建成数字化管理服务平台，赋能碳数据增值应用

以数字化建设为抓手，结合低碳智慧园区运行需求，在国家电网系统内率先开发应用"双碳"数字化管理服务平台，把握低碳园区建设内涵，按照"精准计量，节能改造，智慧感知，可视可控"的基本原则，设计可扩展的高级分析应用平台，实现"碳"数据的收集、管理、分析及展示，充分发挥数据价值。平台基于园区历史数据，可实现园区碳排放趋势预测；应用区块链技术溯源碳足迹，通过平台推广开展碳资产管理，为探索碳市场交易提供有力支撑，强化园区低碳运营能力。

园区已具备高效的能量管理水平，按照机关事务管理局的标准，园区单位建筑面积非供暖能耗、单位建筑面积电耗、人均非供暖能耗、人均电耗、人均水耗等重要指标经实测均已达标，园区能耗指标在行业内位于前列。在碳排放方面，2020年园区通过新能源发电、能量管理、绿植碳汇、建筑改造、设备改造、电能替代等方式累计减碳200余吨，通过上海环交所购买剩余碳排放配额进行核销，成功实现2020年度园区"碳中和"，率先成为采用碳排放配额核销实现"碳中和"的园区（见图7-18）。

图7-18　国网上海电科院园区碳中和证书

7.3.3.2　加速全要素建设

1）强化低碳标准体系及实验室建设

国网上海电科院依托低碳智慧园区开展"碳达峰、碳中和"技术研发，超前引领"碳达峰、碳中和"标准布局，指导能源电力行业"碳达峰、碳中和"标准制定（见图7-19），促进行业良性发展；牵头制定并发布电网行业首个碳排放标准《区域配电网碳排放核算规范》（T/SEPA 2-2022）及以《电力储能系统-2-200部分：设备参数和测试方法-电力储能系统在光储充电站的案例研究》（IEC TR 62933-2-200：2021）为代表的光储充一体化系列标准，填补电网行业在"碳达峰、碳中和"领域的标准空地，有效支撑和引领行业发展。

以"低碳化-新型电力系统-城市能源互联网-坚强智能电网-电力市场"为重点，国网上海电科院与上海市经济信息中心合作，建成上海首家政企联合的碳中和实验室，服务上海实现"碳达峰"路径，提供"碳中和"解决方案（见图7-20）。以建

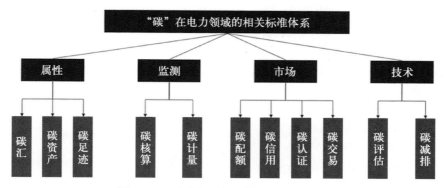

图 7-19　电力领域"双碳"技术标准框架

设国内领先的低碳应用实验室为目标，聚焦电-碳耦合监测技术、电-碳耦合市场机制、新型电力系统低碳发展决策支持三大研究方向，新建电碳监测评估与市场协同技术实验室，被国网上海市电力公司命名为第一批新型电力系统实验室。

图 7-20　上海碳中和能源研究实验室

2）注重深层次行为引导

强化消费侧引导和结果评价，指引企业和个人行为方向，推动广泛形成绿色低碳生产生活方式主要包括两方面：① 建立电力企业低碳智慧园区建设及评价指标体系。以低碳经济性为研究切入点，科学建立园区评价指标体系，推动园区建设最优配置。② 建立企业、员工低碳行为模式。倡导员工选择低碳生活，降低日常生活碳排放；推行绿色节能基建，减少电力设施建设产生的碳排放；实施智能后勤，约束工作过程碳排放；鼓励电动汽车等绿色出行方式，减少公共用车尾气碳排放。

7.3.3.3　打造能源电力智库

依托国网上海市电力公司企业智库，国网上海电科院围绕"四个革命、一个合作"能源安全新战略，以"立足上海、放眼全球、服务企业、引领发展"为目标，以"谋预见、谋远见、谋高见、谋洞见"为定位，以助力公司"安全发展、绿色发展"为主责，以服务"碳达峰、碳中和"为己任，打造了自己的能源电力智库——城市能源互联网研究中心。

该中心主要面向政府、企事业单位等社会主体提供宏观政策、发展规划、运行模拟、商业运营等解决方案。自成立起，就与包括上海市社会科学院、上海市发展改革研究院多家上海地方智库合作，对上海能源转型进行深入研究，与上海电力大学合作建立智库协同合作平台,并联手成立能源互联网碳中和发展决策联合实验室(见图7-21)。

图7-21　校企合作的能源电力智库协同平台

该中心承担了包括"适应'碳达峰、碳中和'目标的上海城市能源系统形态衍化研究"在内的3项上海市软科学重点项目以及"本市'双碳'重点支撑政策研究"等上海市发改委咨询课题。以《关于本市"十四五"深化电气化、优化碳达峰的建议》为代表的5份"碳达峰、碳中和"相关专报获得上海市领导批示,部分相关研究成果获评上海市科技进步二等奖和国家电网公司软科学成果二等奖,率先在上海的低碳政策和技术研究上迈出先行步伐。

7.3.3.4　开展商业模式推广

依托低碳智慧园区建设成果,培育碳标准及培训、低碳战略咨询、碳核查、碳检测等业务,同时根据市场需求进一步拓展低碳技术研发及成果转化、标准合格认定、金融服务与碳交易等业务,积极推进碳市场商业模式的发展。基于市场前景和商业盈利模式分析,率先开展碳排放检测和核算能力建设,建立面向上海市的碳核查、碳监测等业务体系,构建新型商业模式,形成共赢发展的碳市场格局。2022年,国网上海电科院共开展6项相关低碳园区的建设,涉及改造面积1 415平方米,预计降碳350吨,并且首次配合地方政府参与到3个全国碳市场参与主体的碳核查工作中。

该智慧园区项目面向建筑、园区、电网等降碳应用场景,探索出了一条科学可行、行之有效的"碳中和"园区实施路径,形成国家电网有限公司首批可测量、可测算、可测评、可推广的低碳园区示范样板,案例经验获评2021年度国家电网有限公司管理创新成果一等奖和上海市企业管理现代化创新成果一等奖。

7.4　本章小结

城市能源低碳转型是复杂的系统工程,应兼顾社会经济发展、能源供应安全与

"碳中和"目标实现,涉及能源战略调整、能源结构转变、能源体系优化、能源业务变革及节能减排行动。新型电力系统建设是推动城市能源低碳转型的重要手段,需要电力乃至能源系统的整体性变革予以保障。

参 考 文 献

［1］屈林乔.临港科创城智慧能源管理研究［J］.绿色建筑,2017,9(5)：15-17.

［2］浙江省嘉善县自然资源规划局.《水乡客厅"一点一心"工程(方厅水院、创智引擎及周边配套道路)专项规划》草案公示［R］.嘉兴：浙江省嘉善县自然资源规划局,2022.

［3］国网上海市电力公司企业智库(创新发展研究中心).上海市电力发展分析与展望(2019)［M］.北京：中国电力出版社,2020.

［4］上海市人民政府.上海市能源发展"十四五"规划［R］.上海：上海市人民政府,2022.

［5］曾博,杨雍琦,段金辉,等.新能源电力系统中需求侧响应关键问题及未来研究展望［J］.电力系统自动化,2015(17)：10-18.

索 引

CCER 108,110,120 - 122

KAYA公式 54 - 56

LoRa 140

NB-IoT 140

P2G 137,140

B

白色证书制度 113

C

抽水蓄能 30,45,125,126,149

D

大气污染 1

大云物移 132,136,140,150,154

单晶硅光伏 167,181

单日分时合约 130

氮氧化物 1,11,89,90

低碳城市 13,15,16,20,32,33

低碳交通 20,34

低碳经济 15,16,20,33,185

低碳能源 13,18,20,22,32,38,61,63,64,
93,141

低碳社区 34

电力电子 133,142

电力期货 130

电力现货市场 102,123,152

电能量交易 101,102,129,130

电能替代 45,63,68,79,82,92,93,95,123,
140 - 144,150,156,181,184

电气化 5,6,9,12,19,42,45,46,58,61,63,
77 - 80,82,83,88,93,94,122 - 124,126,
133,140 - 142,149,150,186

F

分布式电源 47,68,82,134,139,170,172,173

分布式发电装置(DG) 173

分布式能源 19 - 21,33,43,82,83,134,137,
143,144,149,154,162,173,180

辅助服务 100 - 102,121,128 - 130,142,
144,145,151,165

G

高碳能源 61,64

光储直柔 68,69,82

H

黑启动 101,130,145

化石能源 1,2,5,6,10 - 14,17,25,30,35,
38,39,42 - 46,52,58,59,61,63 - 68,70,
72 - 74,76,77,84,91,93,94,98,99,105,
121,122,125,129,132,141,142,144,150,

165

化石燃料 1,2,15,33,63,68,75 - 77,82,84,
88,89,120,142

J

建筑节能 34,78

交易维度 129

交直流混联 69,133,134,140

金融输电权 130

金融衍生品 130

K

可再生能源 5 - 9,12,14,15,17 - 19,21 -
24,27 - 33,38,39,42 - 44,60 - 62,64,66 -
68,70,72,74,77 - 79,82,84,85,91 - 95,
98,100 - 102,104,115,119 - 123,125,127,
130,132,135,139,140,143,144,148,150,
152,160,162,166,169 - 171,173

可再生能源消纳责任权重 101,121

可中断负荷 92,144,158

馈线 160,162

L

冷热电三联供 140

零碳能源 44,59 - 61,64,76,88,89,94

硫氧化物 1

绿色建筑 22,31 - 34,142,183,187

绿色交通 19,22,155

绿色金融 34,131,155

绿色煤炭 11

氯氟烃 2

N

钠硫电池 171,174

能效 5,6,22,23,27,31,33,34,56,65,70,

74 - 76,78,90,93,113,116,139,140,149,
155,156,173,183

能效对标 34

能源产业链 4,133,150

能源对外依存度 6,91

能源革命 5,15,35,62,64,102,103,132,
135,141,154

能源互联网 44,47,69,94,131 - 137,139,
150,151,156,166,179 - 182,184 - 186

能源审计 26,27,34

能源消费强度 55,56

能源自给率 7,12,17,28

年基荷合约 130

O

耦合 19,47,83,87,119,125,127,130,133,
134,136,137,185

Q

清洁能源 5,7,14,15,19,20,27,32 - 34,44,
46,63 - 65,68 - 70,78,85,90,93,94,98,
110,118,122,123,133,135,137,140 - 144,
148,150 - 152,155,156,169,171,182

R

热泵 21,78,79,82,142

热电联产 16,17,19,21,33,167

日内市场 102,130

日前市场 102

容量市场/容量补偿机制 129

柔性负荷 144

柔性直流 140

S

"三北"地区 123

三改联动 127

升压变 172

生物质 2,5,13,14,16 - 19,24,33,42,43,
61,64,66,67,72,73,76,78,87 - 90,140,
167,170,171

实时市场 102,130

双模式储能变流(AC/DC) 174

双向直流变换(DC/DC) 174

T

碳捕获 45

碳捕集、利用与封存 83,85

碳达峰 1,7,11,12,37 - 45,53,54,61 - 63,
65,73,74,84,94,95,97 - 99,101,103,110,
117 - 122,125,129,131 - 133,135,138,
141,142,144,150,154,155,165 - 167,184 -
186

碳核算 9,10,40,51 - 54

碳汇 34,61,83,110,181,184

碳排放配额 104,107 - 109,111,112,121,
124,181,184

碳排放强度 52,55,56,74,78,80,91,109,
117,121

碳排放因子 52,120

碳氢化合物 11

碳中和 1,7,11,12,15 - 18,28,32,37 - 45,
54,56,61 - 63,65,66,68,70,72,73,79,83 -
85,90,91,93 - 95,97 - 99,101,103,110,
111,117 - 122,124,125,129,131 - 133,
135,138,141,142,144,149 - 151,154,155,
165,166,181,184 - 186

特高压 43,44,46,69,92,149

调峰 67 - 69,92,123,127,130,142,144,
145,165

调频 101,102,130,142,144,145,148

W

温室气体 1,2,4,10 - 12,15,16,25,27,28,
31,39,44,45,48,51,52,63,64,79,83,87,
103,104,106,108,110,111,120,155

温室气体排放强度 64,75

温室效应 11,145

物联网 5,46,47,82,127,140,160,162

X

现货电能量市场 130

新能源 6,13,14,16 - 19,21,24,25,33,35,
43 - 46,62,64,65,68,69,80,81,83,85,86,
91,92,94,95,97,101 - 103,120 - 123,125 -
135,138,139,141,142,144,145,148,149,
155,160,166,171,175,177,180 - 182,184,
187

新型电力市场体系 103,121,126,129,131

新型电力系统 43 - 45,63,65,67 - 69,82,
84,86,122,126 - 135,137 - 141,144,147,
149,150,154,156,157,160,165,169,
177 - 179,184,185,187

虚拟电厂 68,69,130,136,148,165

需求响应 45,46,92,93,126,130,134,138,
141,143,144,150,151,162,177 - 179

Y

一次能源清洁化率 5

一次能源消费 5,11,38,46,55,118,122

盈亏平衡小时 129

源网荷储 43,65,68,126,127,129,132,133,
136

月或周峰平谷合约 130

Z

执行维度 130

智能电网　5,43,44,46,47,69,132,135,165,
　　169,171,173,175,177,179－181,184

中长期备用容量　130

中长期差价合约　129

中长期购售电合同(PPA)　129

终端电气化率　5,6,12,58－60

终端能源消费　5,6,46,56,63,72,77,92,93,
　　126,148,149

转动惯量　121,133,138

装机容量　7,11,31,38,46,60,66－68,86,
　　95,123,133,134,170,171,174

总量控制模式　106